TRANSZENDENTES TRÄUMEN

Bartosz Werner

TRANSZENDENTES TRÄUMEN

Die abenteuerliche Reise zum Ursprung unseres Seins

Haftungsausschluss

Das Lesen dieses Buches und die Umsetzung der darin enthaltenen Informationen erfolgt ausdrücklich auf eigenes Risiko. Die hier dargestellten Inhalte dienen ausschließlich der neutralen Information. Der Text ersetzt keinesfalls die fachliche Beratung durch einen Therapeuten, Arzt oder Apotheker, darf nicht als Grundlage zur eigenständigen Diagnose dienen oder die Behandlung von Krankheiten oder Therapiemaßnahmen beeinflussen. Konsultieren Sie bei gesundheitlichen Fragen oder Beschwerden immer den Arzt oder Therapeuten Ihres Vertrauens!

Der Autor übernimmt weiterhin keine Haftung für Unannehmlichkeiten oder Schäden, die sich aus der Anwendung der hier dargestellten Information ergeben. Haftungsansprüche gegen den Verlag und den Autor für Schäden materieller oder ideeller Art, die durch die Nutzung oder Nichtnutzung der Informationen beziehungsweise durch die Nutzung fehlerhafter und/oder unvollständiger Informationen verursacht wurden, sind grundsätzlich ausgeschlossen. Rechts- und Schadenersatzansprüche sind daher ausgeschlossen. Das Werk inklusive aller Inhalte wurde unter größter Sorgfalt erarbeitet. Der Verlag und der Autor übernehmen jedoch keine Gewähr für die Aktualität, Korrektheit, Vollständigkeit und Qualität der bereitgestellten Informationen.

Impressum
TRINITY MOVIE AGENCY GBR
Monika Krawinkel & Adrian Karberg, Pestalozzistraße 99, 10625 Berlin

Lektorat & Korrektorat: Heide-Ulrike Wendt
Gestaltung Innenteil & Satz: Natascha Pötz
Umschlaggestaltung: Dejan Popov
Verlag: Kindle Direct Publishing

ISBN: 978-3-00-060806-3 (print)
ISBN: 978-3-00-061897-0 (epub)

Weitere Informationen zu diesem Buch finden Sie unter
www.transzendenter-traum.de

INHALTSVERZEICHNIS

Für Lina Maria

VORWORT

Können Sie sich erinnern, wie Sie vor fünf Jahren waren? Haben Sie sich in den letzten Jahren verändert? Sie werden es mir vielleicht nicht glauben, aber ich bin mir sicher, dass es so ist. Falls Sie zweifeln, lesen Sie Ihre Tagebücher, persönlichen Aufzeichnungen oder schauen sich Ihre Videoaufzeichnungen an. Beobachten Sie, wie Sie sich damals bewegten und redeten. Sie werden erstaunt sein, wie wenig Sie heute mit dieser fünf Jahre jüngeren Person gemein haben. Klar, Sie sehen fast noch so aus wie damals, und auch Ihr Wesen ist irgendwie gleich geblieben, aber staunen Sie nicht, was Sie früher innerlich beschäftigte, was Ihnen wichtig war, welche Gedanken Sie hegten?

Die weiterführende Frage wäre: Wer glauben Sie, in fünf Jahren zu sein? Sie werden sich persönlich weiterentwickeln, so wie Sie es immer getan haben, aber wohin soll die Reise gehen? Welchen Traum haben Sie von Ihrem zukünftigen Selbst? Träumen Sie von weniger Ängsten, weniger Selbstzweifeln, mehr Selbstbewusstsein, mehr Durchsetzungsvermögen, mehr Freundlichkeit oder mehr Natürlichkeit?

Die gute Nachricht vorweg: Alles ist möglich, wenn nicht sogar notwendig, um ein gutes und zufriedenes Leben führen zu können. Wie Sie das erreichen können, ist einfach – nämlich im Schlaf. Davon handelt dieses Buch. Es kann Ihnen dabei helfen, eine Lebenskrise zu bewältigen, physische oder psychische Beschwerden zu lindern und Sie langfristig bei der Bewältigung Ihrer Probleme zu unterstützen.

Falls Sie eher zu den Menschen gehören, die mit ihrem Leben zufrieden sind, aber nichts gegen eine Schippe Glückseligkeit obendrauf hätten, liegen Sie beim Lesen dieses Buches ebenfalls richtig.

Vor gut zehn Jahren führte ich ein zufriedenes, kreatives Leben, bis ich in eine tiefe Lebenskrise geriet. Um sie zu bewältigen, wagte ich einen Selbstversuch, begab mich auf eine Reise tief ins Innerste meiner Träume. Ich ahnte damals nicht, wie sehr mich diese Erfahrungen prägen würden, wie viel Lebensqualität und Freude sie mir bis heute im Alltag schenken. Was ich nachts in meinen Träumen über mich erfuhr, in mir entdeckte, waren Vertrauen, Geborgenheit und Zuversicht ins Leben.

Diese wunderbare Erfahrung möchte ich mit Ihnen teilen, deshalb schrieb ich dieses Buch und lade Sie auf eine lebensverändernde Reise ins Reich der »Transzendenten Träume« ein.

Bartosz Werner

EINLEITUNG

»Das einzig lebenswerte Abenteuer kann für den modernen Menschen nur noch innen zu finden sein.« Carl Gustav Jung

Ich bin nicht gläubig, hatte als vernunftbetonter Mensch nicht gerade eine starke Affinität zu Gott. Nicht, dass ich ein Atheist gewesen wäre oder den Schöpfer in Frage stellte, doch meine Leidenschaft zu ihm hielt sich in Grenzen. Allerdings ist in den letzten zehn Jahren eine neue innere Kraft in mir gewachsen – die Kraft der Liebe, die mir ein tieferes Vertrauen und Zuversicht in das Leben schenkt. Diese liebende, aus der Stille kommende Kraft wird mir täglich bewusster. Daraus hat sich für mich eine eher wohlwollende und spirituelle Haltung zum Schöpfer ergeben – ob es ihn nun gibt oder nicht.

Sie werden sich an dieser Stelle sicher fragen, was Liebe, Träume und Gott gemeinsam haben und wie Ihnen diese Triangelität bei Ihrer inneren Entwicklung helfen kann.

Tatsächlich hängt all dies in der Welt der »Transzendenten Träume« zusammen. Friedrich Schiller schrieb in »Die Räuber«, dass unsere Träume von Gott kommen. Dr. Helmut Hark, Theologe und analytischer Psychotherapeut, bezeichnet »Träume als die vergessene Sprache Gottes«. Ich möchte nicht behaupten, dass alle Träume von Gott handeln – oder von der Liebe. Ich bin mir sogar sicher, dass Sie in Ihren Träumen schon andere Erfahrungen gesammelt haben.

Als ich anfing, mich mit meinen Träumen zu beschäftigen, ahnte ich nicht, welche Geheimnisse sie mir offenbaren würden. In meinen Träumen war es nicht mein Ziel, Liebe, Vertrauen und Geborgenheit zu finden. Schon gar nicht, dass sie sich in meinem Leben so kraftvoll manifestieren. Am wenigsten ahnte ich, dass ich in Träumen meine eigene individuelle Spiritualität entdecken würde. Während meiner Traumreisen sammelte ich Jahr für Jahr spirituelle Erfahrungen. Zunächst habe ich diese Entwicklung geleugnet und daran gezweifelt. Später merkte ich, dass sich im Traum Liebe und Spiritualität ergänzen, einander stützen und schließlich im Schlaf zu transzendenten Erfahrungen führen. Man wird sich zwangsläufig der eigenen Transzendenz bewusst, wenn man sich auf den Pfaden der Liebe und der Spiritualität bewegt.

Transzendenz kommt aus dem Lateinischen und heißt »Übersteigen« oder »Hinübergehen«. Man übersteigt eine Grenze, die über das eigene Sein hinausgeht und somit größer ist als die eigenen subjektiven Erfahrungen, insbesondere im Bereich der normalen Sinneswahrnehmung. Es handelt sich bei dieser transzendenten Traumarbeit um eine Selbstüberschreitung, die das eigene Wesen und den Vorstellungsbereich meint und was den Eintritt in einen transzendenten Wirklichkeitsraum bedeutet: Im Schlaf betreten wir mit unserem Sein mystische und spirituelle Pfade.

Wahrscheinlich ist das der Grund, warum ich mit »Gott« meinen Frieden geschlossen habe. Unsere Beziehung zueinander ist entspannter geworden, weil ich für mich festgestellt habe, dass das Leben nicht alle seine Geheimnisse preisgeben mag: Es ist tiefer angelegt, als es sich uns im Alltag zunächst erschließt. Und jetzt fragen Sie sich wieder, was Ihnen das alles für Ihr zukünftiges Ich bringen soll? Die Antwort wollen Sie vielleicht nicht hören und gleichzeitig steht sie Ihrer persönlichen Entwicklung im Wege: »Liebe kann gefährlich sein«. Ich will Ihnen erklären, was ich damit meine: Sie stimmen mir sicher zu, dass man eine große Portion Mut, Zuversicht, Selbstvertrauen und ein Stück gesunden Wahnsinn braucht, um zu lieben und sein Leben danach auszurichten. Sich der Liebe im Alltag und im Traum zu stellen und ihr zu dienen, ist nicht nur gefährlich, sondern gleichzeitig eine Herkulesaufgabe. Doch erst die Wiederentdeckung der tiefsten Liebe in uns treibt die eigene persönliche Entwicklung voran: Weil Liebe, unter anderem, gütig, sorglos, bescheiden, mächtig, gescheit ist. Die tiefste Liebe in sich wieder zu entdecken, kann einem Angst machen. Nicht jeder ist dazu bereit.

Eine Heldenreise
Ich möchte in diesem Buch meine sehr persönlichen Erfahrungen mit Ihnen teilen. Doch diese Reise ins Reich der transzendenten Träume birgt Gefahren in sich. Sie ist gewagt, denn wir wollen

nichts weniger als die Grenzen von Erfahrung und Bewusstsein überschreiten und somit zum ursprünglichen Kern unseres Seins vordringen. Deshalb habe ich mich entschieden, dieses Abenteuer aus der Perspektive einer Heldenreise zu erzählen.

Wie bei jeder Heldenreise fängt auch diese Geschichte mit einer Lebenskrise an – nämlich meiner eigenen, die mein zufriedenes und geordnetes Leben aus der Bahn warf. Aus dieser Krise heraus entstand eine Idee, die mich zu einem Selbstversuch im Reich der Träume bewegte und mein Leben veränderte.

Vor meiner Reise ins Reich der Träume hatte ich ganz andere Sorgen. Ich hatte das Gefühl, mich in meinem Alltag verloren zu haben. Ich spürte den Helden in mir nicht mehr. Schon als Jugendlicher fühlte ich, dass die Welt mehr zu bieten hat als die bekannten und etablierten Lebenswege unserer Gesellschaft, dass das Potential des Menschen noch nicht ausgeschöpft sein kann. Es waren solche Gedankengänge, die mich nicht in Ruhe ließen. Aber meine Suche nach Antworten blieb unbefriedigend.

Schon früh entstand aus diesem Gefühl eine Kraft und Faszination für Filmgeschichten. Die Begeisterung für die Filmkunst wurde so groß, dass ich mich nach der Schule entschied, Filmregie zu studieren. Ich wollte die filmische Gattung des Geschichtenerzählens beherrschen.

Langsam tauchte hier schon der entscheidende Einfall auf, der später zu meinem Selbstversuch im Schlaf führen sollte.

Damals war ich so intensiv mit meinem Regiestudium beschäftigt, dass ich beim Abschluss psychisch völlig erschöpft war. Ich hatte mir zwar meinen Jugendtraum erfüllt und meinen ersten Kinofilm »Preußisch Gangstar« auf die Leinwand gebracht, doch ich war ausgebrannt.

Was war passiert? Wo hatte ich mich verloren? Warum fühlte ich mich trotz allem nicht angekommen? Ich hatte keine andere Wahl, als radikal auf die Bremse zu treten. Aber wie sollte das gehen? Wie sollte ich meinen Alltag komplett umgestalten, wo ich Geld zum Leben verdienen musste?

In dieser Lebenskrise begab ich mich auf die Suche nach einer Lösung und fand sie unter anderem in der Psychologie und der Traumarbeit. Zum Verständnis der Grundlagen der menschlichen Psychologie waren die Abhandlungen von Carl Gustav Jung und Sigmund Freud für mich ein Muss. Beide legten großen Wert auf die Traumarbeit, und so kam ich auf die Idee, mich stärker mit meinen Träumen zu beschäftigen.

Die geneigte Leserin, der geneigte Leser, wird mir zweifellos zustimmen, dass die Idee, eigene Probleme einfach im Schlaf zu lösen, einen unwiderstehlichen Charme hat. Ich war jung und naiv genug zu glauben, dass das klappen könnte. Dann kam natürlich alles ganz anders als gedacht. Ich fand keine konkreten Lösungen für meine unglückliche Stimmungslage, aber dafür etwas viel Entscheidenderes: Das Vertrauen in mich, das Vertrauen darin, dass ich nicht allein bin und mich die Kraft der Liebe stets auffangen wird. Mir wurde durch meine Traumerfahrungen eine tiefere Zuversicht ins Leben geschenkt, meine Lebenskrise löste sich nach und nach auf.

Meine Herangehensweise als Filmemacher war anfangs eher pragmatisch ausgerichtet. Von Liebe wollte ich bis dahin gar nichts wissen – und von Transzendenzerfahrungen erst recht nicht. Mein Ziel war einfach: ich wollte in meinen Träumen Linderung für meine Stimmungslage erfahren.

Als Regisseur fiel mir sehr schnell auf, dass ein Traum oder Alptraum den dramaturgischen Prinzipien eines guten Films folgt: Der Traum in seiner ganzen Komplexität spannt den Träumer ein, obwohl das Traumgeschehen eine Illusion darstellt. Genauso ist es bei einem Kinobesuch: Obwohl man in einem Kinosessel sitzt, durchlebt man emotional den Film in all seinen Höhen und Tiefen. Man ist in der Spannung gefangen und fiebert mit dem Helden mit, wie er sich nach jeder Niederlage aufrappelt, um weiter zu machen. Der Zuschauer verfolgt die Handlung so gespannt, dass er um sich herum Raum und Zeit vergisst und der filmischen Fiktion komplett verfällt.

Die meisten Heldengeschichten bauen auf einem archaischem Erzählmuster – der Heldenreise – auf, dieses ist so alt wie die Menschheit selbst. Diese Erzählstruktur hat ihren Anfang in Mythen, Märchen und Legenden und bestimmt nach wie vor die heutige Dramaturgie unserer Roman- und Filmhelden. Dramaturgisch faszinierte mich besonders ein erzählerischer Baustein, der in der populären Filmdramaturgie auch als die tiefste »Krise des Helden« benannt ist. Erst die Auseinandersetzung und die Sinnübertragung auf das Traumgeschehen hat mir meine spirituelle Reise durch das Reich der transzendenten Träume ermöglicht – dorthin, wo die tiefste Liebe in uns vergraben ist.

Um zu erläutern, wie man dieses erzählerische Prinzip in Reich der Träume anwenden kann, wie die Auswirkungen zu verstehen sind und was das alles mit der Liebe in uns zu tun hat, möchte ich zunächst auf die Besonderheit der Heldenreise-Dramaturgie in Hollywood-Filmen und die Psychologie dahinter näher eingehen.

Bei Wikipedia steht: »In der Heldenreise werden die Taten eines Helden in Mythen, Romanen und Filmen erzählt, die sich auf der »Heldenfahrt« oder »Heldenreise« ereignen, und die durch typische Situationsabfolgen und Figuren gekennzeichnet ist.« Auf dieser Reise kann sich ein Held jedoch ohne die Liebe nicht verwandeln. Erst sie verändert ihn in seinen Einsichten und Haltungen. Die Liebe ist eine starke, transformierende Kraft, gegen die sich selbst die stärksten Helden nicht wehren können.

Am Anfang einer Heldenreise ist sich ein Held oft nicht bewusst, dass ihm in seinem Leben Liebe, Mitgefühl oder Selbstlosigkeit fehlen. In diesen Geschichten ist es nicht das vordergründige Ziel des Helden, diese Attribute zu finden. Er will ein Abenteuer erleben. Dabei hat er manchmal keine andere Wahl, als sich im Kampf seinen Feinden zu stellen. Doch während seines Abenteuers wird er früher oder später mit der Liebe konfrontiert: der Liebe zu seinem Partner oder seiner Partnerin, zu seinen Eltern, zu seinen Kindern, zu seinen Freunden oder zu sich selbst. Diese Liebe wird, ob er es will oder nicht, zu seinem höchsten Gut.

Um die Macht der Liebe sowohl im Film als auch im Traum besser zu verstehen, ist es am besten, sie dort zu suchen, wo man sie am wenigsten vermutet. Nämlich in der Krise. So müssen alle großen Filmhelden durch eine tiefe Krise, um die Kraft der Liebe verinnerlichen zu können. Deshalb werden Filmgeschichten oft zugespitzt erzählt und dramatisiert, damit wir als Zuschauer den Kern einer Botschaft und die Einsicht des Helden nachempfinden können. Das gleiche gilt für Träume – sie sind überdramatisiert, damit für uns eine nachhaltige Erkenntnis möglich ist.

Der Held im Film erlebt am Ende der Geschichte seine tiefste Krise: es ist der Moment, in dem der Held seinem möglichen Tod ins Auge sieht und seine Wandlung beginnt. Diesen entscheidenden Moment finden wir auch in unseren dramatischen Alpträumen wieder. Am Ende eines Alptraums werden wir zum Beispiel durch Verfolgungs- oder Fallträume mit einem möglichen Tod konfrontiert, wachen aber vorher erschreckt mit Herzrasen und Schweißausbrüchen auf. Im Vergleich zu dem dramaturgischen Aufbau eines Alptraums, der mit einem schreckhaften Erwachen endet, geschieht in der filmischen Dramaturgie der Heldenreise an diesem Punkt etwas Außergewöhnliches. Der Held wacht nicht erschreckt aus seinem Alptraum auf. Nein – er erleidet an diesem Punkt stattdessen einen »vorübergehenden« Tod.

In diesen Filmen sind die einwirkenden, zumeist negativen Kräfte auf den Helden so groß, dass sie ihn auf den Boden der Tatsachen führen. So geschieht es, dass der Held von Dächern oder Klippen fällt, in einen tiefen Abgrund stürzt oder im Wasser untergeht. Der Held wird dabei oft ohnmächtig oder bewusstlos, wie beispielsweise in Filmen wie Titanic, The Game, Matrix, Stirb langsam, James Bond, Star Wars, Findet Nemo, Bourne Identity oder Harry Potter.

Im Gegensatz zu den Filmhelden wachen wir aus unseren Träumen auf, bevor der mögliche Tod eintritt. Wir sind froh darüber, dass wir so dem Alptraum entkommen und dem Tod grade noch von der Schippe springen konnten. Die Helden aber durchleben diesen vorübergehenden und somit zeitweiligen Tod. Sie ertragen ihn und erfahren so ihre größte Wandlung.

Daher lohnt es sich, dass wir uns die transformierende Kraft des »vorübergehenden« Todes in der Filmdramaturgie, der der tiefsten Krise des Helden entspricht, genauer anzuschauen, um zu verstehen, wie wir diese Kraft für unsere innere Wandlung im Schlaf nutzen können. Für diese Traumarbeit ist es wichtig zu verstehen, wie Liebe und Tod sowohl im Film als auch im Traum zusammenhängen: Nicht nur die Liebe hat eine starke, transformierende Kraft, sondern auch der Tod. Beide können uns verändern.

Der initiatorische Tod des Helden
Der Drehbuchlehrer und Buchautor Joachim Hamman bezeichnet diesen Moment der tiefsten Krise des Helden als den »großen Augenblick der Initiation: der initiatorische Tod, das Ende der Kon-

tinuität des Ichs, der letztlich nur ›gespielt‹ ist«. Bei der tiefsten Krise des Helden handelt es sich somit lediglich um seinen initiatorischen und zeitweiligen Tod, seinen Ich-Tod, nicht um sein wirkliches Sterben. Es handelt sich um den Untergang der alten Persönlichkeit, nicht um den Tod des Individuums.

»Dort, auf dem Urgrund, ist der kreative Umschlagpunkt, dort geschieht die heilige Wandlung. Wenn der Held diesen Punkt am Boden der bodenlosen Tiefe erreicht hat, beginnt seine Rückkehr, sein Wiederaufstieg aus der Tiefe«, schreibt Hamman.

Daher ist dieser dramaturgische Moment, das Sterben des »Ichs«, aus Märchen, Mythen und Initiationsriten von alten Kulturen entlehnt und von dem amerikanischen Mythenforscher Joseph Campbell wissenschaftlich begründet worden. In alten Riten bezeichnet man die Initiation als die Einführung eines Außenstehenden (eines Anwärters) in eine Gemeinschaft. So wird beispielsweise das Kind zum Erwachsenen, der Laie zum Schamanen oder es geht um einen Aufstieg in einen anderen Seinszustand. Dieser Aufstieg ist das Ziel unserer Traumarbeit: In den transzendenten Träumen werden wir einen Initiationsritus erfahren, der es uns im Schlaf ermöglicht, die intuitiven, kreativen und lichtvollen Bereiche unseres Geistes zu betreten. Aber genauso wie die Filmhelden brauchen auch wir für unsere Initiation Hilfestellung: die Kraft der »negativen« Mächte.

Schauen wir uns die »negativen« Kräfte in der filmischen Dramaturgie genauer an. Im populären Film ist nach Joseph Campbell das »Böse« nicht nur dazu da, um schlicht böse zu sein. Das Böse dient lediglich als dramaturgisches Hilfsmittel. Es schlägt so lange auf den Helden ein, bis dieser den initiatorischen Ich-Tod erleidet, um wieder auferstehen zu können. Das »Böse« befreit den Helden auf eine drastische Art von seinem Ego. Erst dadurch kann er ein vollständiger Mensch werden und seinen wahren Seinszustand erreichen. Für den Helden im Film ist der initiatorische Tod eine Voraussetzung für seine Wandlung – für seine Selbstwerdung.

In der populären Filmdramaturgie ist somit der vorübergehende Tod eine transformierende Kraft, die den Helden von seinem Ego befreit. Das Ego ist das Gegenteil von Liebe. Durch den Prozess des Loslassens kann für ihn ein Neubeginn erfolgen.

Dieser Prozess zieht eine Wandlung nach sich. Durch solch ein einschneidendes Erlebnis kommt die Welt des Helden kurz zum Stillstand und er hat die Chance, sich zu fragen, was (ihm) im Leben wichtig ist. Erst dann öffnet sich die Tür zum Happy End.

Dieses einfache Prinzip lässt sich auf die hier beschriebene Traumarbeit übertragen. Genauso wie im Film befreit der initiierte Tod im Traum den Helden von seinem »Ego« und legt die verborgene Liebe wieder frei. Er gewinnt dabei neue Erkenntnisse jenseits des eigenen Bewusstseins, die in spirituelle Transzendenzerfahrungen münden. Aus meinen Erfahrungen heraus, macht erst der »initiierte Tod« im Traum, der einem Initiationsritus gleicht, transzendentes Träumen möglich.

Fiktion im Traum

Ich habe diese einfache Gesetzmäßigkeit in meinen Träumen lange geleugnet, weil ich zu beschäftigt war mit meiner eigenen Lebenskrise – dem Beginn eines Burnouts. Damals wusste ich noch nicht, dass die initiierten Sterbeerfahrungen in den Träumen transzendente Phänomene und die Kraft der Liebe nach sich ziehen würden. Es wäre mir auch nicht wichtig gewesen. Ich wollte lediglich meine Krise bewältigen und dachte, dass eine initiierte Sterbeerfahrung mir helfen würde – so wie es bei den Filmhelden der Fall ist – meine Krise zu überwinden.

Ich ging davon aus, dass auch ein Alptraum nur eine Form von filmischer Fiktion ist. Wie in einem gut funktionierenden Kinofilm dienen alle Filmsymbole nur dem Zweck, die innere Spannung im Zuschauer so lange aufrechtzuerhalten, sodass ihm keine andere Wahl bleibt, als den Film bis zum Ende anzuschauen. Sigmund Freud spricht in diesem Zusammenhang von der »Macht der Fiktion«, die den Zuschauer beinahe zwanghaft an einen Film oder eine Serie bindet. Dasselbe gilt für die Fiktion eines Alptraums. Dieser ist in seinem Aufbau so konsequent, dass wir uns seiner fiktiven Macht nicht entziehen können. Wir haben das Gefühl, in einem Alptraum gefangen zu sein.

So gefangen fühlte ich mich auch in meiner eigenen Lebenssituation. Die Chance, mich im Alptraum meinen antagonistischen Kräften heldenhaft zu stellen, erschien mir ein spannender und vielversprechender Ansatz zu sein, um mein Gefühlschaos in den

Griff zu bekommen. Gerne gebe ich zu, dass ich naiv an die Lösung meiner Probleme herangegangen bin. Aber zu diesem Zeitpunkt meines Lebens waren diese Gedanken für mich schlüssig. Damals ahnte ich intuitiv, dass das »Böse« im nächtlichen Alptraum nur ein Hilfsmittel ist, um mich von meinem angstbehafteten »Ego« zu befreien. Dass im Schlaf eine innere Wandlung und die Auflösung meiner Lebenskrise möglich ist. Deshalb nahm ich vor dem Einschlafen meinen ganzen Mut zusammen, begann mich Nacht für Nacht auf meinen initiatorischen Tod im Traum mental einzustimmen, um mich schließlich aus meiner freudlosen Lebenssituation befreien zu können.

Eines Nachts war es soweit – ich ertrank in meinem Alptraum im Meer. Ich erkannte direkt die Fiktion des Traums und wusste gleichzeitig, dass das Meer, mein Körper und meine Angst nur eine Illusion waren. Ich entspannte mich und ließ los. Ich ließ mich in die Tiefe des Meeres ziehen – ohne weiter um mein Überleben zu kämpfen. Ich entspannte mich und stellte zu meinem Erstaunen fest, dass man unter Wasser atmen kann. So ließ ich mich tiefer auf den Meeresgrund ziehen und wachte auf. Langsam öffnete ich die Augen.

Mein Körper, der durch meine damalige Lebenssituation völlig verspannt war, fühlte sich plötzlich entspannt an. Gleichzeitig durchströmte mich eine warme, lebensbejahende Energie. Es war wunderschön. Ein Schlüsselerlebnis. So etwas hatte ich noch nie zuvor erlebt. Ich spürte, dass der initiatorische Tod im Schlaf lindernd, wenn nicht sogar heilsam für meine scheinbar auswegslose Lebenssituation sein könnte.

Eine Heldenreise ins Unbewusste

Ohne zu ahnen, was für eine Tür ich damit aufgestoßen hatte, begann meine persönliche Heldenreise bereits. Meine Neugier, welche Abenteuer und Geheimnisse sich hinter dem »Tod des Ichs« im Traum verstecken könnten, wurde größer. Je mehr ich mit den Träumen experimentierte, desto tiefer führte mich meine Reise ins Reich des Unbewussten.

Dabei stieß ich auf viele verschiedene Phänomene und Erkenntnisse, die ich nicht mehr richtig in naturwissenschaftliche Fachgebiete einordnen konnte. Oft waren sie zu phantastisch und jenseits jeglicher Vernunft. Zuerst versuchte ich, Antworten in der

Neurologie, Schlafforschung oder in den verschiedenen Ausrichtungen der Psychologie zu finden. Wie sehr ich mich auch bemühte, der naturwissenschaftlichen Perspektive gerecht zu werden, legte die Beschäftigung mit dem Unbewussten die Ausweitung meiner Suche auf andere Grenzwissenschaften nahe. Weil der initiatorische Tod meines Ichs im Mittelpunkt meines Traumgeschehens stand, musste ich, um meine Reise irgendwie zu begreifen, auch spirituelle, religiöse und mystische Deutungsmöglichkeiten heranziehen. Daher ist der »Tod« seit jeher ein wichtiger Faktor auf dem Pfad der Spiritualität und Mystik.

Nicht umsonst betrachten viele Traum-Deutungsbücher den Tod im Traum als einen Neuanfang, eine Wiedergeburt oder eine Erlösung. Der Tod im Traum gilt dort oft als eine transformierende Kraft. Das eigene Sterben im Traum ist in fast allen spirituellen, mystischen und religiösen Quellen positiv behaftet. In der Bibel formuliert Jesus dieses Prinzip folgendermaßen: »Der, der sein Leben verliert, wird es finden.«

So gesehen finden wir, indem wir im Traum dem eigenen Sterben begegnen, unsere eigentliche Heimat und die tiefste Liebe wieder. Was lange getrennt war, kommt endlich wieder zusammen. Der Tod, so sah es der Neurologe Eckhart Wiesenhüter, ist die »Wiedervereinigung des Getrennten« und als solcher »höchste Ekstase«. J. W. Goethe formulierte es in der letzten Strophe seines Gedichts »Selige Sehnsucht« folgendermaßen: »Und so lang du das nicht hast, dieses: Stirb und Werde! Bist du nur ein trüber Gast auf der dunklen Erde.«

Zu meiner Überraschung entdeckte ich in diesem Selbstversuch als naturwissenschaftlich denkender Mensch, dass in den Träumen nicht nur heilsame und transformierende Kräfte vorherrschen, sondern dass das eigene Traum-Ich neben einer inneren Wandlung auch eine spirituelle Entwicklung bereithält. Es will seine umfassende Transzendenz erfahren.

Wie schon erwähnt, diese Entwicklung hatte ich am Anfang geleugnet. Ich wusste auch nicht, wozu sie gut sein sollte. Zugegebenermaßen war ich als nicht spiritueller Mensch damit erst einmal überfordert. Aber ich hatte einen neuen, reizvollen Weg beschritten, der meine Neugier weckte und der vor allem Linderung meiner Situation versprach. So setzte ich meine Reise nach Innen fort.

Die Dramaturgie des Buches

Dieses Buch ist die rein subjektive Aufzeichnung meiner Traum-Reise. Es erzählt von meiner ganz persönlichen und spirituellen Entwicklung, der Entdeckung der tiefsten Liebe in mir und von meinen transzendenten Erfahrungen. Dieses Buch lädt Sie aber auch zu Ihrer eigenen Heldenreise ein und beschreibt, wie Sie Ihre eigene Transformation im Schlaf und in der Wirklichkeit voranbringen können und wie Sie meine Erfahrungen für Ihre persönliche Entwicklung nutzen können.

Das Buch ist in zwei Hälften gegliedert. Der erste Teil skizziert das Handwerkszeug, damit wir den Traum als Traum im Schlaf erkennen. So können wir unsere Angst im Alptraum überwinden und den initiatorischen Tod des Ichs einleiten, um unsere Heldenreise zu beginnen. Erst wenn wir das Ego im Traum allmählich aufgeben, beginnt aus dem Urgrund unserer Seele die Liebe in uns zu leuchten und unsere Wandlung setzt ein. Dabei sind transzendente Träume ein Sprungbrett zu neuen geistigen Ebenen, die uns nicht nur unsere Kreativität, Intuition und unser Potential aufzeigen, sondern auch die verschollenen Gaben des Geistes in uns wieder aufsteigen lassen. Der Tod im Traum lässt uns hinter den Vorhang des eigenes Ichs schauen und uns erkennen, wer wir wirklich sind.

Die zweite Hälfte des Buches schildert meine eigene Heldenreise. Diese bekommt in ihrem Verlauf zunehmend spirituelle und transzendente Züge. Im Schlaf steigen geistige Phänomene auf, die ins Wachleben hinüber reichen. Man wird sich langsam der eigenen Geistigkeit bewusst. Dafür gebe ich konkrete Tipps, wie man mit den verschiedenen, »mystischen und esoterischen« Phänomenen und Erfahrungen umgeht, damit Sie auf Ihrer Reise zu Ihrem spirituellen Urgrund zügig voranschreiten.

Gleichzeitig weiß ich aus eigenen Todeserfahrungen im Traum, dass das langsame Aufwachen von transformierenden, heilsamen und regenerierenden Lebensenergien begleitet wird. Aus meinen chronologischen Aufzeichnungen über einen Zeitraum von fünf Jahren, zeichnet sich mit dem »mystischen« Tod im Schlaf gleichzeitig der rote Faden eines spirituellen und lichtvollen Lernprozesses ab. Im Schlaf durchlebt mein Traum-Ich nicht nur eine heldenhafte Abenteuerreise, sondern auch eine geistige Schulung.

Der Tod ist eine universelle Kraft und eröffnet uns eine universelle Reise. Alle Menschen werden prinzipiell eine ähnliche Reise und geistige Schulung erfahren, wenn sie sich dem Tod im Traum stellen. Auch wenn sich die Symbole und Bilder von meinen unterscheiden, wird der Prozess der spirituellen Entwicklung, der sich durch das Reich der transzendenten Träume zieht, derselbe sein und schließlich zum gleichen Ziel führen: zur emotionalen Ausgeglichenheit und spirituellen Mitte im Schlaf. Das innere Licht wird anfangen, Sie zu durchdringen.

Das ist kein leichter Weg, der da vor Ihnen liegt, aber lassen Sie uns noch einmal zurückkehren zu der Frage, die ich Ihnen am Anfang stellte: Wer und wie wollen Sie in fünf Jahren sein? In welche Richtung soll sich Ihr zukünftiges Ich entwickeln – geistig und mental? Was wünschen Sie sich für die Zukunft?

Wenn Sie ihr zukünftiges Ich vor sich sehen können, wäre es nicht zu schön, wenn der Schlaf für Ihre persönliche und geistige Entwicklung die Lösung wäre? Der Traum ist die Tür, die uns im Schlaf den Weg zu innerer Ausgeglichenheit und Transzendenz öffnet.

KAPITEL I
DER TRAUM ALS TÜR

»Der wahre Wert eines Menschen ist in erster Linie dadurch bestimmt, in welchem Grad und in welchem Sinn er zur Befreiung vom Ich gelangt ist.« Albert Einstein

Wenn man sich mit dem eigenen Sterben im Traum beschäftigt, wird einem klar, wie brüchig das eigene Ich im Leben ist und wie sehr sich das eigene Ego an subjektive Erfahrungswerte klammert. Was wir aber festhalten können, ist: der Tod und der Schlaf machen uns alle gleich. Der Schlaf wird in vielen spirituellen Quellen als der kleine Tod betrachtet. Daher sind beide Zustände nicht nur artverwandt, sondern bergen in ihrer Kombination ein einzigartiges Phänomen im Traum: den mystischen Tod des Ichs und seine spirituelle Wiedergeburt.

Wie bei jeder Heldenreise weigert sich der Held, sich seinem Schicksal zu stellen. Jedoch ist das Sterben im Traum so wie der Traum selbst nur eine Einbildung, eine Illusion. Indem wir unseren Körper, unsere körperliche Schale und die Einbildung unserer Sinne aufgeben, werden wir uns im Traum darüber bewusst, dass wir einer illusorischen Täuschung nachhängen. »Der Tod ist eine optische Täuschung«, sagte schon Albert Einstein. Dies trifft auf den Traum besonders zu. Auch wenn diese einfache Wahrheit für den Tod und die Träume stimmen mag, die Angst vorm Sterben bleibt erhalten – egal ob in Wirklichkeit oder im Traum. Das Ich will im Traum überleben. Es will seine Individualität, seine Besonderheit und seine Eigentümlichkeiten nicht aufgeben.

Deshalb war es mir wichtig, mich von meiner wissenschaftlich ambitionierten Warte aus diesem Phänomen des eigenen Sterbens im Traum von Anfang an so rational wie möglich zu nähern. Der Grund war, dass ich mir durch eine möglichst lückenlose Logik Halt und Sicherheit für meine Reise geben wollte. Ich hatte Angst vor möglichen physischen oder psychischen Konsequenzen, auch wenn ich meine Heldenreise-Theorie im Traum auf den ersten Blick für schlüssig hielt. Ich wollte auch nicht, dass ich in eine esoterische Falle tappe, aus der ich nicht mehr herauskomme, deshalb habe ich versucht, mich dieser Reise mit Vernunft zu nähern.

Deswegen möchte ich Ihnen den Weg aufzeigen, den ich selber gegangen bin. Schlussendlich hat mich diese rationale Herangehensweise meiner inneren Wahrheit näher gebracht, ohne dass ich das angestrebt hätte. Erst dieser theoretische Rückhalt konnte mir die Angst vor dem Tod im Traum nehmen und verschaffte mir ein besseres Verständnis über die Gesetzmäßigkeiten im Traum.

Beobachtungen zum Traum
Folgende Prinzipien zum Traum konnte ich als Regisseur für mich beobachten: Filmfiguren glauben, dass ihre Wirklichkeit die einzig richtige ist. Genauso gehe auch ich von der Richtigkeit meiner Wirklichkeit aus, auch wenn ich natürlich im Wachen vielen Täuschungen der Wirklichkeit unterliege – nicht nur der Täuschung meiner Sinne, sondern auch der Erinnerung an meine Vergangenheit, die stets meine Gegenwart prägt. Im Traum bekomme ich unverfälscht das zu sehen, was mich bewegt. In diesem Sinne sind Träume ganz und gar ehrlich.

»Der Tod verbirgt kein Geheimnis«, hat der Soziologe und Philosoph Norbert Elias geschrieben. Deshalb ging ich davon aus, dass der Tod und der Traum in ihrer Kombination im Schlaf eine wahrhaftige, authentische und innere Wandlung im Schlaf eröffnen und der Heldenreise in der populären Filmdramaturgie entsprechen würden.

Auch wenn ich in diesem Buch oft auf die Filmdramaturgie der Heldenreise zu sprechen komme, möchte ich noch einmal betonen, dass diese aus Mythen, Märchen und Initiationsriten alter Kulturen abgeleitet ist. Mir war bewusst, dass hinter dieser populären Dramaturgie universelle Weisheit steckt. Nicht umsonst sind Filme dieser Art in den Kinos weltweit Kassenschlager.

Sigmund Freud und Carl Gustav Jung legten großen Wert auf die Traumarbeit. In deren Literatur zur Psychologie des Träumens fand ich weitere Indizien, wie ich den Traum als Fiktion betrachten kann. Auch wenn die Aussagen von Carl Gustav Jung und Sigmund Freud aus heutiger, wissenschaftlicher Sicht vereinfachend und veraltet klingen mögen, bieten sie dennoch eine überzeugende Interpretationshilfe, um den Traum als Tür zum eigenen Selbst zu begreifen. Freud hat zwei Theorien über den Traum aufgestellt:

» Das Unterbewusstsein kennt keinen Widerspruch.
» Der Träumende träumt in allen Figuren immer sich selbst.

Diese beiden Aussagen nahmen mir meine Ängste im Traum. Sie betonen, dass es keine Dualität, keine Gegensätze und somit kein Ich und keinen Tod im Traum geben kann. Der Traum ist sozusagen eine selbst kreierte Fiktion.

So wie das Traum-Ich Einbildung ist, ist das eigene »Sterben« im Traum nur eine Illusion. Der sogenannte »initiatorische Tod« erfüllt die Funktion, die Illusion des Traum-Ichs im Traum aufzulösen, um die tieferen Ebenen dahinter zu erkennen. So habe ich den Traum als Tür und den initiatorischen Tod als Schlüssel zu meinem Unbewussten verstanden.

Um meine weiteren Ängste zu entkräften und um herauszufinden, wie ein möglicher Entwicklungsprozess im Schlaf zu begreifen sei, befasste ich mich eingehend mit den Traumbeobachtungen von Carl Gustav Jung. Jung setzt dem Verstand (Ratio) die Intuition entgegen und der Emotion das Empfinden. Bezogen auf die menschlichen und geistigen Prozesse im Schlaf bedeutet dies, dass die Ratio und die Emotion an Raum und Zeit gebunden und in der linken Gehirnhälfte verortet sind. Die Intuition und das Empfinden hingegen sind an die rechte Gehirnhälfte gebunden und damit also raum- und zeitlos. Die folgende Tabelle veranschaulicht diese einfache Gegenüberstellung in den beiden Gehirnhälften:

Linke Gehirnhälfte	Rechte Gehirnhälfte
Ich (Ego)	Selbst
Ratio	Intuition
Emotion	Empfinden
Logik & Sprache	Kreativität & Musikalität
Form	Farbe
Raum & Zeit	Kein Raum & Keine Zeit
Anfang und Ende	Unendlichkeit

Diese einfache Gegenüberstellung der Wirkungsweisen beider Gehirnhälften hilft einerseits, das »Sterben« im Traum besser einzuordnen und lässt außerdem erahnen, welche geistigen Dimensionen sich hinter der Illusion des »Ichs« im Traum befinden können, die auf der rechten Gehirnhälfte im »Selbst« verankert sind.

> **Anmerkung** Aus heutiger, wissenschaftlicher Sicht ist die vereinfachte Darstellung des Zusammenspiels beider Gehirnhälften nicht zeitgemäß. Als Metapher für das Verständnis der Bedeutung des Ich-Todes im Traum und der damit verbundenen geistigen Wandlung ist sie für mich in ihrer Logik ausreichend gewesen. Dieses Buch bleibt deshalb beim oben beschriebenen Grundmodell der Funktionsweise der beiden Gehirnhälften und verwendet das Gedankenmodell von C.G. Jung hier als eine vereinfachte Metapher. Wie dieser Vorgang tatsächlich im Gehirn abläuft, müssen die Schlafforschung und die Neurobiologie noch prüfen.

Dem vereinfachten Modell zufolge reagiert mein Traum-Ich in der linken Gehirnhälfte rational und emotional im Traum. Mein Traum-Ich hält an seinen logischen Vorstellungen von Raum und Zeit fest. Es ist im Alptraum gefangen und erfährt Leid.

Auf der rechten Gehirnhälfte existiert keine Vorstellung von Raum und Zeit. Hier sind die Gaben des Geistes vorzufinden. Indem sich mein Traum-Ich mit seinem initiierten Tod von der Illusion von »Anfang und Ende« ein Stück weit befreit, löst es sich von der Kontrollfunktion seines »Egos« und kann die Eigenschaften des Geistes in sich aufsteigen lassen. Eine innere, geistige Wandlung wäre demnach möglich.

Im Schlaf findet mit dem Tod des Ichs ein Wechsel von einem materiell geprägten Bewusstsein (der linken Gehirnhälfte) in einen Seinszustand der geistigen Veranlagungen (der rechten Gehirnhälfte) statt – eine Begegnung mit dem Selbst.

Im Schlaf bedeutet die Initiation des Helden nichts anderes, als sich in seinen Träumen entspannt auf das eigene »Sterben« einzulassen und sein Ich loszulassen. Der Held befreit sich von jeglicher Rationalität, Emotionalität und Körperlichkeit und dringt in die intuitiven Bereiche seines tieferen Seins vor. Sobald der Held seine Kontrolle von Ratio (Logik) und Emotionen im Traum loslässt, träumt er in tieferen Traumebenen auf der rechten Gehirnhälfte weiter, wo er seiner Intuition, Musikalität und Kreativität begegnet. Sein Sterben im Traum ist der Schlüssel, um weitere geistige Ebenen im Schlaf und das intuitive, empfindsame und unendliche Selbst zu erforschen.

»Das Selbst« bezeichnet C.G. Jung als den paradiesischen Zustand der Ganzheit. Nach seiner Vorstellung ist das Selbst die authentische Seinsweise des Menschen. Aber das Selbst geht als Ursprung des Menschen auf dem Weg ins Erwachsenendasein verloren.

Praktischer Nutzen Unsere Intuition – also unser Bauchgefühl – verstärkt sich und wir können dadurch weitsichtigere Entscheidungen für unser Leben treffen.

Ich ahnte noch nicht, dass ich auf spirituelle und religiöse Phänomene, die jenseits von Raum und Zeit existieren, stoßen würde. Sie haben richtig gelesen – auch religiöse Phänomene bekommen hier ihren Raum.

Wenn man sich auf den Tod und die Liebe im Traum einlässt, wird eine schleichende individuell-religiöse Entwicklung bemerkbar. Keine Sorge, diese Entwicklung ist viel subtiler und individueller im Traum angelegt als Sie denken.

Der Tod als Konstante

Der Tod im Leben und im Traum ist eine »Konstante«. Eine universelle Konstante, die im Traum eine universelle Entwicklung nach sich zieht. Diese Konstante lässt uns im Traum das »Heilige« in uns wieder entdecken. Die Liebe und das »Heilige« steigen nach und nach im Schlaf empor. Ich war mit dieser Entwicklung zunächst überfordert. Aber es wäre keine Heldenreise, wenn sie einfach wäre.

Um diesen religiösen Aspekt wird man nicht herumkommen, wenn man sich mit dem Tod im Traum beschäftigt. Für mich war das sehr überraschend, aber die individuelle Religiosität – jenseits von weltlichen Dogmen und Haltungen – ist als ein universeller

Pfad im Traum angelegt. Der Tod des Ichs, also des eigenen Egos, treibt uns im Traum weiter Richtung Transzendenz und somit zu religiösen Erlebnissen. Daher ist diese universelle Reise von Geburt an in jedem Menschen angelegt. Gleichzeitig können wir diese Erfahrung in uns nicht machen, wenn wir an unserer Logik, Emotionalität und Körperlichkeit festhalten.

Die Reise wird ein Selbstläufer, sobald wir unser körperliches Leben im Traum aufgeben. Wenn wir auf die Kontrolle des Egos über den Tod im Schlaf verzichten und uns auf diese Konstante verlassen, wird sie uns zu unserer tiefsten Liebe, aber auch zwangsläufig zu unserer Spiritualität und zu unserem ursprünglichen Sein führen. Die Neugier, diese unerklärlichen und mystischen Welten zu erkunden, gibt einem die nötige Energie, um weiter zu machen. So kostet die Reise kaum Energie: Sie funktioniert wie eine Dominoreihe.

Als ich meinen ersten initiatorischen Tod erlebte, löste sich der erste Stein und meine Reise begann. Während dieser Reise kann ich in jedem Augenblick entscheiden, ob ich diesen Domino-Effekt unterstütze, mich also weiterhin mit dem Tod im Traum und den sich daraus ergebenden Phänomenen beschäftigen will, oder ob ich das Umfallen der Dominosteine abbreche. Die Wahl ist stets einem selbst überlassen, aber weil die Neugier und die Faszination so stark sind, lässt man sich mitreißen, denn das konstante Sterben im Traum führt in die eigene Tiefe und zugleich in die geistige Weite.

Initiation des Helden

Meine Beobachtungen zu den verschiedenen Wirkungsweisen der beiden Gehirnhälften haben mich zu dem Selbstversuch bewogen, den initiatorischen Tod meines Traum-Ichs einzuleiten und die Folgen zu studieren.

Keine Angst, die Initiation hat nichts mit einem Himmelfahrtskommando zu tun, auch wenn es sich für Außenstehende so anhören mag. Als ich meinen drei engsten Freunden von meiner nächtlichen Heldenreise in den »Tod« erzählte, machten sie sich sofort Sorgen um mich, sie hatten Angst, dass ich vielleicht Selbstmordgedanken hegte. Das erstaunte mich, denn dafür liebe ich das Leben zu sehr. Ich hatte niemals Selbstmordgedanken. Um sie nicht weiter zu beunruhigen, entschied ich mich, über meine Heldenreise nicht mehr zu sprechen und diese insgeheim fortzusetzen und in meinem Traumtagebuch zu dokumentieren.

Ich ahnte, wie bei den Initiationsriten alter Kulturen, dass ich mich im Schlaf meinen Ängsten stellen und daran wachsen könnte. Ich würde zum Helden, weil ich im Traum dem Tod ins Auge schaue. Sich dieser universellen Angst im Traum zu stellen, würde alle meine Ängste und Sorgen in der Wirklichkeit mindern. Dieses »Überlebenstraining« gäbe mir die Möglichkeit, mein Leben entspannter und bewusster zu genießen. Wie die Helden des populären Films würde ich mehr Mut, Liebe und Gelassenheit für mein Leben finden.

> **Praktischer Nutzen** Wie schwer unser Alltag auch sein mag, nachts können wir viele persönliche Erfolge erzielen. Die daraus resultierende Stärke nehmen wir mit in den Tag.

Sprung in die Tiefe

Bei mir sind es zunächst sehr einfache Träume, in denen ich mich dem Tod hingeben kann. So stehe ich im Traum plötzlich an einer steilen Klippe, vor einer tiefen Schlucht oder auf dem Dach eines Hochhauses. Ich bin mir bewusst, dass ich träume. Nun kann ich mich entscheiden, ob ich fliegen oder etwas anderes ausprobieren möchte. (Auf die Klarträume – auch luzide Träume genannt – gehen wir später genauer ein. Sie bieten eine gute Möglichkeit, dem Tod ins Auge zu schauen.) In einem Traum entscheide ich mich zu springen, lasse mich fallen und sehe im Sturzflug meinem Freitod entgegen. Bevor ich auf dem Boden aufpralle, schließe ich die Augen. Nach dem Aufprall wache ich im Realen auf und stelle fest, dass es zwar einen dumpfen Aufprall gab, aber keine Schmerzen.

Obwohl ich mich im Traum dem Tod hingegeben habe, ist gar nichts mit mir geschehen, ich bin einfach wieder aufgewacht. So kann es anfangs allen ergehen. Aber weil wir aufwachen, wächst in uns das Vertrauen, dass der Traum und unser Tod nur eine Illusion sind. Warum also sollten wir uns vor negativen Figuren oder Kräften im Traum ängstigen?

Falls die Tür zum Unbewussten und somit zu unseren transzendenten Träumen beim ersten Mal nicht aufgeht, klopfen wir weiter an.

Vor dem nächsten Aufprall schließen wir unsere Augen. Weil wir nicht mehr zweifeln, wird es sehr still um uns herum. Wir öffnen unsere Augen und erwachen auf einer anderen Ebene als im Traum zuvor. Unser-sich-einlassen auf den Tod bringt uns auf eine neue Ebene – wir erwachen in einem transzendenten Traum.

Es ist so einfach, wie es klingt. Je häufiger ich sterbe und der Konstante vertraue, erhalte ich tiefere Einsichten. Ich finde heraus, dass auf diesen tieferen Ebenen dieselben Gesetzmäßigkeiten der bereits bekannten Fremdhypnose gelten, die normalerweise nur gemeinsam mit einem Therapeuten oder Hypnotiseur betreten werden können. Der Unterschied ist, dass man bei einer Fremdhypnose seinen Willen an den Hypnotiseur abgibt, um sich mit seiner Hilfe und sicheren Führung in die tiefen Bereiche der Psyche zu begeben. Der gleiche Vorgang ist mir nun im Schlaf bewusst möglich. Ich gebe dabei meinen Willen nicht an einen Hypnotiseur ab, sondern an mein eigenes, tiefes Selbst, das diese Ebenen für mich erschafft. Indem man dem initiatorischen Tod vertraut, wird eine tiefe Selbsthypnose im Schlaf möglich.

Genauso wie bei der Fremdhypnose findet man sich im Schlaf in geschützten und fiktiven Übungsräumen wieder. Man kann hier dieselben heilenden und reinigenden Kräfte erfahren. Je mehr man dabei seinen Willen und sein Vertrauen in die Hände seines eigenen Unbewussten legt, desto tiefer wird man sich in die entlegensten Bereiche seines Seins fallen lassen und damit neue, einzigartige und außergewöhnliche Seiten an sich entdecken.

Diese tieferen Hypnose-Ebenen im Schlaf, die ich dem vereinfachten Modell entsprechend in der rechten Gehirnhälfte ansiedle, nenne ich wegen ihrer höheren Komplexität und Anforderungen an das eigene Traum-Ich das »Reich der transzendenten Träume«. Ich habe mich für den Begriff »Transzendenter Traum« (TT) entschieden, weil sich das Traum-Ich durch die Loslösung der eigenen Kontrollfunktionen des Egos immer mehr seiner Transparenz und Transzendenz und somit seiner eigenen Geistigkeit bewusst wird.

Für das Betreten dieser Ebenen ist die Bewusstwerdung des Traums als Traum sehr nützlich. Die bekannten Klarträume (luzide Träume) siedle ich nach meinen Erfahrungen in der linken Gehirnhälfte an, weil das Traum-Ich hier noch an den Raum- und Zeitgesetzen festhält, obwohl es ahnt, diese subjektiven Vorstellungen hinter sich lassen zu können.

Gleichzeitig ist die Bewusstwerdung im luziden Traum die beste Voraussetzung, um mit dem initiatorischen Tod die tieferen Ebenen der transzendenten Träume zu betreten: Weil wir unser »Ich« im Klartraum (auf der linken Gehirnhälfte) aufgeben, betreten wir den transzendenten Traum (auf der rechten Gehirnhälfte). Schauen wir uns diesen Vorgang in Bezug auf die beiden Gehirnhälften vereinfacht dargestellt noch einmal an:

Linke Gehirnhälfte		Rechte Gehirnhälfte
Ich (Ego)	Initiation des Helden	Selbst
Anfang und Ende		Unendlichkeit
Luzider Traum		Transzendenter Traum

Als Beispiel führe ich hier einen fortgeschrittenen, transzendenten Traum ein, der, obwohl er sich im vollen Bewusstsein abspielt und durch die subjektive Sichtweise einem Klartraum ähnelt, jedoch viele Unterschiede zu einem Klartraum aufzeigt, auf die wir später noch detailliert zu sprechen kommen

> **»Die Geburt«**   *Beim Einschlafen dimme ich alle meine Gedanken herunter. Mir wird vor meinen geschlossenen Augen ein roter Hauptschalter visualisiert. Ich mache ihn aus. Ich merke, wie die hintere Seite meines Gehirns ausgeschaltet und mein Puls heruntergefahren wird. Eine Alarmglocke beginnt in meinem Kopf laut zu schrillen. Ich habe keine Angst. Auch wenn es meinen Tod bedeutet, ich entspanne mich. Nach dreißig Sekunden geht die Alarmglocke wieder aus. Ein weiterer Teil meines Gehirns wird heruntergefahren. Dabei merke ich, wie ich aus meinem Körper heraus gleite, mich vorher durch den Darm zwänge, um schließlich aus dem Dunkel einer Gebärmutter heraus geboren zu werden. Ich werde von einer starken Hand aufgefangen und stolz wie ein Neugeborenes in die Höhe gehoben. Ein Mann trägt mich die Treppen eines Schlosses empor, dazu*

erklingt eine Fanfare mit Triumphmusik. Ich werde zu den höchsten Ebenen des Schlosses gebracht, das gefällt mir. Plötzlich klingelt ein Handy. Der Mann, der mich trägt, fragt mich, ob es meins sei oder seins. Mir ist das egal, bloß nicht rangehen, weil ich mir bewusst bin, dass der Traum dann vorbei ist. Genau das passiert, bevor der Traum sich langsam ausblendet. Ich sehe einen Prinzen und eine Prinzessin auf dem höchsten Dach des königlichen Schlosses glücklich miteinander tanzen, so als ob sie über den neugeborenen Sohn glücklich wären.
Nach dem Aufwachen habe ich das Gefühl, ein Teil meines Gehirns sei immer noch heruntergefahren. Ich fühle mich gut und bin euphorisch über meine Geburt.

In den transzendenten Träumen können wir unsere eigene, geistige Geburt erleben. Die mystische Welt, die auf der rechten Gehirnhälfte verortet ist, wird uns als neue aber auch unsere ursprüngliche Heimat nähergebracht. Wir haben danach stärker das Gefühl, unserem Selbst vertrauen zu können. Im Johannes-Evangelium sagt Jesus: »Wenn jemand nicht von neuem geboren wird, kann er das Reich Gottes nicht sehen.«

Neben einer spirituellen Entwicklung strukturiert sich die Reise nach Innen – wie die Reise des Helden in der populären Dramaturgie – durch die Dynamik eines therapeutischen Prozesses. Nach und nach können wir uns in einem geschützten und heilsamen Lernprozess vom Ballast der eigenen Vergangenheit lösen – und somit auch von den damit verbundenen Ängsten, Zwängen oder Blockaden, die ungewollt Einfluss auf das Leben nehmen.

Wie diese Erfahrungen im nächsten transzendenten Traum veranschaulicht werden, können wir am folgenden Beispiel erkennen:

*»**Geborgenheit**« Ich werde von einem Unsichtbaren aus meinem Bett gehoben. Wie ein Kind liege ich in den Armen eines Vaters. Ich bin mir dessen bewusst und lasse es geschehen. Nun läuft er wie ein Verrückter mit mir durchs Zimmer und durch Gänge. Am Ende des rauschenden Irrsinns rutsche ich ihm von der Schulter, auf die er mich hochgehoben hat. Bevor ich auf dem Boden aufpralle, fängt er mich mit seinen Armen auf. Dabei bekomme ich das Gefühl, dass ich mich auf ihn stets verlassen kann – ich bin in sicheren*

*Händen. Er legt mich sanft in mein Bett zurück, dabei drückt er mir
die Wirbelsäule in den Körper hinein, als ob sie außerhalb meines
Körpers gewesen wäre. Es fühlt sich an, als ob Luft in meine
Wirbelsäule gepresst wird. Als ich aufwache, durchflutet mich warme
Energie.*

Alle Ängste, die wir als Baby und Kind empfunden haben, werden
hier ausgelotet. Gleichzeitig können wir uns darauf verlassen, dass
wir uns, egal wie wild die transzendenten Träume sind, in Geborgenheit und Sicherheit wähnen dürfen – wir werden immer aufgefangen. Wir werden von regenerierenden Kräften durchströmt,
wenn wir im Schlaf dem Tod – so wie im nächsten transzendenten Traum – vertrauen:

>>**Friedhof**<< *Nachts gehe ich über einen Friedhof. Dabei habe
ich das Gefühl, ein rebellischer Jugendlicher zu sein, der hier nichts
verloren hat. Ich sehe einen Sarg, der aufrecht steht und ich gehe
hinein. Die Innenseite des Sargdeckels ist von vielen spitzen Nägeln
durchbohrt. Ich entspanne mich, der schwere Sargdeckel geht von
alleine zu, dabei werde ich von den langen Nägeln durchbohrt und
um mich herum wird es dunkel.
Ich öffne die Augen und bin augenblicklich hellwach. Eine kraftvolle
Energie durchströmt meinen Körper.*

Es gibt viele dieser transzendenten Träume, die direkt auf den
materiellen Körper wirken und ihn durchdringen, um die geistigen Energien hinter der materiellen Schale frei werden zu lassen.
Die regenerierenden Kräfte sind für den erwachenden Körper
augenblicklich spürbar.

Diese transzendenten Träume ähneln sehr realistischen Klarträumen und manchmal ist der Übergang in einen transzendenten Traum fließend, weil beide Traumarten auf die subjektive
Sicht beschränkt sind. Daher haben fortgeschrittene Klarträumer
diese Ebenen schon betreten, den Wechsel von der linken Gehirnhälfte auf die rechte vollzogen.

Je tiefer und zielgerichteter man sich in die transzendenten
Träume fallen lässt, desto deutlicher werden die Unterschiede und
Gegensätze zu den bekannten Klarträumen. So geben die drei

Beispiele einen kleinen Vorgeschmack auf die Erfahrungen, die uns in der rechten Gehirnhälfte erwarten, beziehungsweise darauf, wie diese aus der Tiefe heraus wiederum die linke Sphäre des Gehirns und somit unser materielles Bewusstsein beeinflussen. Wie diese Erfahrungen in einem persönlichen Entwicklungsprozess münden, wird in Kapitel III »Transzendenter Traum« beschrieben.

Der Kniff mit dem entspannten »Sterben« des Traum-Ichs ist für den Anfang notwendig, um die transzendenten Träume zu betreten. Später werden wir uns im Schlaf mit etwas Übung direkt ins Reich der transzendenten Träume fallen lassen können, ohne zuvor das »Sterben« spielen zu müssen. Der Wechsel auf die rechte Gehirnhälfte findet im Schlaf automatisch statt.

Der Trick mit dem Tod ist aber insofern notwendig, weil wir die Übungsräume der transzendenten Träume mit unserem Verständnis von Logik, Vernunft, Emotionalität und unserer Einbildung von Körperlichkeit nicht betreten können. In den transzendenten Träumen gilt es, sich auf die eigene Intuition, Empfindung und Kreativität, also auf die Talente des eigenen Geistes, zu verlassen.

Falls Sie es geschafft haben, mir inhaltlich bis hierher zu folgen, ist das wunderbar. Falls nicht, ist das halb so schlimm. Mir erging es bei meinen nächtlichen Selbstversuchen ähnlich. Auch wenn sich in meinen Beschreibungen und Beobachtungen langsam ein roter Faden abzeichnet, während der Reise war er zunächst nicht als solcher erkennbar. Ich hatte eher das Gefühl, dass viele Zufälle zusammengekommen sind. Erst im Nachhinein, nachdem die Reise ins Unbewusste längst fortgeschritten war, konnte ich eine hinter dem konstanten Sterben verborgene Struktur erkennen. Der eigene Tod im Traum wird Ihnen die Pforten zum geistigen Bewusstsein aufzeigen. Die restlichen Phänomene stellen sich von selbst ein.

Bevor ich anfing, mich mit meinen Träumen zu befassen, wusste ich nicht, was zum Beispiel Klarträume sind. Sie haben sich einfach aus dem Spiel mit den Träumen von selbst ergeben. Nach wie vor ist die dargestellte Vereinfachung der beiden Gehirnhälften und der dort angesiedelten Phänomene nur eine Metapher, die mir half, meine Ängste zu überwinden, und somit tiefere Sphären im Schlaf zu betreten.

Für diese Reise sind keine kognitiven Eigenschaften oder Vorwissen notwendig, denn sie ist universell. Einem Menschen, der die intellektuellen oder physischen Eigenschaften für diese Reise nicht aufbringt, weil er zum Beispiel krank, arm, ungebildet, blind, taub, alt oder gelähmt ist, wäre diese Reise zu seiner tiefsten Liebe und somit zur eigenen Transzendenz ansonsten verwehrt. Der Tod im Schlaf ist bereits die Lösung. Somit ist jedem Menschen diese Reise ohne Ausnahme möglich, weil diese geistigen Phänomene – so scheint es – von Geburt an in uns tief verankert sind.

Mein konkretes Ziel dieser Reise war am Anfang, Heilung im Schlaf zu finden, um mich aus meiner Lebenskrise befreien zu können. Doch bevor ich die regenerierenden und geistigen Ebenen der transzendenten Träume betreten durfte und damit meiner tiefsten Wahrheit näher kam, musste ich einige Herausforderungen meistern, die der Alptraum für mein Traum-Ich bereithielt. Es blieben ein paar Fragen offen, die ich für mich klären musste: Wie kann sich mein Traum-Ich im Alptraum bewusst werden, dass die eigene Angst eine Illusion ist? Wie schaffe ich es, die bindende Macht der Fiktion eines Alptraums aufzuheben, insbesondere wenn mein Traum-Ich in ausweglose, verzweifelte Situationen gerät? Wie kann ich den Alptraum als Traum entlarven, um im entspannten Zustand meinen initiatorischen Tod einzuleiten?

Deshalb möchte ich noch etwas auf der Theorieebene verweilen, denn die aktive Imagination, auf die ich jetzt zu sprechen komme, war für mich eine wichtige Methode, um mich dem Tod im Traum und somit meiner Heldenreise zu nähern.

AKTIVE IMAGINATION

Es war Carl Gustav Jung, der die aktive Imagination als Therapieform einführte, um die Macht der Fiktion im Alptraum aufzulösen. Das Wort »Imagination« setzt sich aus den lateinischen Wörtern »imago« (Bild) und »imaginari« (sich einbilden) zusammen und bedeutet »bildhafte Vorstellung«. Aktive Imagination ist somit »absichtliches Hervorrufen bildhafter Vorstellungen«.

Die aktive Imagination ist eine von ihm wiederentdeckte Möglichkeit, aktiv mit der eigenen Seele in Beziehung zu treten. In der Medizin des 18. Jahrhunderts wurde die aktive Imagination systematisch zu Heilzwecken angewendet.

Die aktive Imagination ist ein Vorläufer der Träume und eine jedem Menschen von Natur aus innewohnende Fähigkeit. Die aktive Imagination hat sich als Therapieform bei der Bewältigung von Traumata bewährt. Im Wachzustand visualisiert der Patient sooft wie möglich das traumatisch Erlebte mit (zumeist) geschlossenen Augen, um sich schrittweise die Angst vor dem Trauma zu nehmen.

Bei einer Spinnenphobie zum Beispiel stellt sich der Patient das Tier mit all seiner Phantasie so realistisch wie möglich vor, lässt sie dann vor dem inneren Auge auf sich zu laufen, ohne einzugreifen. Wenn er diese Visualisierung in der Imagination regelmäßig übt, baut er in der eigenen Vorstellung schrittweise die Angst vor Spinnen ab, später auch in der Realität. Mit Hilfe der klassischen Verhaltenstherapie kann man weiter gehen, indem der Therapeut den Patienten behutsam zunächst mit Bildern, dann mit künstlichen Spinnen und schließlich mit echten Tieren konfrontiert.

Ohne eine therapeutische Begleitung funktioniert diese einfache Übung nur bis zu einem gewissen Grad. Das Problem ist: Sie dringt nicht tief genug in alle Gedächtnisbereiche des Körpers, um das Trauma vollständig zu bewältigen. Besonders schwierig wird es, wenn die traumatischen Emotionen tief in den körperlichen Regionen sitzen, auf die man selbst (fast) keinen Zugriff hat oder die bereits den eigenen Charakter stark prägen. Aber man muss kein Trauma erlebt haben, um diese einfache Form der Imagination für sich im Alltag zu nutzen. Die aktive Imagination birgt noch ein anderes Geheimnis in sich: Die der inneren Bilder.

Die inneren Bilder der aktiven Imagination

Die inneren Bilder, auch Hypnagogie genannt, treten häufig beim Einschlafen oder (zumeist nächtlichen) Erwachen auf. In diesem hypnagogischen Zustand kann man nicht nur visuelle, sondern auch auditive und taktile Halluzinationen erleben. Das Auftauchen der inneren Bilder half mir dabei, die Funktionsweise eines Alptraums zu verstehen.

Gleichzeitig habe ich im Nachhinein das Gefühl, dass die inneren Bilder einen spielerischen Übungsplatz darstellen, um sich in den Räumen der transzendenten Träume der eigenen Angst zu stellen und zu erkennen, wie das Unbewusste mit seinen Kräften auf den eigenen Willen einwirkt. Es ist eine gute Möglichkeit, mit unserem Inneren in Kontakt zu treten und so unser Vertrauen zu unserem eigenen Selbst zu stärken. Deswegen möchte ich Ihnen diesen verspielten Umgang mit der eigenen Phantasie und Kreativität nicht vorenthalten. Es macht nichts, wenn sich bei Ihnen die inneren Bilder nicht einstellen: sie sind nicht zwangsläufig notwendig, um den Alptraum als Illusion zu entlarven. Sie müssen für diese Reise in die eigene Geistigkeit nichts mitbringen. Es reicht, wenn Sie vorerst von dieser Visualisierungstechnik wissen.

Im Liegen versuche ich meinen Körper zur Ruhe zu bringen. Dafür habe ich einige Varianten ausprobiert, beispielsweise autogenes Training. Es ist unwichtig, was wir für eine Meditationsart nutzen: Yoga, Mantras, Beten, bewusstes Atmen oder Achtsamkeitsübungen. Es ist nicht einfach, dieses Stillsein, das körperliche In-sich-Ruhen zu erreichen, das zeigt die Vielzahl an Ratgebern zu diversen Entspannungstechniken. Suchen Sie sich eine Methode aus, die zu Ihnen passt. Der Zugang zu unseren inneren Bildern und unserer kreativen Kraft erschließt sich uns in den stillen Momenten des Innehaltens. Indem wir zu Ruhe kommen, sucht uns das Unbewusste auf.

Es ist wissenschaftlich bewiesen, dass Meditation zu einem inneren Klärungsprozess führt, bei dem Ängste, Wut und Trauer mit der Zeit abnehmen und sich positive Gefühle einstellen. Durch das Meditieren wird der Geist beruhigt, denn Phantasien, Vorstellungen, Emotionen und Erinnerungen rauschen unentwegt durch den Kopf. Um den Körper zur Ruhe zu bringen, gilt es also »die Geschichten, die im Kopf kreisen, loslassen«, schreibt die Meditationsforscherin Dr. Britta Hölzel.

Indem man anfängt seine Gedanken zu beobachten oder sie gezielt erfasst, kann es gelingen, das Tempo (aus dem Körper) herauszunehmen: Es gilt »die Kunst in jenem Nichts zu verweilen, das zwischen zwei Gedanken liegt«, so ein buddhistischer Yogi.

Praktischer Nutzen Die aktive Imagination und die Beschäftigung mit den Meditationstechniken führen zur Entschleunigung und erlauben es, die Herausforderungen des Alltag aus der Ruhe heraus zu meistern.

Mehrmals am Tag kombiniere ich zwei meditative Übungen miteinander – das Verweilen zwischen den Gedanken und das gewahr werden meines Atems. Diese meditativen Übungen kann man überall im Alltag anwenden – im Job, beim Kochen, beim Spazierengehen, beim Lesen oder beim Einschlafen. Anfangs brauchte ich einige Tage, bis ich entspannt genug war, um die inneren Bilder im Liegen wahrzunehmen. Die ersten Imaginationen vor meinem geistigen Auge stellten sich kurz vor dem Einschlafen ein, beim ruhigen Liegen mit geschlossenen Augen.

In der liegenden Ruheposition stiegen häufiger Bilder in mein Bewusstsein auf. Zuerst waren es Formen, Farben, bunte Spiralen oder kleine Blitze. Schnell merkte ich, dass ich die Bilder nicht werten durfte, und ließ sie einfach fließen. Ich entschied, meinen Drang nach Kontrolle aufzugeben. Als das gelang, spielten sich nach und nach vor meinen geschlossenen Augen kleine, in sich stimmige Geschichten ab. Sobald ich mich auf sie einließ, ohne einzugreifen oder die Geschichten zu werten, entspannten sich Rücken, Nacken und Schultern.

Durch Sigmund Freuds Erkenntnisse ahnte ich schon, dass ich selbst jede der Imaginationsfiguren bin – auch wenn sie mich mit einem verzweifelten oder gehässigen Ausdruck darstellten.

Beim Lesen dieses Buches werden Sie feststellen, dass bei mir als Filmemacher die Symbole in Imaginationen oder Träumen meist einen filmischen Charakter haben und vieles widerspiegeln, was man aus Hollywood-Filmen kennt. Diese Symbole und Metaphern treffen natürlich nur auf mein eigenes Selbstbild zu. Falls Sie sich für etwas anderes begeistern oder in einem anderen Umfeld leben, arbeiten und handeln als ich, werden diese Räume und Symbole in Ihren Träumen auftauchen, thematisiert, hinterfragt oder ergänzt. Das gleiche gilt auch für alles, was Sie ablehnen oder was Ihrer Wertvorstellung und Ihrer Moral zuwider läuft. Ihre persönlichen Ansichten, egal in welche Richtung, werden auf dieser Reise hinterfragt oder nachjustiert. Ihre Heldenreise gestaltet sich genauso individuell wie Ihre Phantasie, Ihre Physiognomie und Ihr Charakter, der durch kulturelle, biographische und (vielleicht) religiöse Erfahrungen geprägt ist, stets sind all diese Symbole Teilaspekte Ihrer Psyche. Kurz gesagt, Sie werden natürlich ganz andere Symbole und Geschichten in Ihren Imaginationen erleben, als es bei mir der Fall ist. Hier eine kleine Auswahl meiner erlebten Imaginationen zu Beginn meiner Reise:

> » Ein Bürodrucker druckt wichtige Börsendokumente, die werden aber alle auf Toilettenpapier gedruckt.
> » Um einen Menschen anzusprechen, müssen wir unsere Kreditkarte durch einen Kreditkartenschlitz in seinem Kopf ziehen.
> » Ein Supermodel geht barfuß über einen Laufsteg, der aus spitzen Nägeln besteht. Das Model lässt sich aber nichts anmerken und lächelt während des Blitzlichtgewitters der Fotografen tapfer weiter.
> » Eine Frau ist mit goldenen Ketten und einem goldenen Vorhängeschloss an einen großen Baum gekettet. Sie stirbt oder ist bereits tot. Ein Mann weint vor dem Baum, doch um seinen Hals hängt ein goldener Schlüssel.
> » Eine große Gotteshand winkt geduldig eine Schnecke zu sich, die sehr langsam auf diese zu kriecht. Doch die Gotteshand bleibt geduldig.
> » Ein widerwärtiges schwarzes Monster streicht seine neubezogene Wohnung mit weißer Farbe.

Manchmal bin ich nach solchen Geschichten deprimiert, falls tatsächlich jede Figur ein Abbild meiner selbst ist. Und nie gibt es eine Vorwarnung darauf, was ich in mir entdecke. Es passiert einfach, vorausgesetzt, ich lasse es zu.

> **Anmerkung**   Nehmen wir uns die Imaginationen nicht zu sehr zu Herzen – sie sind, wie die populären Filme, überdramatisiert. Alles ist zugespitzt dargestellt, damit uns, wie beim Filmhelden, eine Einsicht zuteil wird. Auch wenn wir manchmal »negativ« dastehen, sehen wir es positiv: das Unbewusste zeigt uns, wie viel geistiges Potential und innere Entwicklung für uns nach oben noch möglich ist.

Das Unbewusste hat einen eigenwilligen, tiefgründigen Humor. Es wählt für uns Geschichten aus, die uns eine persönliche Einsicht bescheren, und weist uns die Richtung unserer Heldenreise. Um uns auf der Reise im Reich der transzendenten Träume nicht zu verirren, wird ein innerer Kompass in uns etabliert. Dieser innere Kompass, der uns Richtung Mitgefühl, Selbstlosigkeit und Liebe – also zu unserem tiefsten Sein – navigiert, wird uns den Weg dorthin weisen, wo unsere tiefste Liebe verborgen ist. Liebe und Wahrhaftigkeit sind im Traum dasselbe und somit ist die Wahrheit ein universeller Pfad, der uns einen Ausweg aus dem Labyrinth der Träume weist. Dazu an anderer Stelle mehr.

Gleichzeitig lassen mich die Geschichten und ihre Themen die Funktionsweise und den Aufbau der späteren transzendenten Träume erahnen. Ich lerne mit den Geschichten spielerisch umzugehen, was ich später im Reich der transzendenten Träume intuitiv aufnehmen und übernehmen kann. In den aktiven Imaginationen können wir folgendes spielerisch ausprobieren, also zum Teil selbst Regie führen:

> » Sich in die Perspektive der anderen Figuren begeben, um so einen Blick auf das eigene Selbstbild zu erhaschen.
> » Aus der eigenen subjektiven Perspektive heraustreten und in die (passive) Beobachterperspektive wechseln, um zu verfolgen, wie sich die Imagination, also Subjekt und Objekt, zueinander verhalten.
> » Wir können streitende Parteien oder widersprüchliche Symbole miteinander versöhnen, indem wir versuchen, uns noch mehr zu entspannen oder die Parteien bitten, sich zu einigen.
> » Wir können streitende Figuren voneinander trennen, indem wir uns auf andere Zeitachsen begeben oder andere Raumdimensionen hinzuziehen. So können wir den illusorischen Kampf der Figuren mit unserer Phantasie, also einer kreativen, intuitiven Lösung, beenden. Der Zwang der Figuren wird aufgehoben.

Indem ich mich auf die Geschichten spielerisch einlasse, erkenne ich, wie die Figuren in mir zueinander stehen und welchen Wünschen und Zwängen sie ausgeliefert sind. Indem ich mich mit ihnen beschäftige, tauchen die Symbole zunehmend in meinen nächtlichen Träumen auf, wo ich mich mit ihnen intensiver auseinandersetzen kann. Ich gehe dem inneren Konflikt noch mehr auf den Grund. Die hypnagogen Bilder erlebt man auch beim autogenen Training.

Auf diese Weise können wir im Alltag unsere aktuelle Befindlichkeit oder Stimmung visualisieren.

> **Anleitung**   Legen wir uns bequem hin, schließen unsere Augen, lassen den Körper zur Ruhe kommen. Bitten wir unser Unbewusstes, uns die inneren Bilder zu zeigen. Wenn wir bitten, wird uns gegeben. Durch diese Bitte stellen wir den Kontakt her. Wir werden mit etwas Übung feststellen, dass das Unbewusste tatsächlich auf unsere Bitte reagiert und vor unserem geistigen Auge Symbole, die für unsere aktuelle Verzweiflung oder Unruhe stehen, schemenhaft projiziert. Jetzt müssen wir nur ruhig und still bleiben und das Symbol, Bild oder Thema so lange auf uns einwirken lassen, bis es seine Kraft verloren hat. Wenn wir diese Kräfte in uns akzeptieren, lassen wir auch los. Dabei spüren wir, dass die Symbole für Spannungen im Körper stehen. Diese lassen nach.

Wenn wir länger in liegender Position in uns ruhen, stellen wir fest, dass der Übergang in eine kleine Trance fließend ist. Dabei werden wir die inneren Bilder noch anschaulicher wahrnehmen. Es ist in Ordnung, wenn wir dabei einschlafen. Später werden die inneren Bilder im Schlaf zu konkreten Träumen, wobei die Gegensätze und die Extreme noch eindeutiger hervortreten. Hier wird der Lernprozess anschaulicher und es entstehen sogar sehr konkrete Träume, die Filmgeschichten oder Märchenerzählungen sehr ähneln. Diese Träume nenne ich für mich »buddhistische« Träume, weil sie in Bezug auf ihre Botschaft oder ihr Thema für sich sprechen. Hierfür drei Beispiele aus meinen »buddhistischen« Träumen:

> **»Der Frosch«**   *An einem Sommertag sehe ich einen netten, etwas deprimierten Frosch auf einem Wasserblatt in einem Teich vor mir sitzen. Er sagt zu mir: »Ich versuche mir die ganze Zeit ein*

gutes Aussehen zu verpassen, hinterlassen werde ich aber keins.« Als ich aufwache, denke ich, ich bin wahrscheinlich der Frosch.

Diese Träume sind nicht nur sehr realistisch, sondern auch sehr filmisch, so, als ob man einen Film auf einer Leinwand anschauen würde. Sie sind auch humorvoll.

> **»Auf die Regeln pfeifen«** *Ein Mentor bringt mir geduldig bei, wie man bei einem Boxkampf nach fairen Regeln kämpft. Ortswechsel: Plötzlich kämpfe ich gegen einen Gegner im Knast, der sich an keine Regeln hält. Er kämpft sehr unfair. Ich verzweifle langsam, weil ich versuche, mich an die fairen Regeln des Boxkampfes zu halten. Da schreit mein Mentor mir aus der Ringecke zu: »Lass den Quatsch!!!«*
> *Mein Mentor hat Recht: Es macht keinen Sinn, sich im Knast an Boxregeln zu halten.*

> **»Die goldene Schriftrolle«** *Aus einer alten, goldenen Schriftrolle wird mir ein Märchen von einem Geschichtenerzähler vorgelesen. Die Geschichte handelt von einem Tiger, der in eine Notsituation gerät. Der Tiger lügt und betrügt, um nicht sterben zu müssen und rettet sich am Ende damit selbst. Dennoch kann man dem Tiger vergeben, wenn er wieder zu Kräften gekommen ist, damit er wieder Gutes tun kann.*
> *Das Thema Vergebung wird in späteren transzendenten Träumen oft aufgegriffen.*

Praktischer Nutzen Unsere tiefe Weisheit überrascht uns. Sie hilft uns dabei, klügere Entscheidungen zu treffen.

Bittet, so wird euch gegeben

In der Bibel steht der Spruch wie schon oben angedeutet: »Bittet, so wird euch gegeben; klopfet an, so wird euch aufgetan.« Wenn wir ihn auf das Reich der Träume anwenden, werden hier nicht nur »Wunder« passieren. Noch ein weiteres Phänomen begleitet diesen Spruch, der ihn in ein ganz neues Licht stellt. Bevor wir einschlafen, können wir unseren Wunsch oder unsere Bitte an die Träume richten, dass sich ein bestimmter Traum im Schlaf für uns erfüllt und einstellt. Wenn wir gerade traurig sind, können wir uns einen heiteren Traum wünschen. Wenn es uns schlecht geht, können wir uns einen Traum wünschen, in dem uns geholfen wird. Bei mangelndem Selbstbewusstsein können wir uns einen Traum wünschen, in dem eine Figur auftaucht, die uns bestärkt oder zur Seite steht.

Irgendwann wird unser Unbewusstes diesen Wunsch erfüllen. Wir müssen mit unserer Bitte nur aufzeigen, wohin die Reise gehen soll, denn das Unbewusste wertet nicht. Und nachdem wir den entsprechenden Traum, der uns innerlich aufbaut oder stärkt, genossen haben, nehmen wir diese positive Stimmung mit in den nächsten Tag. Die eigenen Gedanken erhellen sich, Hoffnung begleitet uns.

Es macht keinen Sinn, sich materielle Dinge im Traum zu wünschen. Beschränken wir uns vor dem Einschlafen auf Wünsche, die auf innere Werte oder Charaktereigenschaften abzielen: Wünschen wir uns mehr Humor, mehr Unterstützung, Beistand, Liebe, Freundschaft, Geborgenheit oder Mut, so werden uns diese Eigenschaften auch zuteil werden. Je stärker unsere Bitte ist, um so schneller wird sie sich im Traum erfüllen und wir werden unsere innere Führung verspüren.

Falls Sie zu den Menschen gehören, die nachts nicht träumen oder sich an die Träume nicht erinnern, ist die aktive Imagination eine gute Möglichkeit, die nächtlichen Träume in sich wieder zu erwecken. Je konkreter unsere aktive Imagination wird, desto konkreter werden auch unsere Träume. Und dass jeder Mensch während des Schlafs mehrmals träumt, wurde in Schlaflaboren durch EEG-Messungen nachgewiesen: Beim Aufwachen erinnert sich nur der Schläfer nicht mehr an seine Träume.

Weil wir mit der aktiven Imagination auf unser Inneres zugehen, wird das Unbewusste nachts auf uns zukommen. Weil wir uns mit den inneren Bildern beschäftigen, werden die Träume nachts in uns aufsteigen. Falls Sie das Phänomen der inneren Bilder nicht sofort entdecken, macht das nichts. Ich habe ein paar Tage gebraucht und den Prozess dann intensiviert. Früher oder später werden die Bilder in uns aufsteigen, wenn wir mit geschlossenen Augen entspannt im Bett liegen. Die tatsächliche Macht der aktiven Imagination zeigt sich erst, wenn sie auf die nächtlichen Alpträume angewendet wird.

Die Macht der aktiven Imagination

Nachdem ich ein paar Wochen mit den inneren Bildern experimentiert hatte und bereits viele kleine Geschichten entstanden waren, brachte ich den Mut auf, die aktive Imagination auf die eigenen Alpträume anzuwenden. Ich entschied mich für einen Alptraum, der über mehrere Wochen hinweg immer wieder kam:

»Der Bombenhagel« – Traum

Gemeinsam mit meinen Freunden fliehe ich vor einem Bombenhagel durch eine bereits zerstörte Stadt. Der Bombenhagel wird von genau ausgerichteten Bombern am Himmel ausgeführt. Die Bomber sehen aus wie Drohnen, ohne Piloten, dennoch sind sie sehr effizient. Sie werfen die Bomben wie von einem Fließband zielgenau auf uns ab. Auf dem Boden haben wir fürchterliche Angst, weil die Kriegsmaschinerie so perfekt funktioniert. Wir werden sicherlich sterben.

Als ich erschreckt aufwache, ist der Körper noch angespannt. So rufe ich mir den Alptraum noch einmal ins Bewusstsein, um mich ihm mit der aktiven Imagination aktiv zu stellen:

»Der Bombenhagel« – aktive Imagination

Ich wiederhole den Traum vor meinem geistigen Auge, sehe, wie ich vor den einschlagenden Bomben davonlaufe und in Panik gerate. Dabei versuche ich, mich zu entspannen und lasse mich zur Ruhe kommen. Ich lasse es zu, dass mich die Bomben treffen, doch es passiert nichts. Zu meiner Überraschung verpuffen die Bombenexplosionen. Nun will ich mir die fliegenden Drohnen näher ansehen, um mir ihre Perspektive zu verinnerlichen. Ich entspanne mich weiter und schwebe (wie ein Geist) zu einer der Drohnen hin, um zu sehen, ob wirklich kein Pilot darin sitzt. Zu meinem Erstaunen sehe ich mich selbst als Piloten, aber ich bin ein kleines Kind, das unbedingt alles genau treffen möchte. Mir macht es sehr viel Spaß, inmitten dieser unbesiegbaren Maschinerie aus Bombern meinen Sieg zu feiern, denn auf dem Boden sehe ich die Einschläge nur als glitzernde, wunderschöne Lichtpunkte – die Toten sehe ich nicht. Ich bin in meinem Wunsch nach Perfektion, nach dem vollkommenen Treffer, für das Grauen auf der Erde verantwortlich.

Diese einfache Imagination entspannt nicht nur meine Angst, sondern zeigt mir, dass ich selbst der Bomberpilot bin, der das Leid am Boden verursacht. Ein Kind, das alles richtig machen möchte und durch glitzernde Lichtpunkte am Boden belohnt wird. Nach dieser Imagination taucht der Traum nachts bei mir nicht mehr auf. Ich stelle für mich fest, dass die aktive Imagination die beste Interpretation des Alptraums liefert. Indem ich in der Imagination die eigene subjektive Perspektive des Alptraums entspannt verlasse und ohne Wertung in die Perspektive des Objekts hineinschlüpfe, bekomme ich einen umfassenderen, objektiveren Blick auf die Gesamtsituation. Indem ich mich aus der anderen Perspektive beobachte, lerne ich automatisch mit. Ich begreife die Wünsche, Ängste und Nöte beider Parteien. Indem ich mir ihrer Gleichzeitigkeit bewusst werde, verlieren beide Gegensätze an Kraft: Verspannungen im Körper lassen nach.

Traumtagebuch

Ein Traumtagebuch zu führen ist für diese »Reise« praktisch, um sich die Imaginationen und vor allem die Alpträume konkreter in Erinnerung rufen zu können. Ein starker Alptraum wird unsere Stimmung sowieso den ganzen Tag über beeinflussen, uns nicht loslassen. Wir haben die Wahl, die Alpträume weiter zu leugnen oder aktiv mit ihnen umzugehen. Wir können den Alptraum auch als einen Hilferuf sehen, der uns darauf hinweist, dass in unserem Inneren etwas nicht im Lot ist. Ein Alptraum kann uns gerade in seiner drastischen Art helfen, Verzweiflung im Alltag gezielter zu begegnen.

Wenn Sie anfangen, Ihre Träume in einem Traumtagebuch aufzuschreiben, können Sie sich Ihrer Angst oder Ihrem Trauma stärker bewusst werden. Sie können auch Ihre Imaginationen aufschreiben oder aufmalen. Versehen Sie diese Aufzeichnungen mit einem Datum, weil Sie sich so beim wiederholten Lesen noch einmal Ihrer Ängste bewusst werden können und sich indirekt in den selbsttherapeutischen Prozess vertiefen.

Es wird dabei auch deutlich, dass das Erkennen im Schlaf sehr viel stärker mit Emotionen verbunden ist als das Erkennen im Wachzustand. Im Traum sind die nächtlichen Szenerien emotional stärker aufgeladen als die meisten alltäglichen Situationen, die wir im Wachzustand erleben. Das führt dazu, dass wir im Schlaf emotional lernen können. Mit einem Traumtagebuch können wir verfolgen, wie das eigene Traum-Ich auf unserer Reise Schritt für Schritt angstfreier wird und sich wandelt. So ist der Alptraum nicht nur böse, um böse zu sein. Genauso wie in der populären Filmdramaturgie, kann uns der Alptraum zeigen, dass wir als Held noch nicht genügend Liebe, Achtsamkeit, Mitgefühl und Selbstlosigkeit in unsere eigene Heldenreise integriert haben.

> **Praktischer Nutzen** Indem wir unsere größten Ungeheuer besänftigen, können wir unsere Erfolge auflisten und über unseren Mut und unsere Kühnheit staunen.

Aktive Wiederholung eines Alptraums

Es macht wenig Sinn, die Ängste unserer Alpträume zu leugnen oder zu verdrängen. »Das Verdrängte kommt immer wieder zurück«, schrieb Sigmund Freud. Die Mechanismen der Verdrängung können wir für uns nutzen, indem wir diese wiederkehrenden Kräfte in unsere Traumarbeit integrieren. Das Verdrängte pocht auf sein Recht, wieder durchlebt zu werden. Diese Tatsache hatte bei mir im Schlaf etwas Außergewöhnliches zur Folge.

Als ich nach der aktiven Imagination eines Alptraums wieder einschlief, wiederholte sich derselbe Alptraum. Da ich den Alptraum wiedererkannte, wurde ich mir meines Träumens mitten im Traum bewusst. Ich hatte ihn ja schließlich vor wenigen Minuten erst erlebt. Da ich alle Figuren und Elemente im Alptraum selbst bin, wusste ich gleichzeitig, dass alles eine Illusion war. So überließ ich den Symbolen im wiederholten Alptraum spontan das Steuer. Die Anspannung im Körper verschwand dabei fast ganz. Die verzweifelte Stimmung des Alptraums färbte nicht auf den darauffolgenden Tag ab. Seitdem kann ich den Alptraum nachts aktiv wiederholen lassen, wenn die durch den Traum verursachte körperliche Anspannung beim Aufwachen noch zu spüren ist.

> » Die volle Wirkung der aktiven Imagination entfaltet sich beim aktiven Wiederholen des Alptraums.

All das hört sich sicherlich etwas wahnsinnig an. Wie kommt man auf die Idee, seinen Alptraum erneut durchleben zu wollen? Doch wir bewegen uns auf den Spuren einer Heldenreise – unserer Heldenreise, und Alles, was uns nicht umbringt, macht uns stärker. Als Held können wir uns in der Nacht unseren tiefsten und wiederkehrenden Ängsten noch einmal stellen, indem wir sie aktiv hervorholen, um uns mit ihnen zu versöhnen. Es ist doch besser, sich diesen destruktiven Kräften im Schlaf zu stellen als im Alltag darunter zu leiden. Sonst besteht die Möglichkeit, dass das Leben vielleicht nicht nur träge und freudlos bleibt, sondern überdies depressive und ausweglose Züge bekommt. Daher gilt es, sich im Schlaf der individuellen Verzweiflung, dem Trauma, dem (inneren) Schmerz oder dem Wahnsinn zuzuwenden.

Anleitung
Die aktive Wiederholung eines Alptraums geschieht in vier Stufen:

Thema Im Wasser ertrinken
Dauer etwa 30 Minuten

1. Schlaf Wir haben im Alptraum Angst, im tiefen Wasser zu ertrinken. Wir wachen erschrocken auf. Der Körper ist noch angespannt.
2. Wachzustand Im Bett bleiben wir ruhig weiter liegen. Nicht bewegen. Mit der aktiven Imagination sich nun dem Element Wasser hingeben und im Wasser untergehen. Die Anspannung im Körper lässt etwas nach. Direkt danach versuchen, wieder einzuschlafen und bitten, dass sich derselbe Alptraum noch einmal wiederholen möge.
3. Schlaf Wenn wir uns dem Schlaf hingeben, wiederholt sich der Alptraum. Weil wir noch einmal ertrinken, erkennen wir den Vorgang als Wiederholung. Wir sind uns nun des eigenen Träumens bewusst. Alles, auch das Wasser, erkennen wir nun als eine Illusion. Nun den initiatorischen Tod einleiten und uns ins Wasser hinabsinken lassen. Wir werden feststellen, dass wir unter Wasser atmen können.

4. Wachzustand   Wir erwachen. Warme Energie durchströmt den Körper. Eine Blockade oder Anspannung im Körper ist nun gelöst. Wir können wieder friedlich einschlafen. Der ganze folgende Tag wird von der positiven Energie getragen sein.

Wir dürfen nicht vergessen, dass alles seine Zeit und Übung braucht. Aber wir ahnen schon, dass diese radikale Herangehensweise zu lichtvollen und transzendenten Momenten führen wird, je mehr man sich der eigenen Dunkelheit hingibt. Denn in der tiefsten Dunkelheit wird unser Licht zu scheinen beginnen. Es ist ein sich aufbauender Prozess, der nicht von heute auf morgen stattfindet und dennoch lohnt es sich, diesen etwas ungewöhnlichen Weg zu gehen, um das Licht in uns wieder zu entdecken.

So klappte es bei mir schließlich öfter, einen Alptraum zu wiederholen. Am einfachsten lassen sich Alpträume wiederholen, in denen man herunterfällt, scheinbar ertrinkt oder verbrennt. Also Alpträume, in denen keine weitere Figur vorkommt. So können wir uns schrittweise unserer Ur-Angst vor dem Sterben stellen und die eigene Körperlichkeit unseres Traum-Ichs, die eine Illusion darstellt, aufheben: In der Wiederholung des Alptraums können wir uns entspannt den Illusionen des Hinunterstürzens, Ertrinkens, Verbrennens, Einschmelzens oder Zerstückelns hingeben. Auf diese Weise wird der initiatorische Tod in unserem Bewusstsein als ein einfacher, praktischer Schlüssel für die Reise nach Innen verankert. Dabei werden wir verblüfft sein, was für eine herrliche und lebensbejahende Energie uns durchströmt.

»Erst im Sterben«, schreibt der Professor für Psychiatrie und Neurologie Eckert Wiesenhütter, »vollziehe sich die Befreiung des Menschen aus seiner Ichbefangenheit.« Dieses Loslassen der Ego-Kontrolle lässt erst die in uns schlummernden Energien emporsteigen. Dabei relativiert die direkte Konfrontation mit dem Schlimmsten, dass etwas passieren kann, die Probleme und Krisen im Alltag.

Praktischer Nutzen   Unsere Angst vor dem Sterben nimmt ab.

Ich ging lange davon aus, dass ich in der Wirklichkeit mit einem Verlust meiner Individualität rechnen müsste, wenn ich mich weiter mit meinem Ich-Tod im Traum beschäftige. Diese Angst war unbegründet. Wiesenhütter beschreibt die Auflösung der Individualität nicht als »ein Auslöschen des Ichs, sondern ein Fort- und Übergehen des Bewusstseins in ein nicht beschreibbares Überbewusstsein. Also nicht die Zerstörung, sondern das Aufgehen in etwas viel Größeres, in etwas, das ich als Liebe bezeichnen möchte.« Und genau dorthin führt unsere Reise, denn nichts an sich ist wirklich tot; es gibt keinen absoluten Stillstand, nur Harmonie und Ausgewogenheit zu allen anderen. Die absolute Transzendenz-Erfahrung.

Somit wäre der »Tod im Traum« eine Rückführung zu uns selbst und nicht der Verlust von uns selbst. So erscheint der »Tod im Traum« nicht länger als das definitive Ende der Existenz der Persönlichkeit. Er stellt sich vielmehr als Übergang, als Geburt in eine andere, letztlich ursprüngliche Existenzform dar.

Der Körper ist das Produkt des Geistes

Wie Buddha schon sagte: »Der Körper ist das Produkt des Geistes«. Somit sind wir ein Geist, der mit Fleisch und Knochen überdeckt ist. Um mit ihm in Kontakt zu treten, bedarf es keines Aufstiegs, sondern eines »Rückstiegs«, einer »regressio«. Durch den initiatorischen Tod im Traum leiten wir den Einstieg in unsere Geistigkeit ein. Platon hat geschrieben, dass die Seele des Menschen im Körper gefangen sei; der Körper sei das Gefängnis der Seele. Das ist zwar eine etwas düstere Metapher, aber sie bietet während des Träumens ein gutes Modell, um die Heldenreise nach Innen besser zu erläutern.

Im Schlaf wenden wir uns zu Übungszwecken den Traumfiguren zu, die uns herausfordern und uns im Alptraum schaden wollen. Also Figuren, die uns verfolgen, um uns zu verletzen oder gar zu töten. Diese Figuren versuchen – metaphorisch ausgedrückt – nichts anderes, als unseren Körper von unserem Geist zu trennen und damit unseren Geist aus unserem Körper (dem Gefängnis) zu befreien. Stellen wir uns dieses Gefängnis eher wie einen Kokon vor, der langsam abgestreift wird, damit wir zu dem Schmetterling werden, der wir in unserem Kern schon immer waren.

Hier ein Beispiel aus einem transzendenten Traum, wie die Befreiung aus dem eigenen Kokon versinnbildlicht werden kann.

> **»Gute Frage«** *An meinem Bett fragen mich drei Ärzte, ob es eher schmerzen oder kitzeln würde, wenn sie mir den rechten Arm abnehmen würden. Das ist eine gute Frage. Ich lasse es zu. Sie nehmen meinen Arm ab und es kitzelt.*
> *Ich wache auf. Mein rechter Arm ist sehr schwer und kribbelt. Nach ein paar Sekunden verschwindet die Schwere, das Kribbeln bleibt, als ob der Arm nicht richtig durchblutet wäre. Nach ein paar weiteren Sekunden ist alles wieder in Ordnung. Er fühlt sich gut an.*

Wir mutmaßen langsam, worauf die Heldenreise hinausläuft. Wir dürfen nach wie vor nicht vergessen, dass im Traum alles eine Illusion ist, somit auch unser Körper, an dem wir mit unseren Ängsten festhalten. Doch auch diese Ängste sind im Traum eine Einbildung. Es gilt, sich mit dem initiatorischen Tod den eigenen Illusionen zu stellen, um diese als Trugbild zu enttarnen. Das Licht in uns kann durch uns nur scheinen, wenn wir die Illusion unseres körperlichen und materiellen »Egos« aufgeben.

Erst dann werden wir feststellen, dass dahinter heilende Prozesse möglich sind. Indem die Körperhülle (der Kokon) unseres Traum-Ichs aufgeschnitten, zerbissen und aufgelöst wird, kommen die klärenden Kräfte des Geistes stärker zum Vorschein. Diese ausbrechenden Energien regenerieren unseren Körper und lösen angestaute Blockaden und Verspannungen in der körperlichen Wirklichkeit auf. Im Schlaf nähern wir uns so unserer ursprünglichen geistigen Essenz an, und das bedeutet in letzter Konsequenz:

> » Das eigene Traum-Ich ist bereits der (vollkommene) Geist.

Es war nicht ganz einfach, einen passenden Begriff für dieses »ursprüngliche Sein« zu finden. Man kann es als den ursprünglichen Funken, die Seele, den heiligen Geist, Ur-Grund, feinstoffliche Energie oder als Essenz des reinen Geistes bezeichnen. Es sind Metaphern für das tief in uns Verborgene, das uns mit allem verbindet. Unabhängig von dem letztlich gewählten Begriff ahnen Sie sicherlich schon, worauf der Abstieg ins Unbewusste automatisch hinausläuft, wenn man sich auf den initiatorischen Tod einlässt: Dass das eigene Traum-Ich unsterblich ist, egal wie oft es im Traum zu sterben droht. Wenn man aus der geistigen Perspektive der Unsterblichkeit den eigenen Alpträumen begegnet, eröffnen sich ganz neue Dimensionen zur Angstmilderung im Traum. Wenn das Traum-Ich nicht nur unsterblich, sondern auch unendlich ist, wird jede Angst (im Traum) vergänglich sein.

Die Frage ist jetzt nicht, ob etwas unrealistisch, übernatürlich oder jenseits jeglicher Vernunft ist, sondern ob es nützlich ist: nützlich zur Entfaltung unserer Psyche, unserer Gesundwerdung und unserer Ganzwerdung. Allein durch Logik, Vernunft oder aus dem eigenen Willen heraus ist es nicht möglich, die tieferen Bereiche des transzendenten Traums zu erreichen.

Das unsterbliche und unendliche Traum-Ich eröffnet ganz neue Möglichkeiten, die hier beschriebene Traumarbeit zu verstehen. Wir bewegen uns auf dieser Reise auf die »vollkommene Leere« zu. Der Heilige Johannes von Kreuz benutzt das Wort »NADA« oder »Das Nichts«, was bedeutet, sich von allen menschlichen Vorstellungen zu befreien, einschließlich des persönlichen Intellekts, der Erinnerung und des Willens. Das auf diesem Weg beiläufig Traumata bereinigt oder Ängste gemildert werden, ist eine Konsequenz.

Praktischer Nutzen Die Ängste, Sorgen und Wünsche reduzieren sich im Alltag auf ein erträgliches Maß.

Dieses Prinzip der Loslösung vom Körper und seinen Sinnen im Traum, der die Rückkehr zum eigenen Ursprung vorantreibt, nenne ich das »Prinzip des Rückwärtslernens«. Dieses »Verlernen« der eigenen Konditionierungen und Prägungen hat auch nachhaltige Auswirkungen auf das plastische Gehirn. Diese Auswirkungen werden im Kapitel III »Neuverknüpfungen« näher erläutert.

TRANSZENDENTES TRAUM-ICH

Wenn in letzter Konsequenz das Traum-Ich bereits der (vollkommene) Geist ist, was ist dann das eigene »Ich« im Traum?

Das Traum-Ich und das bewusste Ich im Wachzustand sind zwei verschiedene Paar Schuhe, obwohl sich beide durch die subjektiv eingeschränkte Sicht gleich anfühlen und als ein und dasselbe Bewusstsein modifiziert werden. Aber weil das Traum-Ich in den Klarträumen, auf die wir später noch konkret eingehen, fliegen und durch Wände gehen kann, ist es hinsichtlich seiner Konsistenz und Transparenz dichter am Ursprung des Geistes als das körperliche Ich in der Wirklichkeit.

Somit stellt das Traum-Ich die Brücke zu unserem Geist dar, indem es sich auf der Reise durch das Reich der Träume seiner Transparenz und Transzendenz bewusster wird – also seiner Körperlosigkeit und Unsterblichkeit. Dabei wird das Traum-Ich in diesem kontinuierlichen Lernprozess zu seinem Ursprung von seinen Zwängen, Ängsten, seiner beschränkten Sinneswahrnehmung und eingebildeten Körperlichkeit befreit, losgelöst und gesäubert. In seiner reinsten körperlosen Form ist das Traum-Ich bereits der Geist – eine individuell-spirituelle Reise im Schlaf wird möglich. Wir kommen unserer Transzendenz näher.

In diesem Prozess befreien wir uns von unserem Traum-Körper, unserem Gefängnis, also unserem Kokon, um der Schmetterling zu werden, der wir schon immer waren. Nutzen wir dafür die aggressive und zerstörerische Kraft der anderen Figuren, die wir ja selbst sind. Wenn diese uns im Traum aufschlitzen oder zerreißen wollen – umso besser. Nutzen wir deren angebotene Hilfestellung, wie es in der populären Filmdramaturgie üblich ist, um unser wahres Selbst aus dem Gefängnis unseres angstbehafteten Egos zu befreien. Wie erwähnt, ist in der populären Filmdramaturgie »Die Reise des Helden« das Böse nicht nur aus Selbstzweck böse, sondern hilft lediglich dabei, unseren wahren und authentischen Kern ans Tageslicht zu bringen.

Natürlich wache ich bei den ersten Angriffen erschreckt auf. Die Angst vor dem möglichen Schmerz ist zu groß. Bevor mich Dolche durchbohren oder gefährliche Tiere überwältigen, wache ich lieber entsetzt auf. Das ist normal, aber es ist alles nur eine spielerische Fiktion. Spielen wir mit. So erlauben wir dem Verdrängten, sich mit uns zu beschäftigen.

Anleitung   Nachdem wir entsetzt aufgewacht sind, bleiben wir ruhig liegen. Unsere Angst ist noch in unserem müden und angespannten Körper gespeichert. Wir verändern unsere Schlafposition nicht und machen die Augen wieder zu. Wir versuchen die angreifenden Figuren mit Hilfe der aktiven Imagination zu visualisieren und zu umarmen. Wir bitten die Figuren um Vergebung. Stets gilt es, die Symbole mit unserem Traum-Ich körperlich zu umarmen oder zu »knuddeln«. Dann die vier mächtigen Zauberworte aussprechen: »Es tut mir leid.« Es ist unwichtig, wer Recht hat oder nicht. Wenn wir vor dem Einschlafen wieder unsere Bitte an das Unbewusste richten, dass sich der Alptraum für uns wiederholen möge, wird uns das Unbewusste diesen Gefallen tun. Das passiert auch direkt oder wenige Tage später. Schlussendlich ist es im Sinne des Körpers, dass er von seinen Anspannungen befreit wird. Wir geben mit unserem freien Willen den Anstoß dazu, in welche Richtung die Reise gehen soll. Das Unbewusste wertet nicht.

Drachen für den Helden

Noch einmal ein hypothetisches Beispiel dafür, wie wir uns als »Held« einem gefährlichen Drachen mit roten Beinen im Alptraum stellen, damit sich derselbe Alptraum in der gleichen Nacht wiederholen kann.

Wir werden von einem riesigen Drachen mit roten Beinen verfolgt, um von ihm aufgefressen zu werden. Wenn wir aus dem Alptraum wieder erwachen, stellen wir uns diese Verfolgungsjagd mit geschlossenen Augen in allen Details vor. Wir lassen den Alptraum vor unserem inneren Auge erneut abspielen – und erinnern uns aktiv an seine Abfolge.

Nun ändern wir die Bewegungsrichtung um 180 Grad. Wir laufen auf den rotbeinigen Drachen zu und umarmen ihn. Wenn wir diesen Vorgang des Öfteren im Alltag wachrufen und dann einschlafen, wird sich der Traum nachts wiederholen, weil wir uns mit

ihm beschäftigt haben. Weil wir die Angst tagsüber wieder wachrufen, wird diese nachts in uns wieder aufsteigen. Wir erlauben
dem Verdrängten, wiederzukommen. Vor dem Einschlafen bitten
wir noch einmal, dass sich der Alptraum für uns wiederholt und
schlafen ein.

Im Schlaf läuft wieder der Drache oder ein sehr ähnlicher Angreifer mit roten Beinen auf uns zu und will uns zerreißen. Weil
wir ihn durch unsere täglichen Visualisierungsübungen erkennen,
erinnern wir uns, dass wir in einem Alptraum sind. So entlarven
wir den Alptraum als Traum. Unsere Angst verringert sich, denn
wir wissen, hier ist alles Einbildung, Phantasie und Theater – also
ein Spiel.

Und nun machen wir das, was wir in unserer Imagination geübt haben. Wir nehmen unseren ganzen Mut zusammen, ändern
unsere Bewegungsrichtung um 180 Grad und knuddeln den Drachen. Wenn wir in seine Zähne laufen, also uns dem »Sterben«
hingeben, wird sich die Illusion des Symbols aufheben und sich unsere Angst auflösen. Wir stellen wiederum fest, dass unsere Angst
vor dem »Tod« nur eine Einbildung im Traum ist.

Eine seit langem gespeicherte Anspannung oder Blockade wird
sich nun in unserem Körper lösen, dabei wird eine warme Energie durch unseren Körper fließen. Wir werden für den Heldenmut
belohnt. Die lebensbejahende Energie wirkt sich natürlich positiv
auf unseren Alltag aus. Doch das ist nur ein Teil der Anspannung,
nur die Spitze des Eisbergs. Der Drache wird zur Initialzündung
einer Traumserie.

Gleichzeitig stellen wir auf der Reise fest, dass das Wissen um
das Symbol im Traum nicht wichtig ist. Die Interpretation der
Symbole ist irrelevant. Daher sind die Traumsymbole und Figuren nichts anderes als verdichtete, komprimierte Zeit. Es ist reine
gespeicherte Energie. Das Traumsymbol ist umso größer und gefährlicher für uns, umso mehr Zeit (inbegriffen aller negativen oder
positiven Erfahrungen) sich in unserem emotionalen Gedächtnis
des Körpers aufgestaut hat, die dann als Zwang, Angst oder Wunsch
zum Ausdruck kommt. Jede Symbolik, egal wie hoch oder niedrig
der Energiegehalt ist, spiegelt uns selbst wider.

» Symbole sind gespeicherte Energien.

Auch wenn die aktive Imagination mir am Anfang als Interpretationsquelle diente und bei mir bereits nach acht Wochen zu der Wiederholung der Alpträume führte, geht die Reise ohne jegliche Interpretation der Symbole in die nächste Etappe.

Bewegungsrichtung des Traum-Ichs

Das Entscheidende im Alptraum ist, dass wir unsere Aufmerksamkeit auf die Bewegungsrichtung unseres Traum-Ichs richten. Wenn wir im Traum vor etwas weglaufen, uns verweigern oder etwas abstreiten wollen, sollten wir es stattdessen anerkennen, annehmen und »knuddeln« – egal, um welche Figur, welches Symbol oder Element es sich handelt. Wohin wir im Traum streben, hoffen oder wohin wir uns wünschen, lassen wir unsere Wünsche einfach los. Wir brauchen nur auf die Bewegungsrichtung unseres Traum-Ichs achten und die (in der Wiederholung und somit unserer Bewusstwerdung innerhalb des Alptraums) entgegengesetzte Richtung anpeilen. Das führt uns zur Grundregel dieses Buches:

> **Die Aktiv-Passiv-Regel** Wo wir aktiv sind, werden wir passiv und wo wir passiv sind, werden wir aktiv.

Diese einfache Regel im Traum zu beachten ist entscheidend, damit wir später unsere persönlichen fiktiven Übungsräume der transzendenten Träume betreten können. Jegliche Form der Interpretation von Traumsymbolen lässt die Türen zu den transzendenten Träumen geschlossen. Es gilt, sich von unserer Vorstellung von Vernunft, Logik und Emotion zu lösen. Ein einfaches Beispiel für die Aktiv-Passiv-Regel ist:

> » Wenn wir im Traum die mathematische Gleichung »2 + 2 = 4« sehen und davon überzeugt sind, dass sie richtig ist, gehen wir davon aus, dass unsere Annahme falsch ist. Wir lassen sie fallen.

Es ist notwendig, sich zu diesem Rechenergebnis passiv zu verhalten und unseren Drang, im Recht zu sein, aufzugeben. Es gibt keine Regeln im Traum außer jenen, an denen wir festhalten wollen.

Unsere erlernten Regeln und unsere persönlichen Ansichten werden uns schließlich im Traum zur Verzweiflung bringen. Deshalb gilt es hier, jede Form von eingefahrenen Denk- und Glaubenssystemen loszulassen. Es geht darum, unsere Logik zu entspannen und die Analysen und Urteile im Traum zu reduzieren. Das gleiche gilt für den entgegengesetzten Fall:

> » Falls wir felsenfest davon überzeugt sind, dass das Ergebnis der obigen Gleichung falsch ist, erkennen wir das Ergebnis an, ohne es mit den Regeln der Logik zu überprüfen. Im Traum gibt es kein richtig oder falsch. Alles ist »sowohl als auch«. Alles hat seine Berechtigung.

Die Unfähigkeit, die Perspektive zu wechseln, wird psychiatrisch als Wahn definiert. Das ist der Grund, warum in den Alpträumen soviel Wahnsinn enthalten ist. Diesen uns allen innewohnenden Wahn gilt es nach und nach zu entkräften. Indem wir unsere Aufmerksamkeit auf unsere Bewegungsrichtung im Traum lenken, können wir direkt erkennen, wie sich unsere Bewegungsenergie ausrichtet. Diesen Impuls gilt es wahrzunehmen und schlussendlich mit der Aktiv-Passiv-Regel zu begegnen.

Praktischer Nutzen Die Aktiv-Passiv-Regel im Traum führt dazu, dass wir im Alltag ausgeglichener und umsichtiger handeln.

Erst die radikale Umkehr der Bewegungsrichtung und somit unserer Blickrichtung führt uns auf unserer Reise nach innen. Dabei erzwingt sie immer mehr die Auflösung unserer Anhaftung an Raum, Zeit, Logik und Form. Die Türschwelle in das Reich der transzendenten Träume wird durch die Änderung der Bewegungsrichtung übertreten. Nichts anderes ist der initiatorische Tod im Traum. Wir ändern mit dem »Tod des Ichs« radikal unsere Bewegungsrichtung, indem wir unser eingefahrenes »Ich« mit all seinen Denk- und Glaubensstrukturen fallen lassen.

Weil wir die Bewegungsrichtung umkehren, wird sie zu einer Spirale, die uns zunehmend in die eigene Tiefe zieht. Eine solche konzentrische Annäherung (die sich in immer engeren Kreisen um

ihren Gegenstand bewegt, um im Idealfall mit ihm eins zu werden)
ist »die integrierende Konzentration innerer Anschauung«, schreibt
Anagarika Govinda.

Wir nähern uns so unserem ursprünglichen Selbst. Indem
wir zum Stillstand oder besser zu der kleinsten gemeinsamen
Schwingung mit allem und jedem auf unserer Heldenreise kommen, begegnen wir nach und nach unserem wahren Selbst. Indem
wir die eingefahrene Kontrolle unseres Egos im Traum aufgeben
– also zur vollkommenen Ruhe und zum Stillstand bringen, beginnt unser Erwachen im Reich der transzendenten Träume.

Zu Beginn unserer Heldenreise wird uns nichts passieren, im
Gegenteil. Beim Aufwachen fühlen wir klärende Energien durch
unseren Körper strömen, um auch Mut für den Fortlauf unserer
Reise zu schöpfen. Damit sich die Anspannungen und Blockaden
ganz klären, wird eine Traumserie initiiert, die sich gezielt Lebens-
themen widmet, die uns im Alltag aufreiben.

START EINER TRAUMSERIE

Nachdem wir die Änderung der Bewegungsrichtung radikal initiiert haben, beginnt der Start einer Traumserie, die sich über
mehrere Wochen und Monate hinziehen kann. Wie so eine Traum-
reise aussehen kann? Nehmen wir uns noch einmal den gefräßigen
Drachen mit seinen roten Beinen als Beispiel.

Nachdem wir in unserem ersten Alptraum den rotbeinigen
Drachen geknuddelt haben, wird in den nächsten Tagen ein Alptraum mit einem ähnlichen Symbol zum selben Thema in abgeschwächter Form auftauchen. Vielleicht als ein Steinzeitmensch
mit roten Füßen und einer Keule in der Hand, der uns erschlagen
will. Den knuddeln wir in der aktiven Imagination und im darauffolgenden Alptraum erneut. In einem späteren Alptraum könnte
aus dem Symbol ein Gladiator mit roten Sandalen aus der Römer-
zeit werden.

> » Die Figuren und Situationen werden realistischer und
> nähern sich unserer Gegenwart an.

Im weiteren Alptraum wird das Symbol ein deutscher Soldat aus dem Zweiten Weltkrieg mit roten Stiefeln. Wieder knuddeln. Im letzten Alptraum könnte es unser böser Vater mit seinen roten Schuhen sein, denn der hat uns als Kind ohne Grund getreten und geschlagen, ist aber längst verstorben. Wir stellen also fest, dass der Drache eigentlich symbolisch für unseren verstorbenen Vater steht. Der Drache ist unser Vater.

Um den tiefer liegenden Sinn der Symbole im Traum auf die Spur zu kommen, können wir uns die folgende Frage stellen: Wenn wir einen Drachen, der uns zerreißen wollte, »knuddeln« konnten, warum können wir dann unserem einst prügelnden Vater nicht verzeihen?

Wir können die Frage auch anders stellen: Mit wem würden wir lieber eine Freundschaft schließen, wenn beide Symbole nebeneinander stünden? Mit unserem verstorbenen Vater, der uns prügelte, oder mit einem längst »ausgestorbenen« Drachen mit knallroten Beinen? Das ist der Humor unseres Unbewussten.

Traum-Symbole als Hilfestellung

Die Fiktion im Alptraum ist im Grunde nur eine Hilfestellung, sich einem verdrängten Problem oder aufgestauter Angst zu stellen. Häppchenweise kann uns in einer Traumserie unsere Grundangst dargeboten werden. Die Angst wird für uns auf mehrere fiktive, überhöhte und realitätsfremde Symbole aufgesplittert oder aufgefächert, damit wir uns nicht mit der vollen Wucht des echten Traumas der Vergangenheit auseinanderzusetzen haben. Bei der direkten Konfrontation würden wir vielleicht einen Herzinfarkt erleiden, bevor wir aufwachen.

Aus Sicht des Unbewussten ist es wichtig, uns im Unklaren darüber zu lassen, wofür das Symbol des Drachens tatsächlich steht. Erst diese Besonnenheit des Unbewussten ermöglicht uns eine aktive Heilung im Schlaf. Vielleicht hassen wir unseren Vater so sehr, dass wir ihm seine Taten nie verzeihen würden. Wir würden lieber sterben oder ihn töten, als uns mit ihm zu versöhnen. So beschützt und respektiert das Symbolhafte unseren Eigenwillen, unsere Sturheit, Intoleranz und Einmaligkeit. Kurz: Es respektiert unseren freien Willen.

» Das Unbewusste respektiert unseren freien Willen.

Das Unbewusste kann durch die überhöhte Symbolik unseren freien Willen respektieren und uns gleichzeitig im Traum darauf aufmerksam machen, dass es Blockaden oder Anspannungen im Körper gibt. Die Entscheidung, sie zu überwinden, wird aber grundsätzlich uns selbst überlassen.

Daher ist unser freier Wille der entscheidende Schlüssel, um einen reinigenden und klärenden Lernprozess im Schlaf zu initiieren. Natürlich kann aus Sicht der Neurobiologie argumentiert werden, dass es den freien Willen nicht gibt, sondern eine Illusion ist – was (höchstwahrscheinlich) auch auf die Wirklichkeit zutrifft. In dem Sinne, dass Hormone, Gerüche und Erfahrungen unser Handeln stärker leiten als wir es vielleicht wahrhaben wollen und dem, was wir als »freien Willen« bezeichnen, Grenzen gesetzt sind.

Doch im Klartraum (luzider Traum) sind wir uns bewusst, dass wir träumen, obwohl wir tief schlafen. In unseren Klarträumen können wir fliegen oder durch Wände gehen: Hier ist unser freier Wille unabhängig. Unser Körper und somit unsere Vergangenheit und unser Charakter haben keinen Einfluss auf unseren Willen, wenn wir das nicht wollen. Deswegen können wir uns hier aus freiem Willen für eine Richtung jenseits aller unserer bekannten Beschränkungen (zum Beispiel Raum- und Zeitgesetzen) entscheiden. Und schließlich unseren eigenen Willen im initiatorischen Tod fallen lassen. Den eigenen »freien« Willen im Traum aufzugeben, leitet den Anfang zur Geistigkeit ein.

Zusammengefasst bedeutet das nichts anderes, als dass wir, indem wir unseren initiatorischen Tod im Traum einleiten, bereit sind, unseren Willen aufzugeben. Mit dem Tod des Traum-Ichs lassen wir unseren Willen los, um uns fallen zu lassen.

Der Wille unseres Traum-Ichs steht immer im Verhältnis zu der Traum-Situation, die auf uns einwirkt. Unser Wille steht dem Willen unseres Traumschöpfers, dem Unbewussten, gegenüber. Wir können im Schlaf schrittweise unseren bewussten Willen aufgeben, um uns dem Willen des Schöpfers unserer Träume (unserem Unbewussten) hinzugeben und ihm die Führung nach Innen anzuvertrauen. Die Reise ins Reich der transzendenten Träume beginnt, sobald wir im Schlaf unseren Willen an unser tiefes Selbst abgeben können. Erst das Loslassen der Kontrolle unseres Egos lässt uns die vollkommene innere Ruhe und Gleichzeitigkeit in unserem tiefsten Sein erfahren. Indem wir unseren Willen aufgeben, geben wir uns einer größeren Macht im Inneren hin.

Der Alptraum und der freie Wille

Unser Wille definiert die Intensität unseres Alptraums. Um das besser zu verstehen, schauen wir uns einen gängigen Alptraum einmal genauer an, der immer nach demselben Ursache- und Wirkungsprinzip funktioniert. Ein schematisches, vereinfachtes Beispiel hierfür wäre ein häufig auftretender Alptraum, der vielen Menschen widerfährt. Sie werden im Allgemeinen auch Prüfungsträume genannt. Das Traumbeispiel habe ich überdramatisiert, um die kausalen Zusammenhänge zu verdeutlichen.

*»**Die Prüfung**« Im Traum finden wir uns in einer Räumlichkeit wieder, zum Beispiel einer Schule, die uns an ein Ereignis oder eine Stimmung aus der Vergangenheit erinnert. In uns taucht sofort ein Gedanke auf: Wir haben Angst vor einer Prüfung. Also sind wir in einer Schule. Weil wir früher Angst vor der Schule hatten, sind wir somit in unserer alten Klasse. Weil wir in dieser Klasse sind, haben wir das Gefühl, dass gleich eine Prüfung stattfindet. Weil wir es ahnen, passiert es auch. Eine Lehrerin taucht auf, die wir nie mochten. Wir wissen nun, was passiert: Wir bekommen eine schlechte Note. Sie holt Ihre schriftliche Prüfung heraus und zwar mit der Note, die wir erwarten oder befürchten.*

» Im Alptraum geschieht das, was wir erwarten oder vermeiden wollen.

Ortswechsel. Weil unsere Befürchtungen wahr werden können, stehen wir unsicher vor unserem Elternhaus. Wir trauen uns nicht hineinzugehen. In diesem Moment öffnet unser Vater die Tür und will unser Zeugnis sehen. Ortswechsel. Unsere schlimmste Angst wird wahr: Wir sind im Wohnzimmer unseres Vaters, der uns wegen der schlechten Noten bestrafen wird, doch bevor er zuschlägt, wachen wir verzweifelt auf.

Weil wir Angst haben, dass wir von unserem Vater für unsere schlechte Note bestraft werden, haben wir Angst vor der Prüfung. Ein (wiederkehrender) Kreislauf, der durch eine Kausalkette von Schmerz vermeidenden Gedanken hervorgerufen wird.

Alpträume sind sich selbst erfüllende Prophezeiungen. Die eigenen abgespeicherten Ängste oder Zwänge wollen sich selbst erleben, um uns vor ähnlichen Situationen zu schützen. Aber weil wir »logisch« denken und fühlen, kann der Traum überhaupt erst seine Wucht entwickeln, denn: Nicht der Raum und die Zeit erschaffen unsere Bewegung im Traum, sondern unsere Bewegung erschafft den Raum und die Zeit. Diese Bewegung (gehen, laufen, fliegen zum Beispiel) ist für unsere Einbildung der Traum-Situation und für die kausalen Verknüpfungen verantwortlich. Unser Wille kreiert unsere alptraumhafte Fiktion.

» Unsere Bewegung erschafft Raum und Zeit im Traum.

Weil wir uns willentlich entscheiden, geben wir unserer Bewegung die Richtung vor und erzeugen so die Traum-Situation. Da wir im Traum eine gewisse Strecke zurücklegen, für die wir einige Zeit brauchen, wird die Situation für uns real. Es entsteht eine kausale Zwangsläufigkeit, weil unser Wille an den Raum- und Zeitgesetzen festhält. Wenn es das Ziel unseres Willens ist, etwas zu vermeiden, so wie im oben beschriebenen Alptraum, wird sich unser Traum-Ich am Ende in einer ähnlichen ausweglosen Situation wiederfinden. Eine Situation, die wir durch die eigenen Entscheidungen – indem wir vermeiden oder erwarten – selbst hervorgerufen haben.

Deswegen ist es zu Beginn der Reise so wichtig, den eigenen Willen (mit Hilfe des initiatorischen Todes) im Traum loszulassen, um den Kreislauf von Angst und Verzweiflung zu unterbrechen. Nur unser Wille fesselt uns an den Alptraum.

» Die Kraft unseres Willens ist für das Ausmaß unserer Verzweiflung im Traum verantwortlich.

Weil wir mit unserem Willen an den unverarbeiteten Ängsten und unerfüllten Wünschen aus der Vergangenheit festhalten – also

Ihnen Macht verleihen –, geraten wir im Traum in einen emotionalen Strudel der Verzweiflung. Dabei bildet ein verdrängtes Gefühl oder eine emotionale Blockade (in unserem Beispiel der schlagende Vater), das Fundament für die kausale Verknüpfung im Traum, die wir mit unserer willentlichen Bewegung im Traum erzeugt haben. Dies wird uns in abgeschwächter und symbolischer Form als »Prüfungstraum« nahe gebracht, damit wir nicht direkt mit der dahinterliegenden Grundangst (die Bestrafung des Vaters) konfrontiert werden. Hier wird dasselbe Verdrängungsprinzip verfolgt wie beim oben beschriebenem Alptraum mit dem Drachen.

Dabei braucht der kausale Zusammenhang auf der gedanklichen Ebene nicht logisch zu sein – dafür ist er es umso mehr auf der emotionalen, subjektiven Ebene.

Die Grundangst, also das tragende Gefühl, ist der »Klebstoff«, der die Assoziationen und die Erinnerungselemente im Traum zusammenhält. Daher haben die Gefühle die Fähigkeit, getrennte Orte im Traum zu verbinden.

Gefühlt bewegen wir uns auf einer immer schneller werdenden Bahn, die zu einer immer enger werdenden Spirale wird. Dies spitzt sich zu einem Gefühl der Ausweglosigkeit und Machtlosigkeit – zu einem Alptraum zu – und bevor wir uns dem ausliefern, wachen wir lieber entsetzt auf.

Den Willen fallen lassen

Die Ausprägung des Willens ist bei jedem Menschen individuell. Der Soziologe Erving Goffman schreibt, dass »Fassaden selbst gewählt und nicht erschaffen werden«.

Im Laufe der Zeit haben wir unseren Charakter, unsere Persönlichkeit – also Fassade – selbst gewählt. Unsere Persönlichkeit ist eine lange Anreihung von kausalen Entscheidungen, weil wir uns in entsprechenden Situationen »verhalten« haben; egal ob direkt oder indirekt, ob passiv oder aktiv. Aus unserem Verhalten hat sich eine Vorstellung von unserer subjektiven Zeit ergeben, die wir Erfahrungen nennen. Sie bestimmen unseren Charakter.

Weil der Wille durch subjektive Erfahrungswerte geprägt ist, ist auch unsere Reise nach innen einzigartig. Auf dieser Reise können wir uns schrittweise von der emotional geprägten Vergangenheit befreien, indem wir mit unserem freien Willen entscheiden, ob wir unsere Ängste oder unsere Fassade, unsere Maske, unsere konstruierte Vorstellung unserer Moral und unser festgezurrtes Wertesystem fallen lassen wollen oder nicht.

Vergessen wir nicht, dass alle negativen Symbole und Energien aus uns selbst kommen. Der Alptraum, der es ganz ehrlich mit uns meint, weist uns darauf hin, was in uns noch nicht richtig verarbeitet ist. Um vergangenes Leid transformieren zu können, gilt es dieses zu durchleben, und es als das ansehen, was es ist: Ängste aus der Vergangenheit.

> **Praktischer Nutzen** Weil wir in aktiver Form das eigene Leid ertragen und transformieren können, steigt unsere Selbstachtung im Alltag.

LUZIDE TRÄUME

Seit etwa zweitausend Jahren praktizieren tibetanische Buddhisten das luzide Träumen im Rahmen der spirituellen Entwicklung. Sie verfolgen das Ziel, für alle fühlenden Wesen die ewige Glückseligkeit zu erreichen. Die Methoden der Buddhisten sind unter dem Begriff des »Traum-Yoga« zusammengefasst. Der Yogi integriert »durch das Hingeben an das Negative bislang abgewehrte Eigenanteile (wieder) in das Bewusstsein«, erklärt der buddhistische Lehrer T. Tulku. Im Verlauf dieser Integration manifestieren sich nicht nur zunehmend positive Erscheinungen im Traum, sondern es werden zugleich fundamentale psychologische Probleme gelöst, so dass der Yogi auch im Wachzustand eine authentische Ebene der Existenz erreicht.

Das buddhistische »Traum-Yoga« weist uns die Richtung, die der authentischen Entwicklung unseres Traum-Ichs bevorsteht. Aber bevor wir uns in die tieferen und spirituellen Ebenen begeben, müssen wir das Vertrauen in uns noch stärken. Der Held muss zunächst kleinere Prüfungen bestehen, bevor er sich den großen Herausforderungen stellen kann. Dafür sind die luziden Träume ein guter Übungsraum und die Vorreiter transzendenter Träume im Schlaf. Mit der Geisteshaltung des Nichteingreifens und mit dem Mut des Geschehen-Lassens werden wir immer mehr Vertrauen zu uns und unserer Heldenreise fassen. Mit diesem gestärkten Vertrauen werden wir in die tieferen Welten der transzendenten Träume eingeladen. Wir können die transzendenten Träume nicht willentlich hervorrufen. Erst wenn wir uns fallen lassen können, sind wir bereit für die Transzendenz im Schlaf.

Zur Wiederholung: Luzide Träume (Klarträume) sind Träume, derer wir uns während des Träumens bewusst sind. Wir haben den Traum als Traum entlarvt und wissen, dass wir im Moment träumen. Das können wir schon nach zwei, drei Wochen erleben oder haben es vielleicht auch schon einmal erlebt. Wenn wir uns diesem Phänomen motiviert zuwenden, kann es in Ausnahmefällen bereits in der nächsten Nacht passieren. Bei mir hat es etwas länger gedauert, weil ich anfangs gar nicht wusste, was luzide Träume sind. Weil wir uns bereits öfter fallen gelassen und mehrere Versöhnungen in unseren Alpträumen erlebt haben, führt dies dazu, dass wir direkt in einer friedlichen Landschaft, in einem ruhigen Park oder in einer schönen Stadt aufwachen und uns nun des Träumens bewusst sind. Wir haben dann das überwältigende Gefühl, alles machen zu können, was wir wollen. Hier herrscht keine Angst, es gibt keine Angreifer und alles ist friedlich. Jedoch wirkt alles auf uns sehr real. Wir werden unsicher sein, ob es sich um die reale Wirklichkeit handelt oder nicht.

So können wir uns in einem ruhigen Moment des luziden Traums einem Realitätscheck unterziehen. Wir können im Traum zum Beispiel versuchen, mit einem Finger die Handfläche der anderen zu durchbohren. Falls es klappt, sind wir in einem Traum. Der bekannte Forscher und Klarträumer Paul Tholey empfiehlt, sich die einfache Frage im Traum zu stellen: »Träume ich oder nicht?« Wenn wir uns diese Frage stellen, wird uns auffallen, dass manche physikalischen Gesetze nicht der gewohnten Norm entsprechen. Wir sind uns nun des Traums bewusst. Um Klarträume herbeizuführen, ist es nicht notwendig, in den Träumen zuvor das »Sterben des Egos« einzuleiten. Wir können auf andere Techniken zurückgreifen:

Anleitung Um die Klarträume im Schlaf schneller in sich heraufzubeschwören, empfehlen die beiden Klartraumforscher LaBerge und Rheingold ihre WILD-Technik (Wake – Initiate Lucid Dreams). Als einfachste Methode für das Einleiten eines Klartraumes empfehlen die beiden Forscher, während des Einschlafens lautlos zu zählen: »Eins, ich träume; Zwei, ich träume; ...« und so weiter. Mit dieser einfachen Technik ist es möglich, sich beim Übergang vom Wach- in den Schlafzustand direkt in die Ebenen des luziden Traums zu begeben. Unterstützen Sie diese, indem Sie vor dem Einschlafen sagen: »Das nächste Mal, wenn ich träume, werde ich mich daran erinnern, dass ich träume.«

Die »Wake Back to Bed«-Methode ist etwas ungewöhnlich, aber effizient. Der Wecker sollte etwa fünf bis sechs Stunden nach dem Einschlafen klingeln. Nach dem Aufwachen bleibt man einige Zeit wach und versucht dann wieder einzuschlafen. Dies soll die mentale Wachsamkeit verbessern und einen Klartraum in der zweiten Schlafphase begünstigen.

Ich habe diese Techniken zwar nicht gebraucht, bin aber zuversichtlich, dass sie funktionieren, denn es ist wissenschaftlich erwiesen, dass sich luzides Träumen trainieren lässt, und zwar in relativ kurzer Zeit. Dabei ist keine Vorerfahrung mit luziden Träumen oder gar eine natürliche Veranlagung nötig. Ein weiterer positiver Effekt: Klarträume wirken sich nicht negativ auf die Qualität des Schlafes aus.

Praktischer Nutzen   Wenn wir Klarträumen, sind wir am nächsten Tag meist ausgeruhter als sonst.

Falls Sie mehr darüber wissen wollen, empfehle ich Ihnen, sich mit weiterführender Literatur oder mit weiteren Techniken (zum Beispiel der MILD- oder DILD-Technik) im Internet eingehender zu beschäftigen: Dort finden sich viele weitere nützliche Tipps, um Klarträume hervorzurufen oder sie zu stabilisieren. Unter dem Begriff Stabilisierung versteht man, dass man das Bewusstsein im Klartraum noch länger aufrecht erhalten kann, ohne dass dieser vorzeitig abbricht. Mit diesen Stabilisierungstechniken hat man mehr Zeit, im Klartraum zu experimentieren. Ich gehe aus Platzgründen nicht weiter auf diese Techniken ein. Wenn wir uns mit der aktiven Imagination vertraut machen, werden sich die luziden Träume von selbst einstellen und lang genug stabil bleiben, um die notwendigen Erfahrungen zu machen.

Schauen wir uns lieber an, wie man seine Klarträume für die eigene geistige Entwicklung konkret nutzen kann.

Wie wahrscheinlich viele andere beginne ich anfangs in meinen Klarträumen vor Begeisterung zu fliegen, durch Wände zu gehen oder mir andere phantastische Sachen zu erlauben, wie etwa unsichtbar zu werden. Jetzt bin ich endlich der Held meiner Träume. Alles ist erlaubt, ich kann nach Belieben meinen Traum steuern und das Fliegen macht am meisten Freude – es wirkt real. Ich fühle mich wie »Superman«.

> **Praktischer Nutzen** Die Euphorie, die durch die Wunscherfüllung, aber auch durch das Überschreiten der körperlichen und physischen Grenzen entsteht, beflügelt uns den ganzen Tag.

Doch etwas stimmt nicht. Ich ahne, dass ich mich nur vor mir selbst und meiner wahren Aufgabe drücke. Ich erkenne, dass in den Klarträumen die Aktiv-Passiv-Regel, also die Bewusstwerdung der eigenen Bewegungsrichtung, der entscheidende Faktor ist, um die Macht der Illusion zu durchschauen. Ansonsten falle ich auf meine eigenen körperlichen Sehnsüchte, Wünsche und Phantasien herein.

> » Besonders für luzide Träume gilt die Aktiv-Passiv-Regel: Wo wir aktiv sein wollen, werden wir passiv, und wo wir passiv sein wollen, werden wir aktiv.

Unser Verhalten auf diesen Ebenen gleicht dem eines kleinen Kindes. Unser Traum-Ich ist in den luziden Träumen tatsächlich ein Kind, das grenzenlose Freiheit, körperliche Sehnsüchte und Wünsche ausleben will. Wir selbst sind uns dessen nicht bewusst, sondern felsenfest davon überzeugt, erwachsen zu sein und wie »Superman« fliegen zu können. Wir halten somit noch an den Gesetzmäßigkeiten von Raum und Zeit der linken Gehirnhälfte fest, doch auch diese gilt es im Klartraum aufzugeben. Es gibt im Klartraum keinen Raum und keine Zeit und solange wir das nicht verinnerlichen, verhalten wir uns wie ein Kind. Aber weil wir uns in diesen Träumen wie ein verspieltes Kind benehmen, sind wir offen für einen Lernprozess. Der Übergang von den Klarträumen zu den transzendenten Träumen und somit der Zugang zu den geistigen Bereichen der rechten Gehirnseite werden so innerhalb eines spirituellen Lernprozesses möglich.

Um einen inneren Lernprozess einzuleiten, gilt es im luziden Traum alle Situationen, die wir als angenehm und herrlich empfinden, loszulassen und nach Figuren und Situationen Ausschau zu halten, auf die wir im realen Leben weniger Lust hätten. Mit unserem freien Willen dürfen wir entscheiden, ob wir Superman sein wollen und somit unsere heimlichen Wünsche erfüllen. Oder wir wenden uns den Figuren und Tieren zu und lassen uns mit deren Entbehrung konfrontieren.

Wenn wir uns bewusst entscheiden, tiefergehende Erfahrungen in Klarträumen zu sammeln, müssen wir keine Angst haben, dass uns darin etwas Schlimmes widerfährt. Wenn wir einfach unseren Wünschen und Sehnsüchten nachgehen, sind diese Träume der friedlichste und schönste Ort der Welt. Solange bleibt alles erstaunlich und wundersam.

Als ich mich entscheide, auf diese wundervollen Erfahrungen (auch mit anderen Figuren gemeinsam) zu verzichten, geschieht etwas Außerordentliches. Indem ich die Aktiv-Passiv-Regel anwende, stelle ich mich den Unannehmlichkeiten in meinem Klartraum und es kommt zu diesem beängstigenden Zusammenprall:

> **»Die Putzfrau«** *Ich erkenne den Traum als Traum und bin mir des Träumens bewusst. Ich bin in einer schönen, sauberen Stadt. Alles ist friedlich. Ich fliege durch die Gegend und sehe von oben eine ältere Putzfrau, die allein mit ihrem Besen die Stadt fegt. Auf der anderen Seite sehe ich einen Polizisten, der in der Nähe eines Tores steht und darauf achtet, dass sie ihren Job zu Ende macht. Ich kann mich entscheiden, ob ich fliegen möchte, also meinen kindlichen Gefühlen weiter freien Lauf lasse oder mich mit den Gefühlen der älteren Putzfrau beschäftige. Ich lande vor ihr und möchte ins Gespräch kommen. Um freundlich zu sein, strecke ich ihr meine*

Hand entgegen. Sie reicht mir ihre. Plötzlich schreit sie mich ohrenbetäubend und klagend an. Ich wache entsetzt auf. Mein Herz rast.

Das war mein erster körperlicher Kontakt mit einer Figur in einem luziden Traum, im dem ich meine Bewegungsrichtung um 180 Grad gedreht habe. Bis heute kann ich mich an ihren entsetzten Schrei erinnern. Ich nahm nur die friedliche und saubere Stadt wahr. Aber wo es Schönheit gibt, gibt es auch Leid. Es war Verzweiflung, die sich in ihr – durch das ständige Putzen – aufgestaut hatte und die sie schreien ließ.

Anmerkung Wenn wir in einem Klartraum einen Schrecken erwarten, wird er sich nicht zwangsläufig einstellen. Im Klartraum geschieht genau das, was wir nicht erwarten.

Auch wenn wir in unseren Klarträumen Wünsche haben und die dann in Erfüllung gehen, stellen wir fest: ganz anders als gedacht! Wir werden also stets überrascht, egal wie stark unser Wunsch oder unsere Sehnsucht war. Und das ist gut so, ansonsten würden wir unsere Faszination an diesen Ebenen schnell verlieren. Daher ist hier alles möglich, sogar ein Wunder. Dort wo Wunder möglich sind, eröffnen sich neue Perspektiven, die spirituelle und religiöse Phänomene beinhalten. »Das Bewusstwerden der Unmöglichkeit ist der Beginn aller Möglichkeiten«, schreibt Sri Aurobindo.

Auf diese Weise kommen wir unserem wahren Kern näher. »Luzidet« bedeutet Licht, und dieses innere Licht fängt nach und nach an, in uns zu leuchten. Falls wir aber ein Wunder erwarten, wird es nicht geschehen, schon gar nicht so, wie wir es uns wünschen.

So kommt es nach wie vor darauf an, die Aktiv-Passiv-Regel zu beachten und sich im luziden Traum dem Langweiligen, dem Ablehnendem, dem Verneinenden und dem Nicht-Besonderen zuzuwenden. Also all dem, was einem Kind kein Vergnügen bereitet. Das ist gut so, weil wir in den luziden Träumen alle (noch) ein

Kind sind. Nur deshalb ist es möglich, dass wir uns in diesen Lernprozess begeben – um zu reifen und zu wachsen. Dafür sind (wieder) die negativen und aggressiven Kräfte sehr hilfreich.

Diese aggressiven Kräfte bestätigt auch der Traumforscher Scott Sparrow, der auf der Suche nach spirtueller Erkenntnis in seinen luziden Träumen ebenfalls um die Erfahrung unangenehmer Gestalten nicht herumkam: »...alle möglichen sehr bösen Menschen tauchten in meinen Klarträumen auf, und sie wurden immer dämonischer. Ein schwarzer Panther spazierte zur Vordertür herein und pflegte nicht zu gehen, wie nahe ich es ihm auch legte, dass er nur im Traum existierte (...) Natürlich dachte ich, dass ich es richtig machte, aber ich hatte keine Vorstellung davon, was ich unterdrückte. Wer hätte das auch? (...) Vielleicht ist es notwendig, dass der Weg für alle Menschen mit solch negativen Träumen beginnt. Vielleicht müssen wir fliegen, dann abstürzen, uns wieder aufrappeln, um den Weg mit größter Ernsthaftigkeit weiter zu gehen.«

Sparrow ist der Ansicht, dass die unangenehmen und mitunter qualvollen Aspekte luzider Träume eine notwendige »Kurskorrektur auf dem Weg zur Ganzheit« darstellen, und dass Fehler »während unserer anfänglichen Bemühungen um eine transpersonale Evolution« kaum zu vermeiden sind.

Auch hier bleibt die Frage, warum man sich freiwillig in eine verzweifelnde Situation begeben soll, wenn alles friedlich ist. Was spricht dagegen, mal eine Pause einzulegen und seinen Sehnsüchten und Wünschen nachzugehen? Nichts! Doch alles ist hier nur eine Illusion; eine Einbildung unserer Phantasie. Genau wie in gängigen Alpträumen existiert hier kein Körper, der müde werden oder sich nach körperlicher Freude sehnen könnte. »Denkst du, das ist Luft, die du gerade atmest?« fragt Morpheus (Laurence Fishburne) im Film »Matrix« seinen Lehrling und den späteren Helden Neo (Keanu Reeves) in einer Kampftrainingssimulation. Im Klartraum – wie in dem Film Matrix – ist alles eine Illusion.

Daher gebe ich Ihnen den Tipp, sich wie der Held Neo für die Wahrheit und gegen die Matrix (Klartraum) zu entscheiden. Seine Entscheidung für die Wahrheit lässt ihn die wahre Liebe finden. Warum sollten Sie sich als Held Ihrer Reise mit weniger begnügen?

Wir können in unseren Klarträumen also entweder durch die Gegend fliegen und uns unseren Sehnsüchten hingeben oder sich wie Neo den anwesenden Figuren, Konflikten und somit der Wahrheit stellen. Wir gehen dabei natürlich das Risiko ein, in eine verzweifelte körperliche Situation zu geraten. Und das ist der Sinn der Sache. Wir sollen erkennen, dass wir (fast) alles selbst sind.

Wir werden in der Konfrontation mit den Figuren in den fortgeschrittenen luziden Träumen (so wie im obigen Beispiel beschrieben) wohl möglich erschreckt werden, wenn wir in einen direkten Körperkontakt mit den Figuren treten. Keine Angst, der Schreck gehört zu dieser Reise. Wir sollten nicht aufgeben und uns nicht entmutigen lassen. Wir wollen das Selbstvertrauen des Helden ja stärken. Auch hier sind die Symbole nur aufgestaute Energien. Als ich der Putzfrau ein weiteres Mal begegnete, war sie weniger streng mit mir. Manchmal kommt man um einen gehörigen Schrecken nicht herum. Positiv gesehen bedeutet es einen Meilenstein in der spirituellen Entwicklung im Schlaf.

Das Paradoxe ist, dass diese Schrecksekunde gleichzeitig eine Zurückweisung für den Klarträumer impliziert, gemäß dem Motto: »Durch diese Tür darfst du nicht gehen! Sie ist dir verboten!« Nun verhält es sich bei dem Klarträumer wie bei einem Kleinkind. Das Verbot macht das Kleinkind neugierig. Die Neugier, besser gesagt die Gier nach Neuem, gehört dem Sicherheitstrieb an: Wenn etwas Neues endgültig erforscht ist, weiß das Gehirn, dass davon keine Gefahr mehr ausgehen kann. Der Mensch will seinen Durst nach Sicherheit immer stillen. Deshalb sucht man beim nächsten Mal wieder die »verbotene Tür« auf. Eine feine Faszination bildet sich (auch im Alltag) heraus, die beinahe einem Zwang gleicht, diese Welten im Schlaf weiter für sich erkunden zu wollen.

Dieser Zwang ist nicht schlimm; er macht es einem eher einfacher, diese Reise nach Innen tatsächlich durchzuziehen. Er wirkt wie eine Motivationsspritze, weiter zu machen. Die eigene Neugier bindet uns an die Reise nach Innen, damit wir zum Erforscher unseres eigenen Selbst werden.

Indirekt machen die Figuren mit ihrer barschen Zurückweisung darauf aufmerksam, dass nicht alles, was im luziden Traum zu sehen ist, das vollständige Bild darstellt. So bekommen wir das Gefühl, dass der Klartraum mehr ist als nur eine Illusion. Diese

Bewusstwerdung kann auch für einen Helden erschreckend sein. Daher ist diese Schrecksekunde ein wichtiger Anstoß, um auf den Weg der Ganzheit zu kommen.

Dynamik eines Klartraums

Die luziden Traum-Situationen haben einen dynamischen Charakter. Wenn wir eine Bewegung initiieren – egal, ob körperlich, gedanklich oder sprachlich – wird eine Gegenbewegung der anderen Figuren unserer Bewegung entgegenwirken. Die anderen Figuren sind nur der Spiegel unseres Selbst, aber in ihren gegensätzlichen Verläufen zu uns verkehrt.

Die Figuren werden sich immer entgegengesetzt zu unserem Denken, Fühlen und Handeln verhalten. Sie stellen das Gegengewicht zu unserem Selbstbild, unserem Ego, unserem Charakter dar. Das eigene Selbstbild wird stets in seinen logischen Gegensätzen und Widersprüchen im Gleichgewicht gehalten.

Es gibt im luziden Traum keinen vollkommenen Stillstand; alles bleibt in Bewegung. Die Simulation, also unsere dynamische Vorstellung von unserem inneren Raum, unserem Körper und unserer Psyche, darf nicht zusammenbrechen. Ein physikalisches Grundgesetz besagt: Energie kann nicht erzeugt und nicht zerstört, sondern nur weitergegeben oder transformiert werden. Nutzen wir diesen Transformationsprozess.

Anleitung Wenn wir uns entspannen, ruhig werden, still stehen und die Gedanken und unsere Bewegung in den Klarträumen zur Ruhe bringen, verhalten sich die Figuren zu uns entsprechend. Das »Nichtstun«, ein in der Mystik sehr ausgeprägtes Element des Stillseins, ist hier sehr hilfreich. Die anderen Figuren kompensieren die durch uns fehlende Bewegung, damit die Illusion der inneren Gegensätze nicht zusammenbricht. Egal, was jetzt passiert: Lassen wir diesen Figuren ihren Willen, auch wenn es die Einbildung von »Schmerz« oder unseren »Ich-Tod« bedeuten sollte. Wenn wir stillstehen, gleicht die Figur unseren Stillstand mit einer Gegenbewegung aus. Die Figur wird dann auf uns zukommen, denn indem wir unsere eigene Angst, unsere Zweifel und unsere

Skepsis fallen lassen, lässt die gegenüberliegende Figur ebenfalls alle Ängste, alle Zweifel und alle Skepsis vor uns fallen. Die Versöhnung – also die Einswerdung mit dem Symbol – wird eingeleitet. Dabei bleiben wir einfach ruhig und vertrauen der Situation. Wir sind es ja selbst und lassen den Energieaustausch zu. Wir müssen lernen, der anderen Figur zu vertrauen. Das geht über den körperlichen Kontakt – am besten mit einer herzlichen Umarmung.

Es macht wenig Sinn, an den Symbolfiguren festzuhalten oder sich mit ihnen unterhalten oder streiten zu wollen. Keine Frage, wir können von den Figuren wichtige Ratschläge für die eigene Lebensführung im Alltag bekommen.

Wir können in unseren luziden Träumen um einen Ratschlag bitten, wie wir zum Beispiel eine ausweglose Situation in unserem Leben meistern können. Unsere Bitte wird mit einem weisen Tipp oder einer Hilfestellung belohnt, die uns den Mut und die Zuversicht geben, klug zu handeln.

Wenn aber unsere Bitte oder Frage für den Verlauf unseres Lebens nicht existenziell ist, geraten wir in eine Diskussion. So werden die Figuren uns entweder in unserer Meinung bestätigen oder genau das Gegenteil behaupten. Und bevor wir uns versehen, wachen wir aus dem Klartraum auf. Und falls es zu einer Debatte kommt: Nicht debattieren, sondern zuhören! Erst dann bekommen wir vielleicht eine weise Anregung oder eine ehrliche Zuwendung – aber das klappt nur, wenn wir still geworden sind.

Falls in einem unserer Träume ein gefährlicher Panther durch die Vordertür unseres Hauses spaziert und wir feststellen, dass unsere Bewegungsenergie, die oft an den Überlebensinstinkt geknüpft ist, uns zur Flucht antreibt oder wenn wir uns wie in Prof. Sparrows Beispiel dafür entscheiden, den Panther so schnell wie möglich loszuwerden, besinnen wir uns auf die Aktiv-Passiv-Regel, um unsere Bewegungsenergie umzukehren. Lassen wir – wie ein wahrer Held – mehr Mut, Liebe, Mitgefühl und Selbstlosigkeit in dieser Situation zu. Umarmen wir den Panther dafür, dass er endlich erschienen ist. Bedanken wir uns bei ihm für seinen Besuch und lassen wir ihn in unserem Haus leben, so lange wie er will.

Überlassen wir ihm das Haus zu seiner vollen Verfügung; er darf mit unserem Haus, unserem Körper und unserem Willen machen, was er schon immer machen wollte. Sie werden überrascht sein, in welches Symbol der Panther sich verwandeln wird (bestimmt nicht in eines, was Sie erwarten). Luzide Träume können nicht nur heilsam und weise, sondern auch humorvoll sein.

Die Kunst der Selbstlosigkeit

Somit liegt es an uns, ob wir uns mit einer unbekannten Anspannung im Körper, die hinter einer symbolischen Maske versteckt ist, beschäftigen wollen oder nicht. Den Willen der anderen Figuren zuzulassen ist in den luziden Träumen ein aktiver Vorgang.

Es handelt sich um einen Akt des eigenen Verzichts. Verzicht ist das Gegenteil von Wollen, Kontrollieren und Festhalten. Es ist ein aktiver Prozess der Selbstlosigkeit. Dafür lassen wir unsere Fokussierung, unser (kindisches) gewünschtes, sehnsuchtsvolles Ziel los.

Zur Erinnerung
» Bei den »wiederholbaren« Alpträumen lassen wir das innere Leid aktiv zu.
» Im luziden Traum lassen wir Wünsche und Sehnsüchte aktiv los.

Wir können sagen, dass die Alpträume die luziden Träume definieren. Je mehr Leid in unseren Alpträumen zu finden ist, desto größer werden unsere Wunsch- und Sehnsuchtsvorstellungen in den luziden Träumen. Ohne Leid gibt es keine Sehnsucht. Beides gilt es mit der Aktiv-Passiv-Regel zu- oder loszulassen. Wir befreien uns auf diesen Ebenen von den Illusionen der Materie, an denen unser »Ego« noch festhalten will, und kommen unserer geistigen Wahrheit näher. Indem wir unsere Wünsche und Sehnsüchte abklingen lassen, lenken sie uns im Alltag weniger ab.

Im Klartraum gilt es, die hohe Kunst des Loslassens und der Selbstlosigkeit zu erlernen. Sie ist für das Betreten der transzendenten Träume eine Grundvoraussetzung. Ansonsten wird in einem transzendenten Traum aus einem kindlichen Wunsch ein brutaler, körperlicher Terrorakt, der an unserem Körper verübt wird. Jeder Wunsch ist auch der Anfang von Terror, der schmerzhaft sein kann. In den Klarträumen, in denen es keine körperlichen Schmerzen und somit keine Konsequenzen gibt, ist es möglich sich alle Wünsche und Sehnsüchte zu erfüllen: Wir können uns ohne Angst austoben und so unseren (körperlichen) Wünschen hingeben.

Im Vergleich zu den tiefer gelegenen transzendenten Träumen sind wir uns unseres Schmerzempfindens bewusst. Hier ist unser Schmerzempfinden bis zu einem gewissen Grad eingeschaltet, damit wir nachhaltigere Erfahrungen sammeln können. Keine Angst vor den möglichen Schmerzen: Auch diese Hürde werden wir bravourös meistern. Dazu mehr im Kapitel: »Wer nicht hören will, muss fühlen«.

Sich die Angst vor Schmerzen nehmen

Uns wird nichts zugemutet, wofür wir noch nicht bereit sind. Tatsächliche Schmerzen (und zwar nur häppchenweise und sehr kurzlebig) treten erst in den sehr tiefen transzendenten Träumen auf – und das auch nur, wenn wir zu übereifrig in unseren Entscheidungen sind.

Genau dafür ist der Übungsraum der luziden Träume da: Hier können wir üben, uns die Angst vor möglichen Schmerzen zu nehmen. Es geht lediglich darum, diese Angst vor einem möglichen, bevorstehenden Schmerz zu überwinden. Dafür werden uns alle Tricks auf unserer Heldenreise Schritt für Schritt offenbart.

Hier ein Beispiel, in dem mir durch eine kleine Erzählung im Traum beigebracht wird, wie ich mich bei Schmerzen verhalten soll:

> **»Ruhig bleiben«** *Ein Mädchen verletzt sich an einem scharfen Stück Holz: Sie schreit vor Schmerz. Ihr wird von einem Mentor gesagt: »Wenn man sich verletzt, bleibt man ruhig.« Sie verhält sich daraufhin still und der Schmerz lässt augenblicklich nach.*

Der Trick besteht darin, dass wir still und ruhig bleiben. Auf diese Weise lässt der Schmerz nach oder entsteht erst gar nicht. Zu verstehen, wie wir uns die Angst vor dem möglichen Schmerz in den luziden Träumen nehmen, ist unbedingt notwendig. Sonst wird sich diese Angst in dem transzendenten Traum mit dem tatsächlichen Schmerz summieren und wir könnten in Panik geraten.

Aus der Psychotherapie ist bekannt, dass das Verdrängen von Schmerzen die Lebenserwartung verkürzen kann. Wer ihn nicht verdrängt, der leidet. Es gibt noch eine dritte Möglichkeit, und diese eröffnet sich in dieser Traumarbeit: den Schmerz im Schlaf noch einmal zu durchleben, zu integrieren und sich dauerhaft von ihm zu befreien.

Für den Klartraum gilt dasselbe wie für den Alptraum: Alle scharfen Gegenstände, alle Figuren und Symbole, die wir hier antreffen, repräsentieren uns selbst. Egal, ob wir glauben, im nächsten Moment vielleicht geschlagen, gefoltert oder erdolcht zu werden: Lassen wir es zu. Wir bringen den Mut des Geschehenlassens auf.

Der Held im Klartraum

Zu Beginn unserer Reise kann es auch vorkommen, dass wir im Klartraum manchmal keine Figuren finden. Das macht nichts. Wir genießen erst einmal die Landschaft und dann leiten wir von uns aus den initiatorischen Tod des Helden ein. Wir fliegen wie ein »Superman« so hoch wie möglich Richtung Himmel, begeben uns dann in einen Sturzflug und lassen uns mit voller Wucht auf dem Boden aufprallen. Bevor wir den Boden erreichen, schließen wir die Augen und entspannen uns. Einfach loslassen. Es gibt keinen Boden, genauso wenig wie unseren Körper.

Diese Vorgehensweise ist insofern praktisch, weil wir keine Gegner, keine Waffe, keine scharfen Gegenstände oder etwas anderes brauchen, um unsere eigene Initiation einzuleiten. Wir finden auch keine Waffen, wenn wir sie unbedingt finden wollen. Im Klartraum passiert eben immer das, was wir nicht erwarten und werden von unserem Vorhaben – den eigenen »Tod« einzuleiten – garantiert abgelenkt. Zum Beispiel durch einen Wunsch oder eine Sehnsucht, die wir schon lange in uns spüren.

Aber es gibt beim Aufprall keine Schmerzen. Der Erdboden gibt wie Gummi nach. Der luzide Traum verhält sich mit seinen physikalischen Gesetzen wie die virtuellen Übungsräume im Film »Matrix«. Der Raum ist eine Illusion, nichts ist hier echt.

Wenn wir in den Klarträumen die Gelegenheit haben, uns so wie die Helden des populären Films von Klippen, Bergen, Hochhäusern zu stürzen, nutzen wir diese Chance, lernen den freien Fall in den dunklen Abgrund. Weil wir tief vertrauen, kommen wir unserem Urgrund näher. Wie schon erwähnt, ist der luzide Traum die einfachste Möglichkeit, in den tieferen Ebenen des transzendenten Traums aufzuwachen. Dort wartet die erste Prüfung.

Das folgende Beispiel veranschaulicht, wie man in luziden Träumen sein Vertrauen in sich weiter stärkt, um die letzten Zweifel verschwinden zu lassen. Bei mir gab es zwar keinen schwarzen Panther, doch mein Werwolf hat auch Zähne:

*»**Der Werwolf**« Ein mächtiger Werwolf taucht öfter vor meinem Bett auf. Aber die Angst vor ihm ist einfach zu groß und ich wache lieber auf. Im Wachen übe ich mich in der aktiven Imagination, im Mut zum Geschehenlassen. Ein paar Tage später wiederholt sich der Alptraum.*

Der mächtige Werwolf steht am Ende meines Bettes. Natürlich habe ich wieder Angst, aber ich überwinde sie. Ich lasse es zu, dass er mich verschlingt. Er fängt an, meinen Unterleib zu fressen. Es tut sehr weh, aber ich weiß, dass es nur ein Traum ist und die Schmerzen nur Einbildung sind. Ich versuche, mich nicht zu wehren, halte still und bleibe ruhig. Nach wenigen Sekunden schmeckt ihm mein Unterleib nicht mehr. Er spuckt die Eingeweide aus und verschwindet. Ich wache auf, wobei sich mein Unterleib entspannt. Er fühlt sich warm und gut durchblutet an. In den nächsten Tagen gehe ich mit Hilfe der aktiven Imagination den Alptraum noch einmal durch. Vier Tage später wiederholt sich der Traum erneut.

Es ist die gleiche Situation. Diesmal wirkt der Traum realer. Ich liege im Bett. Der Werwolf kommt aus dem Nichts angesprungen. Diesmal ist er etwas kleiner, aber genauso bedrohlich und Angst einflößend wie zuvor. Ich erkenne direkt den Traum als Traum. Ich reagiere, entblöße meinen Bauch und bitte ihn, seinen Hunger zu stillen. Anstatt an meinem Bauch zu knabbern, konzentriert er sich auf meine Genitalien und beißt hinein. Es ist wieder sehr schmerzhaft, aber mit jedem Biss lässt der Schmerz überraschenderweise nach. Ich merke, dass sich der Werwolf langsam in einen Menschen verwandelt, besser gesagt: er zieht sein Werwolfskostüm aus, nimmt seine

Werwolfsmaske ab und bleibt als erwachsener Mann vor mir stehen. Ich fühle mich wie ein elfjähriger Schuljunge. Er hat jetzt einen Tacker in der Hand und verletzt damit meine Genitalien. Der Schmerz bleibt gänzlich aus. Ich entspanne mich. Der Mann steht ruhig und besonnen vor mir und sagt: »Ich bin gar nicht so schlimm wie du denkst.« Der Traum blendet sich aus.

Ich wache auf. Wieder durchzieht meinen Unterleib ein warmes, elektrisierendes Gefühl. Alle Verspannungen im Unterleib lösen sich auf. Bis zu diesem Moment wusste ich gar nicht, dass ich dort welche hatte.

In der westlichen Fachliteratur berichtet auch Paul Tholey, dass die »abgespaltenen oder verdrängten Grundbedürfnisse eines Menschen als (feindliche) Traumgestalten« zum Ausdruck kommen, und durch die Einigung mit diesen Gestalten während des luziden Träumens wieder in die Persönlichkeit integriert werden können. Laut Tholey befähigt die Einigung mit Alptraumfiguren den Menschen »auch im Wachen den sachlichen, sozialen und emotionalen Anforderungen seines Lebens immer besser gerecht (zu) werden«, Konflikte und unangenehme Symptome im Traum – wie im Wachleben – tatsächlich zu lindern oder gar zu beseitigen.

So ist der Mann am Ende dieses luziden Traumes nur ein Symbol. Auch diese Figur ist gefangen in meiner Einbildung von Raum und Zeit. Sie existiert nicht. Dennoch gehe ich aus dieser Erfahrung gestärkt und mit weniger Angst in meiner Vorstellung von Schmerz in die nächste Auseinandersetzung, weil die Symbole gar nicht so schlimm sind wie ich dachte. Hier ein anderes Beispiel:

> **»Das Herz«** *Ich kämpfe gegen den Schauspieler Arnold Schwarzenegger, der mit einem Messer bewaffnet ist. Es ist ein anstrengender Kampf und ich glaube nicht, dass ich gewinnen kann. Ich erkenne jedoch plötzlich den Traum als Traum und lasse ihn zustechen. Er bohrt sein Messer tiefer in mein Herz. Ich lasse es zu, obwohl es schmerzt. Dabei wird Arnold kraftloser und dann ohnmächtig. Bevor er hinfällt, fange ich ihn auf. Sein Körper verschwindet ganz. Ich halte nur seine Kleidung in meinen Armen und wache auf.*

Seitdem sich das Symbol von Arnold Schwarzenegger in Luft aufgelöst hat, fühlt sich mein Herz weniger angestrengt und verkrampft an. In luziden Träumen können Blockaden oder Verkrampfungen gelöst werden, sobald wir lernen, den Figuren zu vertrauen. Sie dürfen nicht vergessen, dass sowohl das Messer, Ihr Traum-Körper als auch das Gegenüber eine Illusion ist – genauso wie der Raum und die Zeit. Lassen Sie also das Messer in Ihren Körper eindringen – betrachten Sie das Ganze als einen operationellen Eingriff.

Praktischer Nutzen Diese operativen Eingriffe bringen unseren emotionalen Haushalt zunehmend ins Gleichgewicht.

Bei so einem Eingriff ist es natürlich leichter, dem Schauspieler Arnold Schwarzenegger zu vertrauen, der meistens einen Helden und Retter spielt, als einem Werwolf. Erst wenn ich es geschafft habe, die unrealistischen Figuren anzunehmen, darf ich mich realistischen Figuren stellen und so konkretere Symptome und Beschwerden in meinem Leben auflösen. Hier greift das gleiche Prinzip wie in den Traumserien der Alpträume. Auch in den luziden Träumen werden die Figuren und Situationen mit der Zeit realistischer und nähern sich der realen Wirklichkeit an.

Hier noch ein Beispiel aus der Reihe der luziden Träume, wie ich nicht nur mein Vertrauen in mich stärke, sondern auch meine Unwissenheit über die Traumsituation schrittweise aufgebe. Ich werde mir zunehmend bewusst, dass alles Fiktion und Theater ist.

»Alles Theater« *Um zwei Frauen zu beschützen, begleite ich sie durch die Nacht. Aber es gibt nichts, wovor ich sie beschützen könnte. Niemand ist da, kein Angreifer, kein Bösewicht. Da mir keine Erfahrung in diesem Klartraum passieren will, langweile ich mich. Deshalb wünsche ich mir eine Erfahrung und bitte um einen bösen Mann. Ein böser Mann kommt um die Ecke und greift mich an. Ich lasse ihn in meine Arme laufen, um ihn zu »knuddeln«. Er wird friedlich. Danach wünsche ich mir einen bösen Hund. Ein großes Tier kommt bellend auf mich zugelaufen, ich umarme ihn. Er wird*

sofort handzahm. Dann wünsche ich mir ein Krokodil. Es taucht plötzlich auf und schnappt nach meinem Bein. Es tut nicht weh. Ich umarme es.

Ich sehe nun alle drei Figuren friedlich vor mir stehen. Sie sind zahm geworden. Mir wird bewusst, dass alles eine Show ist. Plötzlich kommt ein böser Außerirdischer um die Ecke. Ich erkenne sofort, dass er die Verkleidung eines Predators aus dem gleichnamigen Film mit Arnold Schwarzenegger trägt und nur echt wirkt. Er greift mich nicht an, sondern beginnt mit den anderen Figuren zu diskutieren.

Er sagt: »Es ist doch Schwachsinn, ihm weiter dieses Theater vorzumachen.« Die anderen wissen nicht, was sie ihm entgegnen sollen, denn er hat Recht. Es macht wirklich wenig Sinn, mir weiter diese Illusionen vorzuspielen. Ich schaue auf meinen Fuß und merke, dass er für einen kurzen Moment das Aussehen des Predatorfußes annimmt. Im selben Moment wird ein Fuß des Predators zu meinem menschlichen Fuß. Ich begreife, dass er und ich dieselbe Verkleidung haben oder die gleiche Person sind. Ich springe zu ihm, greife in seinen Mund und reiße seine Verkleidung auf. Er wehrt sich nicht. Als sein Körper aufbricht, springen aus seinem Mund eklige Tentakel wie die eines Oktopus heraus. Ich spüre, wie die Tentakel in meinen Mund schnellen und weiter in meinen Körper eindringen. Ich lasse es zu. Die anderen Figuren wahren einen Sicherheitsabstand und sind – genauso wie ich – fasziniert, wie dieses Theater tatsächlich funktioniert. Wir haben bis jetzt nur die Oberfläche gesehen, jedenfalls bilde ich es mir ein. Eine der Figuren sagt mir, wo sich die Tentakel gerade in meinem Körper ausbreiten. Ich merke, dass sich mein Unterleib entspannt. Es tut gut. Ich lasse die Tentakel in mir arbeiten. Daraufhin verschlucke ich den riesigen Oktopus. Ich wache auf und fühle mich in meinem Innern wohl.

Als Mensch ist man sich gar nicht bewusst, wie und wo der eigene Körper im Inneren verspannt oder blockiert ist. Sich dem Schicksal in den luziden Träumen hinzugeben, ist im buddhistischen Traum-Yoga als reinigender und klärender Vorgang bekannt. Auch in der Antike galt das Träumen als eine der wichtigsten Heilmethoden.

Ein gemeinsamer Abstieg

Weil wir den Traum immer öfter als Traum erkennen und nicht nur die gefährlichen, sondern auch die herrlichen Traum-Situationen als Fiktion enttarnen, werden die Träume und die luziden Träume in ihrem Spektrum realistischer – manchmal realistischer als die Wirklichkeit selbst. Dabei wird auch unsere Angst im Klartraum konkreter, weil mehr psychische und physische Aspekte zusammenkommen.

Das anfänglich aufgefächerte und zersplitterte Trauma wird nun stückweise wieder zusammengefügt. Der Schwierigkeitsgrad wird ständig erhöht, bis wir das verdrängte Thema vollständig verinnerlichen und akzeptieren. Unser Vertrauen wächst weiter. Dabei wird uns nichts zugetraut, wofür wir noch nicht bereit sind. Wir nehmen Stufe für Stufe; keine einzige wird übersprungen.

Die Figuren und Symbole werden von Traum zu Traum an Kraft und Form verlieren und der dahinter liegende Schmerz zu etwas Wohltuendem transformiert. Daraufhin vertrauen die Traumfiguren uns und umgekehrt. Wir werden nach und nach zu einer Einheit zusammengeschweißt.

Indem wir Vertrauen zueinander entwickelt, können wir gemeinsam in die tieferen Ebenen absteigen. Wir können nur paarweise – unser Traum-Ich mit dem jeweiligen Gegenüber im Traum – in die Welt der tiefsten transzendenten Träume vordringen. Im populären Film bekommt deshalb der Held auf seiner Heldenreise Begleiter an seine Seite gestellt: Mentoren, Freunde oder Partner.

> » Nur paarweise können wir die tiefsten Bereiche unseres Seins im Schlaf betreten.

Wie bei jeder guten Heldenreise gibt es auch in dieser Geschichte ein Happy End. Daher ist es wichtig, den Willen in den luziden Träumen an die anderen Figuren – egal, welchen Energiegehalt oder welches Geschlecht sie haben mögen – abzugeben, um ihnen im gegenseitigen Vertrauen in deren Welt folgen zu können. Falls wir in einen körperlichen Kontakt mit einer Figur treten, beispielsweise, indem wir uns beide die Hand reichen, lassen wir uns einfach von der Figur mitnehmen. Zwingen wir ihr nicht unseren Willen auf, sondern lassen wir uns zeigen, wie ihre Welt aussieht:

Lernen wir uns selbst kennen. Deswegen gilt es auf unserer Reise, alle unsere Persönlichkeiten, die unsere Imaginationen, Alpträume und luziden Träume bewohnen, auch untereinander zu versöhnen und zu »knuddeln«, damit sich möglichst viele Mannschaften, Vereine, Gruppierungen aber auch Liebespaare (egal welchen Geschlechts) bilden können: Ein innerer, harmonischer Zusammenhalt entsteht.

Erst wenn wir nach und nach den Prinzipien und Gesetzmäßigkeiten der Materie ohne Angst vertrauen (linke Gehirnhälfte), widmen wir uns in den transzendenten Träumen den Prinzipien des Geistes (rechte Gehirnhälfte). Erst wenn wir die Prinzipien beider Bewusstseinszustände in uns erkannt und verinnerlicht haben, bekommt unsere Reise im Schlaf eine neue, spirituelle und mystische Dimension.

Bevor wir uns dieser in dem Kapitel »Transzendenter Traum« widmen, möchte ich zuvor auf ein ungewöhnliches Phänomen eingehen, das sich bei mir aus dem verspielten Umgang mit dem Träumen ergeben hat. Wir kommen zum Herzstück dieser Reise: Es handelt sich dabei um eine kleine, unscheinbare Nuance in unserem Kopf.

KAPITEL II
DAS PENDEL IM KOPF

»Denn Nichts an sich ist gut oder böse, nur unser Denken macht es dazu.« William Shakespeare

Nachdem ich mich mit der aktiven Imagination, den Träumen und den luziden Träumen beschäftigt hatte, begannen meine transzendenten Träume. Gleichzeitig suchte ich im Alltag parallel nach einer geeigneten Meditationsform, um die Reise nach Innen zu unterstützen. Ich probierte viele Meditationsarten aus, war aber für die meisten zu ungeduldig oder zu faul. Erst in meinen Träumen stieß ich auf die für mich einfachste Form des Meditierens: Ich nenne sie das »Pendel im Kopf« (kurz: PiK).

Wenn Sie die Aktiv-Passiv-Regel in Ihren Träumen und Klarträumen anwenden, werden Sie im Schlaf automatisch auf das Pendel im Kopf hingewiesen. Die Dominokette führt Sie zu diesem einfachen Phänomen. Das Pendel im Kopf ist die treibende Kraft und der Motor für die Reise ins Unbewusste.

Durch das Pendel im Kopf können wir unseren Willen im Alltag fokussieren und gleichzeitig entspannen. Das Pendel ist nichts Imaginäres, nichts was wir uns vorstellen müssen. Es ist eine ganz konkrete initiierbare Bewegung im Kopf, die man mit freiem Willen anstößt und aufrechterhält. Es bildet den Sog, damit wir uns im Schlaf in die tiefsten Bereiche unseres Seins fallen lassen können. Deshalb gilt es, das Pendel im Kopf zum Schwingen zubringen.

Anleitung Die einfachste Methode, das Pendel im Kopf zu finden, ist folgende: Konzentrieren Sie sich zuerst auf den rechten Nasenflügel, um die Konzentration dann auf den anderen Nasenflügel zu verlagern und wieder zurück. Versuchen Sie es einmal: Die Konzentration von einem Nasenflügel auf den anderen verlagern und zurück.
Genau um diese spürbare innere Bewegung zwischen den Nasenflügeln handelt es sich. Nun versuchen wir unser Pendel von einer Gehirnhälfte auf die andere zu verla-

gern, so, als ob wir von einem Ohr zum anderen wechseln / pendeln / gleiten würden, also mit unserer Aufmerksamkeit von einem Ohr zum anderen wechseln.

Wir können das Pendel nun über die Augen von Links nach Rechts hin- und her gleiten lassen, ohne dabei unsere Augäpfel zu bewegen. Das funktioniert auch mit offenen Augen. Nehmen wir uns dafür einfach paar Sekunden Zeit.

Zu Anfang des 20. Jahrhunderts leiteten Hypnotiseure die Fremdhypnose mit einem schwingenden Pendel vor den Augen des Teilnehmers ein, der mit seinem fokussierten Blick dem Pendel folgen sollte. Wir verwenden dasselbe Prinzip, nur dass wir den Impuls bewusst initiieren. Sie brauchen keine Angst davor zu haben. Für den Alltag hat das Pendel im Kopf kaum spürbare Auswirkungen. Das Spannende ist, dass sich das Pendel früher oder später im Schlaf von alleine dazu schaltet. Im Schlaf wird die Reise nach Innen vertieft. Streng genommen ist jede Fremdhypnose an sich auch nur eine Selbsthypnose. Mit dem Pendel im Kopf ist es möglich, sich in die tiefsten Bereiche der Selbsthypnose während des Schlafs fallen zu lassen.

Haben Sie das Pendel schon gefunden? Es ist wirklich einfach. Genau um diesen simplen Positionswechsel handelt es sich, den wir stets aufs Neue initiieren und aufrecht erhalten. So wird im Alltag die Reise nach Innen fokussiert.

Manche finden die (fokussierte) Bewegung im Kopf sofort, andere brauchen etwas länger. Das liegt daran, dass dieses Phänomen zu simpel wirkt und wir es vorher nicht beachtet haben. Genauso selten nehmen wir wahr, dass wir zwinkern oder atmen. Früher oder später aber wird das Pendel in den tieferen Träumen an uns herangetragen.

Für den Anfang unserer Reise ins Reich der transzendenten Träume ist das Pendeln nicht zwingend notwendig. Der Trick mit dem »Sterben« lässt uns die einfachen Ebenen der transzendenten Träume von alleine betreten. Allerdings wird das Pendeln immer wichtiger. Es ist der Motor, der über den Alltag hinweg unsere Heldenreise nicht nur am Laufen hält, sondern uns später im Schlaf ermöglicht, in die tiefsten Bereiche unseres »wahren« Selbst vorzudringen. Es hilft uns, das innere Gleichgewicht, die innere spirituelle Mitte im Schlaf zu finden.

Diese Bewegung wirkt an sich unbedeutend und erfüllt auf den ersten Blick keine Funktion im Alltag. Weil wir dem fließenden Positionswechsel im Kopf keine Bedeutung, Wertung, Logik, Emotionalität, Wünsche oder Ängste zuweisen können und der Positionswechsel von jeder uns bekannten Zuordnung und Kausalität entkoppelt ist, liegt genau darin seine Macht. Deswegen scheint das Pendel unabhängig von Raum und Zeit zu sein, vom eigenen Körper entkoppelt.

Wenn wir im Alltag ständig diese spürbare Bewegung der Achtsamkeit zwischen den Gehirnhälften hin- und hergleiten lassen, schaltet sie sich später während des Schlafs zu unseren Träumen automatisch dazu. Die tieferen Ebenen der transzendenten Träume werden durch das Pendel, das sich im Schlaf zur REM-Schlafphase (Rapid Eye Movement – Schnelle Augenbewegung im Schlaf) dazu schaltet, ermöglicht. Das schwingende Pendel koppelt sich an die Augenbewegungen des REM-Schlafs. Der Traum, die Traum-Situation, der Raum und die Zeit im Traum lösen sich auf und wir betreten direkt die Ebenen der transzendenten Träume auf der rechten Gehirnhälfte.

» Das Pendel im Kopf schaltet sich im Schlaf automatisch dazu und lässt uns das Reich der transzendenten Träume betreten.

Das Pendel steht in Wechselwirkung mit der Psyche, dem Körper, der Wellenstruktur des Gehirns und dem freien Willen. Indem wir pendeln, laden wir unser Unbewusstes zu einem Dialog ein. Der Prozess wird dabei im Alltag und im Schlaf zum Selbstläufer, denn einem Menschen, der die Energie für diese Reise nicht aufbringt, wäre diese Reise sonst verwehrt. Das Pendeln im Kopf ist dafür der »universelle« Schlüssel.

Das Pendel als Taktgeber

Das Pendeln im Kopf ist wie ein elektrischer Impuls zwischen den Gehirnhälften: Weil unser Pendel eine konkrete Bewegung im Gehirn ist, ist es automatisch ein elektrischer, magnetischer Vorgang.

Das Pendel im Kopf bringt die elektrischen Vorgänge des Gehirns, die eine Wellenstruktur aufweisen, in einen gleichmäßigen Takt. Je nach gerade vorherrschender Wellenlänge eines Denkzustandes spricht man vom Alpha-, Beta- und Gamma-Zustand. Wissenschaftler entdeckten in den letzten Jahren verstärkt, welche Bedeutung der richtige Rhythmus im Gehirn hat. Erinnern, Merken, Denken – all das ist erst möglich, wenn die Nervenzellen im Gleichtakt arbeiten. Vor kurzem haben Forscher der Stanford University in Kalifornien, Karl Deisseroth und sein Kollegen-Team, herausgefunden, dass bei Krankheiten wie Schizophrenie und Autismus die Nervenzellen nicht im richtigen Takt schwingen. Die Informationen würden zwar aufgenommen, aber nicht richtig verarbeitet. So aktualisiert unsere Wahrnehmung die verarbeitenden Informationen nicht kontinuierlich, sondern in einem bestimmten Takt. Das bedeutet, dass die Aktualisierung der bewussten Wahrnehmung rhythmisch, im Takt der Hirnströme erfolgt und nicht fließend und kontinuierlich ist, wie man es lange Zeit glaubte.

Der Takt und der Rhythmus werden im Gehirn durch dessen strukturierten Aufbau möglich. Die Verschaltung unseres Gehirns gleicht eher einem säuberlich gewebten Stoff als einem Kabelgewirr: Die Nervenfasern sind nämlich erstaunlich geometrisch geordnet. Statt eines Durcheinanders von Leitungen durchzieht ein regelmäßiges Gitter von parallel und senkrecht zueinander angeordneten Faserschichten das Denkorgan. Das hat ein internationales Forscherteam von der Harvard Medical School, unter der Leitung von Van J. Weeden, herausgefunden. Zum Erstaunen der Wissenschaftler stießen sie weder bei vier Affenarten noch beim Menschen auf diagonale Verbindungen – alle Fasern folgten einem einfachen, dreidimensionalen Gittermuster. Die Entdeckung dieses Musters führte zu einem völlig neuen Verständnis darüber, wie das Gehirn funktioniert und wie es organisiert ist.

»Ich glaube nicht, dass zuvor irgendjemand auch nur den Verdacht hatte, dass das Gehirn diese Art von konsequenten geometrischem Muster haben würde«, sagt Erstautor Van J. Wedeen von der Harvard Medical School. Alle Nervenverbindungen folgen demnach schon in der Embryonalentwicklung simplen Vorgaben: Sie können entweder nach oben, unten, rechts oder links wachsen. »Diese vorgegebenen Richtungen erleichterten es den Nervenfasern, die richtigen Bindungsstellen zu finden«, erklärt Wedeen. Nach Ansicht der Wissenschaftler erklärt die geordnete Struktur der Verschaltungen auch, warum sich das Gehirn so gut an Veränderungen anpassen kann. Daraus folgert Wedeen: »Es ist leichter für eine einfache, regelmäßige Struktur, sich anzupassen – egal ob es um die großen Änderungen im Laufe der Evolution geht oder um die Veränderungen während der Lebenszeit eines Einzelnen.«

Diese simple geordnete Struktur des Gehirns und sein Wunsch, im Gleichtakt zu arbeiten, eröffnet uns die Möglichkeit, mit Hilfe des Pendels im Kopf die Gehirnwellen in einem rhythmischen Takt zu synchronisieren. Die aktive Synchronisierung der Wellenfunktionen beider Gehirnhälften und aller anderen Gehirnbereiche ist somit im Alltag möglich.

Synchronisation der Gehirnströme

Da das Pendel nach dem einfachen Prinzip eines elektrischen Impulses funktioniert, der zwischen den beiden Hirnhälften schweift, reagieren früher oder später nicht nur die verschiedenen Gehirnregionen sondern auch der physische Körper. Um das etwas genauer zu erklären, nehmen wir dafür noch einmal unser vereinfachtes Modell zur Hilfe. Die linke Gehirnhälfte ist für die Logik, Sprache, Ratio, aber auch für die entgegengesetzte rechte Körperhälfte zuständig. Demzufolge ist die rechte Gehirnhälfte stattdessen für die Musikalität, Kreativität, Intuition und die linke Körperhälfte verantwortlich.

Linke Gehirnhälfte	Rechte Gehirnhälfte
Rechte Körperhälfte	Linke Körperhälfte
Ratio Emotion Logik & Sprache Form	Intuition Empfinden Kreativität & Musikalität Farbe

Mit dem Pendeln werden sich die Gehirnhälften in Ihren Ausrichtungen annähern. Sie kämpfen nicht mehr gegeneinander, sondern musizieren wie ein perfekt aufeinander abgestimmtes Orchester zusammen. Die Gehirnströme synchronisieren sich. Unser Körper, unser Gehirn und unsere Psyche sehnen sich förmlich nach einer inneren Harmonie, Rhythmus und Takt.

So passiert es, dass sich die beiden Körperhälften nach und nach zueinander hinwenden und weniger in einem Widerspruch stehen, sich also nicht gegenseitig in ihren Ängsten oder Wünschen hemmen oder verstärken. Wir merken, dass unsere Gestik und unser Verhalten gelassener werden. Das Yin & Yang nähern sich ihrem Gleichgewicht an: Die eigene spirituelle Mitte kann im Schlaf gefunden werden, denn indirekt greift das Pendel auch auf die feinstofflichen Energieebenen und den Phantom-Körper zu. Dazu mehr im Kapitel »Eine spirituelle Reise«.

Daher ist das Pendel der kleinste gemeinsame Nenner für all unsere rhythmischen Bewegungen. Wenn wir uns rhythmisch in einen Bewegungsablauf hineinsteigern, springt es automatisch an. Wenn wir intensiv Sport treiben, bei dem sich beide Seiten unseres Körpers rhythmisch bewegen, also laufen, wandern, Fahrrad fahren oder schwimmen, schaltet sich das Pendel ein und setzt die Dualität, also die Welt der Gegensätze und Widersprüche aus. Wir verlieren das Gefühl für Raum und Zeit. Wir erleben das Gefühl, in etwas anderem aufzugehen, zu schweben.

Der Forscher Matt Killingsworth von der Harvard Universität wertete in seiner Doktorarbeit eine Befragung mit über 15000 Beteiligten aus, bei der er mit seiner entwickelten I-Phone APP »Track Your Happiness« die Menschen nach ihrem momentanen Glücksempfinden im Alltag befragte. Er kam zu dem Schluss, dass die abschweifenden Gedanken, egal ob positiv oder negativ, einen weniger glücklich machen als simple Konzentration oder Fokussierung. In trübe Gedanken zu verfallen ist bekanntlich ungesund, aber es ist auch nicht viel besser, wenn man tagsüber in positive träumerische Gedankengebilde abschweift.

Deshalb ist simples Konzentrieren oder Fokussieren besser für das allgemeine Wohlbefinden, als das träumerische Abschweifen. Es ist egal, ob wir konzentriert einer Arbeit oder einem Hobby (Basteln, Sammeln, Musizieren) nachgehen, Sport oder Yoga treiben. Das Fokussieren auf den Augenblick ist immer besser, als träumerischen Gedanken oder dem wiederkehrenden inneren Monolog nachzuhängen. »Ein abschweifender Verstand, ist ein unglücklicher Verstand«, sagt Matt Killingsworth.

Daher ist auch das Pendel ein geeignetes Werkzeug, um sich zu fokussieren. Das Pendeln bündelt die Konzentration. Indem wir uns so unserer Aufmerksamkeit nach Innen gewahr werden, wird unsere Achtsamkeit im Alltag sowohl für die Psyche als auch für das Körperempfinden nach und nach ausgedehnt. Achtsamkeit ist in allen Meditationsformen ein wichtiger Bestandteil. Wissenschaftlich ist belegt, dass Achtsamkeit ein heilsamer Faktor für die seelische Gesundheit ist. Der Vorteil beim Pendeln im Kopf ist, dass es uns keine körperliche Anstrengung kostet, jedoch früher oder später die gleiche transformierende Wirkung hat.

> **Anmerkung** Besonders bei Yoga, Pilates, Qi Gong, Tai-Chi oder anderen sanften Sportarten, wo das Gewahrsein der Bewegung und des Atmens im Vordergrund stehen, kommt das Pendel zum Einsatz. Das Pendel folgt der Konzentration, also der Aufmerksamkeit: es folgt den langsamen, achtsamen und fließenden Bewegungen des Körpers und surft wie auf einer Welle im Kopf mit.
>
> Dabei folgt das Pendel allen Himmelsrichtungen. Nicht umsonst werden bei den oben genannten Bewegungslehren alle Richtungen bedient: das Pendel surft auf den fließenden Bewegungswellen mit, lässt alle Bereiche im Kopf und Körper entspannen und bringt die Energien zwischen Ying und Yang ins Gleichgewicht. Mit den achtsamen Bewegungen zwischen oben und unten, hinten und vorne, links und rechts rücken nach und nach alle Energieebenen der Elemente Erde, Wasser, Feuer und Luft (auf die wir im Kapitel »Eine spirituelle Reise« noch zu sprechen kommen) ins Zentrum der Achtsamkeit und werden ins harmonische Gleichgewicht gebracht: Und bei jeder Bewegung und Atemübung ist das Pendel wie ein achtsamer Beobachter zugegen.

Deshalb betrachten wir das Pendel eher wie einen Muskel, den wir trainieren. Integrieren wir das Pendel aktiv in den Alltag. Lenken wir stets unsere Aufmerksamkeit darauf, wie wir zwischen den beiden Gehirnhälften hin und her pendeln. Vorerst vernachlässigen wir die anderen Himmelsrichtungen, weil die Links-Rechtsbewegung die Grundlage für alle anderen Harmonisierungsprozesse ist.

Egal was wir mit unseren beiden Körperhälften rhythmisch verrichten, pendeln wir horizontal im Kopf mit: Beim Gehen, beim Sport, beim Autofahren, beim Musik hören oder beim Warten – auch hier sind meistens beide Körperhälften in einem (stillen) Gleichgewicht. Das gleiche gilt fürs Lesen: Pendeln Sie mit, auch während Sie das hier lesen.

Sie werden nach kurzer Zeit, wenn nicht schon nach ein paar Sekunden, merken, dass das Pendel nicht so unabhängig vom Körper ist, wie es vorgibt.

Unbewusst ist es auch an unsere inneren Organe, das Nervensysteme, den Kreislauf, die Wirbelsäule geknüpft, also an das Innenleben des Körpers, auf das wir eigentlich keinen Zugriff haben. Das Innere unseres Körpers nimmt das Pendeln wahr und entspannt sich dabei. Am Anfang ist es ungewohnt, weil der Bauch beispielsweise direkt darauf reagiert oder eine Anspannung im Kopf oder um das Innenohr spürbar ist. Das ist ganz normal. Keine Angst. Der Synchronisationsprozess beginnt immer so.

Das Pendel im Kopf spielt indirekt schon bei verschiedenen modernen therapeutischen Ansätzen eine Rolle, zum Beispiel bei der NLP-Methode (Neuro-Linguistisches Programmieren) oder bei der EMDR-Therapie, was für Eye Movement Desensitization and Reprocessing steht, also Desensibilisierung und Wiederverarbeitung durch Augenbewegungen.

Für die EMDR-Behandlung ergründet der Therapeut zunächst die Ursachen der Beschwerden. Ist eine vertrauensvolle therapeutische Beziehung hergestellt, wird die betroffene Person aufgefordert, sich an die traumatische Situation zu erinnern und sie erneut mit allen Sinneseindrücken zu durchleben. Dabei bewegt der Therapeut seine Hand vor den Augen des Patienten hin und her und bittet ihn, der horizontalen Bewegung mit den Augen zu folgen. Dieses Setting wird so oft wiederholt, bis die Belastung des Patienten messbar abgesunken ist. Bei manchen Menschen ist das bereits nach zwei Sitzungen der Fall, andere – gerade Patienten mit mehrfachen traumatischen Erinnerungen – benötigen mitunter deutlich mehr Behandlungen.

Aus der Sicht der Wissenschaft ist bis heute noch nicht erforscht, warum diese einfache Therapie zu solch positiven Ergebnissen führt, denn an sich winkt man ja nur mit der Hand vor den Augen des Patienten, der dieser Bewegung mit den Augen folgt. Meiner Meinung nach ist das Pendel für diesen Erfolg verantwortlich. Unbewusst ist das Pendel an unseren fokussierten Willen gekoppelt. Durch den vorgegebenen Rhythmus des Therapeuten, dessen winkender Hand man mit fokussierten Augenbewegung folgt, wechselt auch das Pendel zeitgleich die Gehirnseiten und so kann das vergangene Trauma verarbeitet werden.

So können nicht nur Stimmungen im Körper, sondern auch emotional aufgeladene Gedanken im Kopf gleichmäßig abfließen. Lassen wir in meinem nächsten Traum Albert Einstein erklären, wozu das Pendeln im Kopf gut ist.

>>*Das Pendel im Kopf*<< *Ich beobachte den Dreh einer Reportage über elektrische Impulse. Ein Reporter erklärt ein wissenschaftliches Experiment, in dem sich ein Plus-Pol und ein Negativ-Pol gegenüberstehen. Wenn man den Strom jetzt einschaltet, entsteht ein elektrischer Fluss zwischen den Polen, die leuchtend schimmern. Der Reporter betont noch einmal, wie wichtig es ist, dass man die Pole stets ein- und ausschaltet, also unter Wechselspannung lässt, damit ein elektrischer Fluss entsteht.*

Ich finde die Idee gut, verstehe aber nicht, wofür das alles gut sein soll. Zudem habe ich Angst, dass ich mit diesem Hin- und Herschalten im Kopf Gehirnschäden davontrage. Zum zweiten ist die Idee einfach viel zu simpel und somit bin ich skeptisch. Mir wird dann der Erfinder dieser Idee vorgestellt. Er sieht etwas verrückt aus, hat weißes Haar, wirkt aber weise und gütig: Es ist Albert Einstein. Ich bin überrascht, ihn hier zu treffen. Er möchte mir zeigen, wozu diese einfache Idee gut ist. Ich lasse mich darauf ein.

Ortswechsel: Eine regnerische Nacht. Wir sind in einer Stadt, deren Bürgersteige mit Pflastersteinen ausgelegt sind. Die Steine sind sorgfältig angeordnet und leuchten abwechselnd auf, was das Regenwasser besser abfließen lässt. Im Traum sagt Albert Einstein, dass das

Regenwasser leichter und ungehindert in die Rinnen fließen kann, wenn die leuchtenden Pflastersteine rhythmisch umgeschaltet werden. Ich beobachte, dass das Wasser wirklich gut abfließen kann, ohne Staus oder Pfützen. Dabei fühle ich, dass das Wasser auf dieser Ebene für Emotionen, Ängste, Wünsche und Stimmungen steht.

Die Kamera schwenkt wieder auf den Erfinder, den verrückt-genialen Einstein. Sein Assistent betont, dass das magnetische Feld, erzeugt durch das Hin-und Herschalten, das Wasser richtig abfließen lässt. Dabei weist der Assistent auf das Prinzip des Pendels hin und demonstriert es noch einmal. Dabei fasst er mit seinen Händen Albert Einsteins Kopf und bewegt ihn nach links und rechts. Ich merke wie meine inneren Augen, also mein Pendel im Kopf, dem schwingenden Kopf von Einstein folgen. Seine Haare schwingen dabei elektrisierend und leuchtend in seinem natürlichen Weiß gegen den Himmel, so als ob sie sich aufladen würden. Albert Einstein lacht mir dabei freudig und zuversichtlich zu.

Ich wache auf und bin von der einfachen Wirkungsweise beeindruckt.

Der Traum bewog mich, im Alltag zu pendeln. Erst danach wurde ich in die noch tieferen Ebenen der transzendenten Träume eingeladen. Gleichzeitig trete ich durch das Pendeln im Kopf mit dem Unbewussten in einen Dialog. Das Unbewusste wird zu meinem bewussten Begleiter.

Hier ein weiteres Beispiel dafür, wie in den Träumen auf das Pendeln im Kopf hingewiesen wird:

> **»Zeitungsartikel«**   *In einem Zeitungsartikel lese ich, dass ich im Kopf so pendeln soll, als ob ich mich in einem Raum zwischen einer linken und einer rechten Tür entscheiden muss.*

Ein Begleiter für den Alltag

Weil wir im Alltag sooft wie möglich pendeln sollten, wird sich das Pendel immer häufiger automatisch von selbst einschalten. Das Pendel im Kopf wird wie die eigene Atmung zu einem Selbstläufer. Wenn wir entspannt sind, Auto fahren, warten oder jemanden zuhören, wird sich das Pendel von alleine im Kopf hin- und herbewegen, ohne dass wir das Pendel mit unserem Willen überhaupt initiiert haben. Das Pendel wird nach und nach zu unserem ständigen Begleiter.

Weil das Pendel irgendwann anfängt, von selbst im Kopf zu schwingen, stellen sich die beiden folgenden Fragen: Wer pendelt hier wen? Pendeln wir mit unserem Willen das Pendel oder pendelt das Pendel uns?

Das Pendel möchte von selbst weiter pendeln. So, als ob es unseren Impuls aufgenommen hat und weiter schwingen möchte.

Wenn wir mit unserem Willen den Impuls zum Pendeln geben, pendelt der Impuls des Unbewussten zurück. Jede Bewegung unseres Willens erzeugt eine Gegenbewegung im Unbewussten. Ein dynamischer Prozess, der Aufbau eines Dialogs beginnt. Unser Anklopfen wird im Schlaf durch die transzendenten Träume erwidert.

Im Schlaf wird das Pendel von selbst anfangen, sich zu bewegen und sich somit automatisch in unsere Träume der REM-Schlafphase einschalten und direkt zum transzendenten Traum führen. Somit erfordert diese Reise keine besondere Form von Intelligenz, Talent, Erfahrung oder Begabung. Wie schon erwähnt, ist das Pendel an keine Form von Logik, Kausalität oder Wissen geknüpft. Daher ermöglicht das Pendeln jedem Menschen diese universelle Heldenreise.

Dabei wird der neue Takt im Kopf uns nicht nur im Alltag entspannter, sondern auch weniger vergesslich machen. Unser Erinnerungsvermögen wird sich im Alltag steigern, weil es indirekt an die geistigen Prozesse der rechten Gehirnhälfte gebunden ist.

Praktischer Nutzen Unser Erinnerungsvermögen wird sich eindeutig verbessern.

Ich glaube außerdem, dass sich so neue Möglichkeiten eröffnen, der Alzheimer-Krankheit vorzubeugen. Das Pendel sorgt für den Gleichtakt im Gehirn, was wiederum der Demenzkrankheit entgegen wirken kann oder sie erst gar nicht entstehen lässt. Aber auch bei der Epilepsie oder Parkinson kann es therapeutisch nachhaltig oder vorbeugend wirken. Aber das muss erst naturwissenschaftlich überprüft werden. Dazu bekommt das Pendeln im Kopf etwas Beruhigendes. Als ob das Unbewusste unser Freund werden würde.

Pendel führt zur innerer Ruhe

Das Pendel im Kopf wird nach und nach unseren ständigen inneren Monolog ablösen. Dabei werden unsere Gedanken ruhiger und unsere Atmung entspannt sich. Der innere Monolog, der auf Logik und Kausalität viel Wert legt, ist an Raum und Zeit geknüpft – das Pendel nicht. Wenn wir in Träumen und luziden Träumen nach und nach zum vollkommenen Stillstand kommen, muss der dynamische Charakter der Träume erhalten bleiben oder zumindest ausgeglichen werden. Die durch den inneren Stillstand freigewordene Energie wird im Alltag mit dem automatischen Pendeln im Kopf aufgefangen und fortgeführt. So ersetzt das Pendel nach und nach den inneren Monolog und führt zur inneren Ruhe und gleichzeitigen Wachheit.

> **Anmerkung**   Für das Überleben des Ichs ist es nicht so wichtig, WAS man denkt, sondern DASS man ständig denkt. Der Grund ist, dass der innere Monolog an unseren Willen geknüpft ist und somit nicht versiegen darf. Unser Wille hält uns am Leben, hält uns wach. Somit ist es aus der Sicht des Willens wichtig, dass wir stets denken und werten. Wir denken ständig, weil sonst kein Zeitgefühl in uns entstehen kann. Wir können den Gedankenmonolog nicht unterbrechen, weil er unsere Illusion von Zeit darstellt, die dann als Erfahrung im Körper abgespeichert wird. Die gesammelten Erfahrungen prägen unseren Charakter.
>
> So wie eine Lüge versucht, sich durch eine Lüge zu erhalten, versucht sich ein Gedanke durch einen anderen Gedanken zu erhalten. Unser ständiger innerer Monolog ist das Gegenteil von (innerer) Freiheit.

Wenn wir es schaffen, unseren Willen im Alltag mit dem Pendel zu fokussieren und im Traum zum Stillstand zu bringen, hört die Kausalität, der subjektive Zeitfluss auf. Es entsteht die Möglichkeit der Synchronisation, und »die Synchronizität ist das Gegenteil von Kausalität«, sagt Jung.

» Das Gegenteil von Kausalität ist die Synchronizität.

Die Synchronisation aller Situationen im Traum, in dem die Gegensätze zusammenfallen oder Eins werden, führt zur Auflösung der Traum-Fiktion. Das bringt uns den tiefer liegenden Ebenen des Seins und unserer »geistigen« Freiheit näher. Das Pendeln führt in letzter Konsequenz zur vollkommenen Aufmerksamkeit und Achtsamkeit im Traum.

Kontrolle abgeben

Wir können unsere innere Freiheit im Traum nicht erfahren, wenn wir mit unseren Gedanken die (alptraumhafte) Situation werten. Im Traum sollten wir das Nicht-Bewerten und Nicht-Denken beherzigen, um uns in die tieferen Traumbereiche fallen lassen zu können. So lernt man, sich auf die Situationen einzulassen ohne zu versuchen, sie zu kontrollieren. Werten bedeutet, die Kontrolle behalten zu wollen. Doch wir wollen uns im Schlaf so tief wie möglich fallen lassen, um unserem Urgrund näher zu kommen.

Nun folgt ein transzendentes Traumbeispiel, in dem ich mit dem Nicht-Werten Schwierigkeiten habe, da ich meinen inneren Gedankenmonolog nicht richtig zum Schweigen bringen kann, wird der Traum oft unterbrochen:

> **»Das Messer«** *Ich merke, dass ich an der Bettkante meines Bettes liege. Ich überwinde meine Angst und lasse mich fallen. Ein Sturzflug durch einen schwarzen Tunnel beginnt. Ich entspanne mich, versuche meine Wertungen zu sperren, frage mich aber, was mich am Ende des Tunnels erwartet. Direkt bei diesem Gedanken wird der Sturzflug abgebremst. Jemand nimmt mich wie ein Kind in seine Arme und bringt meinen Traum-Körper wieder zurück zum Bett. Er legt mich in meinen physischen Körper wieder hinein.*
> *Ich erwache und ärgere mich, dass der transzendente Traum beendet wurde, bevor er überhaupt beginnen konnte. Ich bin noch müde und bitte, dass er wiederholt wird. Ich schlafe direkt wieder ein.*
> *Es klappt. Ich liege wieder auf der Bettkante und lasse mich erneut durch den dunklen Tunnel fallen. Diesmal denke und werte ich nicht. Ich lande in einem Krankenhausflur. Ich sehe durch eine Scheibe zwei Ärzte in deren Behandlungszimmer und gehe hinein. Sie sind überrascht, mich hier so früh zu sehen, genauso wie ich etwas überrascht bin, dass ich hier so einfach hineinplatze. Ein Gedanke bildet sich*

bei mir, weil wir uns gegenseitig in unserer Überraschung spiegeln. Dieser Gedanke blendet den Traum langsam aus.

Ich wache wieder auf und bin abermals über mich verärgert, weil der Traum mit einem einzigen Gedanken beendet wurde. Ich merke die Anspannung in meinem Körper und bitte beim Eindämmern um einen weiteren Versuch.

Es klappt. Nochmals die Bettkante. Wieder der Sturzflug durch den Tunnel. Ich sperre meine Ängste, Gedanken und Wertungen. Ich lande auf einer Grillparty. Es ist hell und sehr real. An einem großen Esstisch sind um einen Anführer Dutzende zwielichtige und tätowierte Männer versammelt. Ich sperre direkt meine Gedanken, um die Wertungen über die Gang nicht zuzulassen. Gleichzeitig merke ich, dass ich diesen Status nicht lange halten kann. Der Anführer, der meinen inneren Kampf zu sehen scheint, kommt mir mit einer Aufforderung entgegen. Er sagt, dass ich das Messer auf dem Tisch in die Hand nehmen soll. Ich sehe ein langes Messer vor mir. Die anderen Männer nehmen nun ihre spitzen Messer in die Hände und schauen mich erwartungsvoll an. Ich befolge zügig die Anweisung des Anführers, gehe zum Tisch und nehme das Messer in meine Hand. Der Anführer befiehlt mir knapp, ich solle es in den Tisch rammen. Ohne zu zögern hole ich mit dem Messer aus. In dem Moment begeben sich blitzschnell alle Gangmitglieder hinter meinen Rücken und holen mit ihren Messern aus, um mich abzustechen. Ich weiß, sie werden es tun. Dennoch habe ich keine Angst. Ich vertraue dem Anführer und ramme das Messer in den Tisch. Im gleichen Moment stechen alle zwölf Männer kurz über meinem Steißbein in meine untere Wirbelsäule. Es entsteht kein Schmerz, dennoch bemerke ich eine Veränderung. Ich weiß nicht, was es für eine ist und ob ich mir Sorgen machen soll. Der Anführer sagt: »Das war es erst mal.« Und zu meiner Beruhigung fügt er hinzu: »Jetzt wird es dir sehr warm werden.« Er löst sich auf. Ich wache auf. Mir wird wärmer, ich habe keine Angst. Eine herrliche Energie, die von meinem unteren Rückenmark ausgeht, erwärmt meinen ganzen Körper. Es fühlt sich gut an. Der Anführer wusste, dass ich mich kaum gegen meinen inneren Monolog wehren kann. Somit hat er mit seinen knappen Anweisungen nicht lange gezögert, und ich fügte mich seinem Willen. Gleichzeitig ahnte er meine Sorgen und Ängste: Deshalb konnte er mich mit seinen Worten beruhigen und Vertrauen schaffen.

Wenn wir im transzendenten Traum reagieren oder kontrollieren wollen, wird das Unbewusste diese Übungsräume zu unserem eigenen Schutz ausblenden oder beenden. Trotzdem ist es in der heutigen Gesellschaft fast unmöglich, nicht zu werten. Wir leben in einer »Verhältnis-Gesellschaft«. Die Gedanken verhalten sich immer zu etwas, egal ob nach Innen oder nach Außen. Dabei wird der subjektive Zeitfluss gewährleistet. Indem wir uns »ins Verhältnis« setzen, führt dies in unseren Träumen zu Verzweiflung und Hektik. Das gleiche gilt natürlich auch für den Alltag. Weil man sich zu der Informationsflut aus dem Alltag und den Medien ins Verhältnis setzt und mit seinem Selbstbild vergleicht, führt dies oft zur Stagnation und dem Gefühl der Ausweglosigkeit. Ein innerer Groll macht sich nach Innen und Außen bemerkbar.

Dabei ist es irrelevant, welchen Status wir in unserer Gesellschaft haben. Ob wir uns im Internet, beim Spielen am Computer, beim Fernsehen oder anderweitig ins Verhältnis zu anderen Menschen setzen, kollabieren wir innerlich, wenn wir keine Ruhe- und Entspannungspausen einlegen.

Da wir den subjektiven Zeitfluss im Kopf nicht stoppen können, die Informationsflut im Alltag dagegen steigt und wir zu wenig Zeit haben, in unserem Inneren zu entrümpeln, ermüden wir. Wir brauchen dringend eine Pause. Hierfür gibt es neben dem Pendel im Kopf verschiedene Möglichkeiten der Meditation und des Achtsamkeitstrainings, um die Pausen zwischen den Gedanken auszudehnen.

Meine Hektik im Kopf spiegelt sich gleichzeitig in meinen Träumen wider. Das hat wiederum Auswirkungen auf meine Bewegungsenergie im Traum. Wenn meine eigene Bewegungsenergie – zum Beispiel bei meiner Flucht vor dem Drachen oder der Erfüllung eines heimlichen Wunsches – zu stark ist, fällt es mir schwer, den Traum als Traum zu enttarnen. Weil ich mich von der Fiktion im Traum emotional zu sehr vereinnahmen lasse, schaffe ich es nicht, sie zu durchschauen. Wenn die Bewegungsenergie schwächer wird, fällt es umso leichter, die Änderung der Bewegungsrichtung mit der Aktiv-Passiv-Regel im Traum einzuleiten.

Bevor ich vom Pendeln im Kopf erfuhr, hatte ich im Alltag etwas anderes für mich entdeckt, um die Wertungen im Alltag abzuschwächen und so die Bewegungsenergie im Traum (indirekt) zu besänftigen. Für den Anfang ist diese alltägliche Übung praktisch und effizient, später werden wir sie nicht mehr brauchen. Um dem ständigen Werten, Bewerten und Denken im Kopf vorzubeugen, habe ich angefangen, im Alltag zu zwinkern.

Hektik im Kopf

Simples Augenzwinkern ist meine Pause, die Bremse für meine Hektik im Kopf, die mir den Weg zu den transzendenten Träumen geebnet hat. Das Sperren der eigenen Wertungen im Alltag ist erforderlich, um die transzendenten Träume mit ihren ersten Übungslektionen nicht zu schnell auszublenden.

Das Besondere am Augenzwinkern ist, dass es (an sich) autark vom Körper (fast wie das Pendel im Kopf) wirkt. Für Querschnittsgelähmte, die nicht essen und nicht reden können und noch dazu an eine Beatmungsmaschine angeschlossen sind, ist das Zwinkern das einzige Werkzeug, was ihr Inneres mit ihrer Außenwelt kommunizieren lässt. Das Zwinkern ist meiner Ansicht nach auf einer tieferen Ebene von noch größerer Bedeutung. Dem gleichzeitigen Schließen der Augen, folgt der Fokus unserer Augen. Es wird für einen Moment nicht mehr fokussiert, also gewertet. Wir entkoppeln für eine Mini-Sekunde das Außen von Innen. Wir unterbrechen den Zwang zu fokussieren und lassen uns in diesem Moment fallen. Das Gleiche tun wir im Schlaf. Wir nehmen eine Auszeit.

> » Simples Augenzwinkern entkoppelt uns vom Zwang zu fokussieren.

Auch wenn es nur ein Zwinkern ist, aber der stete Tropfen höhlt den Stein. Es geht nicht darum, mehr zu zwinkern, sondern das bereits bestehende Zwinkern für uns zu nutzen, die Aufmerksamkeit darauf zu lenken, das schon bestehende Augenzwinkern für das Wegblenden unserer Gedanken zu konditionieren, den Zwang, gedanklich zu fokussieren, zu entkräften.

Jede emotionale Fixierung unseres Willens führt zur Bewegung im Traum. Je stärker unsere Fixierung ist, umso alptraumhafter wird die Situation. Unsere emotionale Fixierung ist somit auch für das Ausmaß unserer Verzweiflung im Traum verantwortlich.

Je mehr wir unsere Fixierung im Traum entspannen, desto mehr wird die Alptraumsituation entschärft. Indem wir anfangen, die Situation entspannt zu beobachten, verliert sie an Kraft. Sie wird sich zu uns verhalten, weil wir es selbst sind.

Leider hat man im Alptraum viel zu selten die Ruhe und Gelassenheit, der eigenen Angst so direkt ins Auge zu schauen. Deshalb gebe ich Ihnen für den Anfang den Rat, alles, was Sie im Alltag anspricht oder abstößt, wegzuzwinkern, damit sich durch diese Fokussierung die Emotionen, Stimmungen und der Wunsch nach Kontrolle im Körper nicht weiter zu einem Zwang oder zu einer Sehnsucht aufbauen. Lassen Sie durch das Zwinkern die wertende Fixierung fallen, drücken Sie auf diese Weise im Alltag auf die Bremse.

Am Anfang war diese Technik für meinen Körper etwas ungewohnt, weil er nicht wusste, wohin er seine aufgestauten Emotionen leiten sollte. Eine Verzweiflung, eine Unruhe machte sich in meinem Körper breit. Doch das gehörte dazu und ließ bald nach. Die aufgestauten Emotionen und Stimmungen flossen wieder in meine Träume ein. Ich konnte mich dort aktiv den aufgestauten Emotionen stellen. Das Verdrängte kehrte im Traum zurück. Und ich konnte den Traum noch schneller als einen Klartraum erkennen.

Anleitung   Wenn wir im Alltag durch eine Straße gehen, können wir jede Wertung mit dem Zwinkern ausblenden. Egal, ob es sich um einen verlotterten Fußgänger, ein heruntergekommenes Haus, ein schickes Auto, eine schöne Frau oder einen fettleibigen Mann handelt. Wirken wir dem aufkommenden Gedanken und der anschließenden Emotionalisierung im Körper entgegen. Sperren wir den Gedanken mit einem Augenzwinkern.

Jede emotionale oder rationale Wertung der Verhältnisse, egal ob in eine positive oder negative Richtung, führt im transzendenten Traum zu einer starken Selbstdemütigung oder Demütigung anderer Figuren und schließlich zum Abbruch des Übungsraums. Sehen wir das Zwinkern als einen weiteren Kniff an, die späteren transzendenten Träume so lange wie möglich aufrechtzuerhalten.

Gedanken und Wertungen anerkennen

In der zweiten Hälfte der Heldenreise werden wir das Zwinkern nicht mehr brauchen. In den fortgeschrittenen Träumen und den tieferen transzendenten Träumen geht es nicht mehr darum, die Gedanken abzublocken, sondern die Gedanken und Wertungen anzuerkennen: so wie sie sind. Wir können dann unseren inneren Monolog besser beobachten und vorbeifließen lassen, ohne uns von ihm bestimmen zu lassen. Das ist die gängige Praxis im Zen-Buddhismus. Wir dürfen nicht vergessen, dass auch die Ich-Gedanken jeglicher Energieform »göttlicher« Natur sind. »Sei dankbar für jeden (Gedanken), der kommt, denn ein jeder ist dir von oben gesandt, um dir den Weg zu weisen«, schreibt Dschalal ad-Din Rumi, der ein persischer Sufi-Mystiker, Gelehrter und einer der bedeutendsten persischsprachigen Dichter des Mittelalters war.

Wir können daher unsere negativen Gedanken als einen Hinweis betrachten, dass in unserem Geiste etwas aus dem Lot geraten ist. Die negativen Gedanken und Emotionen meinen es also nicht schlecht mit uns, sondern zeigen uns, dass wir in diesem Moment nicht genügend Liebe und Wahrheit zulassen. Wir sind dann nicht im Hier und Jetzt. Dem muss man sich stellen. So können uns diese Gedanken auf den Weg der Liebe zurückführen. Diese Gedanken zu erkennen, wertfrei zu beobachten und vorbeifließen zu lassen, ist das Ziel vieler Meditationspraktiken.

Wir können die Gedanken nicht ganz stoppen, doch die Gedanken werden ruhiger und leiser und unsere Bewegungsenergie in den Träumen milder. Die Einleitung unseres »Ich-Tods« wird uns leichter fallen. Dafür werden empfindsamere und intuitivere Gedanken nicht nur im Alltag, sondern auch in unseren Träumen aufsteigen. Gedanken sind Energien, sie werden universell und schöpferisch. Die vom Ego ausgehenden Gedanken werden abgetragen und die universellen und intuitiven nehmen diesen Platz ein. Sie durchfließen uns wie Energie.

Praktischer Nutzen Wir werden einfallsreich und finden praktische Lösungen für die Herausforderungen unseres Alltags.

Ein tibetanisches Sprichwort lautet: »Je mehr Weisheit, desto weniger Gedanken.« Daher werden wir uns in unseren Träumen zunehmend unserer inneren Weite und Weisheit bewusst, weil wir uns durch die Wertungen und Prägungen unserer Vergangenheit nicht mehr einschränken.

Jede Bewertung und Wertung, egal ob positiv oder negativ, basiert auf der ständigen Grundangst, falsch zu liegen. Unsere Angst blendet den Übungsraum aus, denn Angst ist das Gegenteil von Selbstvertrauen und wir brauchen so viel gesundes Selbstvertrauen wie möglich auf dieser Reise.

Eine weitere Möglichkeit, um sich im Kopf zu entschleunigen, ist der Versuch, dem nächsten Gedanken entgegenzuwarten. Wir können unseren nächsten Gedanken oder unseren inneren Monolog nicht selbst erdenken. »Kein Denken«, so der Philosoph Karl Löwith »lässt sich erdenken.« Ein Gedanke ist nämlich die Angst oder der Wunsch vor etwas oder nach etwas, dass uns passiert, also unserem Körper zustößt.

> » Der Gedanke stößt uns zu.

Der Gedanke findet uns und nicht umgekehrt. Deswegen sollten wir aufpassen, dass wir nicht auf den ersten Gedanken, der aufkommt, hereinfallen. Er könnte zu einem Reinfall werden. Uns kann, weil wir voreilig sind, etwas zustoßen.

Das gleiche gilt für alle Träume. Unser Werten, unsere kausale Logik und somit unser Denken sind am Ende dafür verantwortlich, wenn uns etwas zustößt. Da wir etwas erwarten oder vermeiden, wird es uns im Traum zustoßen. Der Buddhismus findet: Alles was man denkt, erzeugt Leid. Dies gilt besonders für die tieferen Ebenen. Unserem Traum-Ich wird Leid angetan, wenn wir werten. Meister Eckhard, der ein einflussreicher spätmittelalterlicher Theologe und Philosoph war, formuliert es etwas feiner: »Die Liebe beginnt da, wo das Denken aufhört.« Fernando Pessoa, ein portugiesischer Dichter, der zu den bedeutendsten Autoren des 20. Jahrhunderts zählt, unterstützt Meister Eckhards Erkenntnis mit seiner Feststellung: »Denken heißt zerstören. Der Denkvorgang opfert den Gedanken, denn Denken heißt auseinandernehmen.« Das ist einer der Gründe, warum in Träumen so viele zerstörerische Kräfte aufkommen.

Den inneren Monolog und somit den eigenen Willen im Traum aufzugeben, bedeutet, sich von der eigenen Vergangenheit und dem eigenen Charakter zu trennen und somit die innere Freiheit, das »Jetzt«-Erleben, zuzulassen.

Wann immer der innere Monolog aufhört, bricht die Welt zusammen und außerordentliche Seiten unseres Selbst werden sichtbar, als wären sie von unseren Worten, Gedanken und Emotionen streng bewacht gewesen. Diese außerordentlichen Seiten werden im nächsten Kapitel der transzendenten Träume in uns erwachen.

Tipps – Im Alltag

Bevor wir zum nächsten Kapitel übergehen, fasse ich kurz die bisher wichtigsten Erkenntnisse zusammen, damit Sie im Schlaf das Reich der transzendenten Träume noch rascher betreten können.

> » Ein Traumtagebuch, in dem wir unsere Träume notieren, um die aktive Wiederholung der (Alp-)Träume zu beschleunigen.
> » Unsere Bewegungsrichtung im Traum und Klartraum mit der aktiven Imagination umkehren, damit ein Alptraum sich wiederholen kann. Kurz: Aktiv-Passiv-Regel beherzigen.
> » Das horizontale Pendeln im Kopf, damit es sich im Traum dazuschaltet. Gleichzeitig ermöglicht es die Synchronisation der beiden Gehirnhälften, die die Sogwirkung im Schlaf nach Innen vertieft.
> » Das Nicht-Werten im Alltag. Die praktische Methode des Augenzwinkerns lässt die gedankliche Fokussierung im Alltag fallen und schwächt die Bewegungsenergie in den Träumen ab.
> » Unseren Körper und unsere Psyche lassen wir (vor dem Einschlafen) etwas zur Ruhe kommen. Autogenes Training oder die ersten drei Stufen der bereits bekannten Selbsthypnose sind dafür hilfreich. Für beide Methoden findet man im Internet einfache Anleitungen. Aber auch Yoga, Achtsamkeitstraining, Zen-Meditation, Beten und Tai Chi helfen.

KAPITEL III
TRANSZENDENTER TRAUM

»In jedem von uns ist auch ein anderer, den wir nicht kennen.«
Carl Gustav Jung

Unsere Initiation mit dem Tod im Traum lässt uns die Anfänge des transzendenten Traums betreten. Hier gilt es zu lernen, unserem Unbewussten zu vertrauen. Das Unbewusste kennt keinen Widerspruch, keine Gegensätze: Es wertet nicht. Für das Unbewusste sind der Tod und das Leben dasselbe. Weil wir aber im Traum mit unserem freien Willen die Richtung des entspannten »Sterbens« anpeilen und so den Tod des Ichs im Traum einleiten können, wird das Unbewusste uns auf der anderen Seite (nämlich der rechten Gehirnhälfte) in den Übungsräumen der transzendenten Träume zum Leben erwecken, wieder aufwachen lassen. Eine spirituelle Wiedergeburt im Schlaf ist möglich.

Wir wollen den transzendenten Traum jedoch nicht nur als eine spirituelle Geburtsstätte betrachten, sondern auch als einen weiteren Übungsraum, der die Schulung unserer intuitiven und geistigen Fähigkeiten möglich macht. Dabei stellen sich die folgenden Fragen: Wer oder was bin ich, der hier wiederaufersteht oder aufwacht? Und wie kann ich die (harten) Prüfungen, die mich noch erwarten, meistern?

Ein fiktiver Übungsraum

Ein Blick in den Raum ist gleichzeitig ein Blick in die Vergangenheit. Raum (auch im Traum) ist sichtbar gewordene Zeit, jedoch nur in die eine Richtung: in die Vergangenheit.

Im Schlaf können wir uns den Lektionen der persönlichen Aufarbeitung unserer Vergangenheit stellen. Wir können uns unseren aus der Vergangenheit bedingten Ängsten, Wünschen, Zwängen und Sehnsüchten in einem fiktiven geschützten Übungsraum zuwenden. Hier werden wir alle Lektionen und Herausforderungen meistern, weil sie menschlich sind. Menschlicher als wir glauben. Aber wie können wir uns diese virtuellen Übungsräume der transzendenten Träume vorstellen?

Dafür ein Beispiel, wie ich sie mit Hilfe eines luziden Traums betrete und wie die transzendenten Übungsräume zu verstehen sind. Gleichzeitig wird einem die Angst vor weiteren Übungsräumen genommen.

»*Der Architekt*« *Ich wache im Bett meiner Eltern auf und bin mir direkt des luziden Träumens bewusst. Ich springe durch das Fenster, versuche irgendwelche Figuren in der Umgebung zu finden – keine da. Ich fliege zum Himmel und begebe mich in den Sturzflug. Bevor ich auf den Boden pralle, mache ich die Augen entspannt zu, um die »andere« Seite zu betreten.*

Ich wache im selben Bett auf, weiß allerdings, dass ich nun in einem transzendenten Traum bin. Alles wirkt schemenhaft und etwas dunkler, aber realistischer als der luzide Traum zuvor. Ein Mann sitzt direkt an meinem Bett. Er sieht wie ein Architekt aus. Aus bereits gesammelter Erfahrung vertraue ich ihm. Er sagt zu mir: »Wir können dir einen Vorschlag machen: Wir können dir jede Situation nachstellen, vor der du dich fürchtest. Du kannst dir also eine dir beängstigende Situation aussuchen und wir bauen diese für dich nach, damit du dich deinen Ängsten stellen kannst.« Er ist sehr freundlich und geduldig, redet mit mir wie mit einem Kind. Ich frage ihn: »Egal welche?« Er antwortet: »Nein, manche Ängste können wir nicht nachstellen.« Aber welche es sind, verrät er mir nicht. Er fragt mich, wovor ich persönlich Angst habe. Etwas hastig sage ich: »Der Quarterback beim American Football zu sein. Das würde mir Angst machen.« »Okay«, sagt er und skizziert auf seinem Block schnell den Umriss eines Footballfeldes mit dem dazugehörigen Stadion, Spielern und Zuschauern. Ich finde die Zeichnung gut getroffen. Er meint: »Von der Größenordnung ist es kein Problem. Ich werde mich darum kümmern.« Er löst sich auf.

Ich wache in der Realität auf. Dabei bin ich gespannt auf die nächsten Aufgaben. Er kreiert für mich die Simulationen und erlaubt mir, mich meinen Ängsten in seinen geschützten Räumen zu stellen.

Es gibt ziemlich viele dieser transzendenten Träume, in denen mir versichert wird, dass alles um mich herum eine Fiktion ist, eine individuelle Übungsmatrix – genauso wie bei den Klarträumen. Meiner Erfahrung nach besteht hier die Möglichkeit, in geführten

Übungsräumen »rückwärts« zu lernen. Neuropsychologen sprechen vom Lernen und »Entlernen« eines Gefühls. So kann ich meine Prägungen, Ängste und Sehnsüchte nach und nach abschwächen und dadurch meinem liebenden und leuchtenden Kern immer näherkommen.

Wenn wir es geschafft haben, uns im Traum und Klartraum mit unseren Gegnern auf den ersten Ebenen zu versöhnen, werden wir bereits nach paar Monaten zu den transzendenten Träumen eingeladen. Falls wir schon mit luziden Träumen vertraut sind, wird es sich innerhalb von wenigen Wochen ereignen, dass uns unser Unbewusstes zu den fiktiven Übungsräumen führt. Natürlich nur, wenn wir in den luziden Träumen unsere Bewegungsrichtung radikal umkehren.

Auch hier gilt es, den inneren unbewussten Kräften ohne Zweifel zu vertrauen. Und falls in uns Angst oder Zweifel aufsteigen, weil wir noch nicht genügend Vertrauen in uns gefunden haben, wird sich der transzendente Traum im Schlaf zu unserem Selbstschutz ausblenden. Wenn wir wieder so weit sind, stellt sich der transzendente Traum erneut für uns ein.

Das Unbewusste entscheidet zu unserem eigenen Schutz, wann die Zeit reif dafür ist, dass wir uns mit unseren Ängsten beschäftigen – oder nicht. Aber da wir uns mit unserem Unbewussten beschäftigen, wird es uns entgegenkommen. Wenn wir mit dem Pendel im Kopf anklopfen, wird uns geöffnet, indem wir bitten, wird uns gegeben. Durch unser Vertrauen in das Reich der transzendenten Träume, in dem alles gut wird, egal wie beängstigend die Situationen sind, wird uns das Unbewusste die tieferen Ebenen zu unserem wahren Selbst öffnen. Wir müssen auf diesen Ebenen nichts tun, nichts erlernen, nichts wegnehmen und nichts hinzufügen. Wir vertrauen nur.

Schwebender Zustand

Im Schlaf beginnt sich mein Körper auf dem Bett leicht hin und her zu bewegen, ohne dass ich zuvor einen Alptraum oder luziden Traum erlebt habe. Die Bewegung ist am Anfang minimal, wird dann stärker. Das Bett oder ich vibrieren. Ich stelle fest, dass ich mich in einem bestimmten Zwischenstadium des eigenen Bewusstseins befinde. In diesem Zwischenstadium wirkt mein Bett, mein

Zimmer echt, aber es ist nicht richtig real und am Anfang etwas beängstigend, weil alles schemenhaft und dunkler erscheint. Ich brauche keine Angst davor zu haben, es ist normal. Ich bin mir jedoch etwas unsicher, ob mein Bett oder mein Körper vibrieren. Während des Schlafs befinde ich mich nun direkt auf der Schwelle zu meiner rechten Gehirnseite.

Ich bin in einer »Trance«. Trance bedeutet übersetzt schwingende Körperbewegung. Um in die tieferen Trancezustände im Schlaf zu kommen, gebe ich mich dieser schwingenden oder schaukelnden Körperbewegung hin. Nicht umsonst lassen sich die Schamanen durch schwingende, rhythmische und kreiselnde Tanz- und Körperbewegungen in tiefe Trancen fallen, um mit der geistigen Welt in Kontakt zu treten. Mit dem schwingenden Pendel im Kopf werde ich in Träumen diese verlorenen Talente wiederentdecken. Ich stelle mir einfach vor, dass mein Selbst ein »Hypnotiseur« oder ein »Schamane« ist und mich in eine tiefe Trance schwingt. Dabei muss ich ihm nur vertrauen. Auf die Schwingungen habe ich keinen Einfluss und wenn ich Angst bekomme, wird die Trance abgebrochen. Also lasse ich das »Schaukeln« oder »Vibrieren« zu und vertraue meinem Selbst.

Wenn ich mich der Schwingung hingebe, steigt mein Traumkörper langsam empor und schwebt über meinem Bett. Ich bleibe einfach entspannt. Ich brauche dafür viele Versuche, weil ich es nicht gewohnt bin, auf diesen Ebenen über dem Bett zu schweben und die Kontrolle über den eigenen Körper zu verlieren. Diese Traumebenen wirken und fühlen sich real an – realer als jeder Klartraum. Die sinnliche Wahrnehmung ist in diesem Zustand viel stärker als sonst, deshalb scheitere ich oft, weil das Schweben über dem Bett ungewohnt ist. In den Klarträumen fliegt man angstfrei wie »Superman«. Auf diesen Ebenen ist das Gefühl völlig anders, weil sich die kleinste Schwebebewegung echt anfühlt. Dieses Körpergefühl besteht bei den Klarträumen nicht, es sei denn, man konzentriert sich auf ein Körperempfinden. Man ruft es mit seinem Willen hervor, und es wird einem versinnbildlicht: Der Wille erzeugt das Ergebnis.

Daher sind in den transzendenten Träumen alle körperlichen Eigenschaften bis zu einem gewissen Grad eingeschaltet, und die Angst vor Schmerzen ist präsent. Sobald wir der Situation vertrauen und uns auf sie einlassen, wird es keine Schmerzen mehr geben. Wenn wir aber versuchen, mit unserem Willen etwas zu manipulieren, blendet sich dieser Zwischenbereich, der zu den transzendenten Träumen führt, sofort aus.

Wir ärgern uns beim Aufwachen, weil wir es nicht geschafft haben, uns entspannt auf den schwebenden Zustand der Trance einzulassen. Ich brauche Wochen, um mir die Angst vor dem Schaukeln und Schweben über dem Bett zu nehmen.

Bei diesem Vorgang handelt es sich nicht um außerkörperliche Erfahrungen. Bei außerkörperlichen Erfahrungen ist es möglich, mit dem eigenen Traum-Körper, der oft als Astralkörper, Geistkörper oder subtiler Körper bezeichnet wird, den physischen Körper im Schlaf zu verlassen. Wir verlassen den Körper nicht, denn das ist nicht das Ziel der transzendenten Träume. Es geht um eine Reise nach Innen. Auch dieser schwebende Vorgang ist nur eine Übungssimulation, genauso wie das eigene Traumbewusstsein und der Traumkörper eine Illusion im Schlaf sind.

So bewegen wir uns wieder in einem fiktiven Übungsraum des Schlafes. Die Frage ist erneut, ob wir dieser kreierten Simulation, die das Unbewusste für uns erschafft, vertrauen können. Hat man den Mut, sich darauf einzulassen, sich über dem Bett schweben zu lassen? Je mehr Vertrauen wir entwickeln, desto stärker schwindet unsere Angst. Wenn wir in den luziden Träumen wie »Superman« fliegen können, warum sollten wir uns vor dem Schweben über dem Bett ängstigen? Nur weil es sich realistischer anfühlt? Auch hier ist die Anwendung der aktiven Imagination hilfreich, um sich die reale Angst vor dem Schaukeln und Schweben zu nehmen.

Nachdem ich von meinem Bett langsam schaukelnd in die Luft emporsteige und dem Zustand vertraue, schwebe ich mit meinem Kopf langsam in Richtung Decke, an die Wand oder auf die Kante eines Schranks zu. Weil ich aber die Wand als Wand und den Schrank als Schrank werte oder wahrnehme, stoße ich mir den Kopf daran und wache auf.

Der Schmerz scheint real, ist jedoch nur eine Einbildung, und resultiert nur daraus, dass ich ihn erwarte. Es gibt keine Wand, keinen Schrank, genauso wenig wie es meinen Körper gibt. Deswegen ist es wichtig, alle Wertungen, alles Wissen um körperliche Erfahrungen und Erwartungen fallen zu lassen.

Das Nicht-Denken, das Nicht-Werten und besonders das Nicht-Erwarten ist hier die Grundvoraussetzung, um diese Ebenen für sich weiter zu erschließen. Jede erwartende Haltung beinhaltet auch Enttäuschung und Angst. Wenn sich unsere Erwartungen und Ängste legen, werden wir wieder in die Übungssimulationen eingeladen.

Das Traum-Ich ist der Geist

Wenn wir uns körperlich verhalten, wird sich die Situation auflösen und wir wachen auf. Lassen wir unseren Körper, unsere dreidimensionale Logik los und erinnern und gewöhnen uns daran, dass wir im Traum bereits ein »geistiges« Wesen sind. Das ist der Trick.

Wir sind durchsichtig, formlos, zeitlos, vielfältig, alles und nichts, jeder und keiner.

Das ist der Weg, den wir als Held gehen. So gelingt es, uns von allen irdischen Ängsten und Anhaftungen schrittweise in den Träumen und auch den transzendenten Träumen zu befreien.

Auch in den luziden Träumen davor können wir auf diesen Trick, ein »Geistkörper« zu sein, zurückgreifen. Schwierigkeiten tauchen dann auf, wenn wir uns nach den Wünschen und Ängsten unseres physischen Körpers richten. »Solange man glaubt, der Handelnde zu sein, gibt es Wünsche und Individualität. Wenn das verschwindet, leuchtet das Selbst auf«, sagt Ramana Maharshi, ein indischer Heiliger und einer der berühmtesten Weisen des 20. Jahrhunderts.

Daher müssen wir uns von dem menschlichen und körperlichen Verständnis von Raum und Zeit befreien, sonst ärgern wir uns, wenn sich der Traum wieder ausblendet. Dies bedeutet, wir haben eine Gelegenheit ausgelassen, uns unseren heimlichen und unterdrückten Ängsten / Sehnsüchten in einem fiktiven Übungsraum zu stellen.

> » Weil das Traum-Ich bereits der Geist ist, sind es unser Körper, unser Charakter, unser Wille, die uns von unserem höchsten Selbst trennen.

Um die Anfänge der transzendenten Träume im Schlaf anzukurbeln, stellen wir uns unser Selbstbild in der aktiven Imagination als einen »Geist« vor, um uns die Angst vor körperlichen Schmerzen zu nehmen. Stellen wir uns vor, dass wir durch die Gegenstände hindurch fliegen können. Wenn unsere Angst vor dem Schmerz nachlässt, spüren wir auch keinen. Daraufhin werden wir wieder eingeladen, in unserem fiktiven Zimmer über dem Bett zu schweben. Weil wir es zulassen, durch Schränke, Tische und Stühle hindurchzufliegen, wird aus der anfänglichen vibrierenden Körperschwingung eine Rotationsbewegung. So wie die Schamanen um ihre eigene Achse tanzen, geschieht dies hier auf der horizontalen Ebene.

Ich fange an, mich um meine eigene Achse zu drehen. Auch dieses Prinzip erkenne ich an. Nach etwas Übung wird meine Rotation immer schneller. Ich werde wie ein Geist durch die Wände, Stühle, Schränke, durch die gesamte Möblierung bis zu einer maximalen Geschwindigkeit hindurch gedreht. Das Rotieren um meine körperliche Achse befreit mich von meiner Anhaftung von »Form und Raum« und initiiert einen Strudel zu meiner Reise nach Innen, um mich von meiner Anhaftung von »Zeit« zu befreien.

Schwarzer Tunnel

Wenn wir uns von unserer körperlichen Ängstlichkeit und Anhaftung durch das Zulassen des Rotierens über dem Bett befreit haben, werden wir durch einen schwarzen Tunnel fliegen oder stürzen. Oder wir geraten in einen Sog oder Strudel, der in die Dunkelheit hineinrast. In den luziden Träumen hatten wir die Möglichkeit, uns von Klippen, Bergen oder Hochhäusern in die Tiefe zu stürzen. Jetzt können wir die Chance nutzen, uns in den Abgrund fallen zu lassen. Die luziden Träume bereiten uns auf den Freisturz durch den Tunnel vor.

Ich brauche wieder Wochen, um mich der Angst meines freien Falls hinzugeben, denn er wirkt viel körperlicher und echter als in den luziden Träumen zuvor. Jetzt geht es darum, sich von der Einbildung des subjektiven Zeitempfindens zu trennen.

Ich befürchte beim Fallen, dass der dunkle Tunnel unendlich lang sein könnte, denn er steht für meine Einbildung von Zeit. Der Fall wird durch die Dunkelheit immer schneller. So erlebe ich hautnah, wie die Zeit »verfliegt«.

Ich entspanne mich, die Zeit ist nun mal unendlich. Ich brauche keine Angst zu haben, dass durch die zunehmende Geschwindigkeit meine Zeit begrenzt sein könnte. Ich fürchte mich vor der Zeit nicht, ich selbst bin die Zeit. Wenn ich mich der maximalen Geschwindigkeit hingebe, wird meine Anhaftung an Zeit aufgehoben werden. Das entspannte Zulassen des freien Falls durch den Tunnel löst meine Vorstellung von Zeit auf. Nun schließe ich einfach die Augen und was auch kommen mag, ich vertraue der Situation und lasse sie zu. Es kann mir nichts passieren.

Im Mythos wird dieser Urgrund, auf den wir zustürzen, der »Abgrund der Unendlichkeit« genannt. Bei Johannes vom Kreuz, ein Mystiker und Kirchenlehrer, ist es der »Abgrund der Dunkelheit« und bei den Buddhisten der »Abgrund des absoluten Nichts«. In der Hollywood-Dramaturgie steigt der Held nun in das Land der Toten, in die Unterwelt ab. Der Held betritt »den dunklen Bereich ... der psychischen Unterwelt«, schreibt der Psychoanalytiker Dr. Joseph Henderson.

Als Held lassen wir uns in das Tohuwabohu hinab sinken, in die gestaltlose Leere am Beginn jeder Schöpfung. Die alten Griechen nannten es das Chaos, das »aller Weltgestaltung zugrunde liegt, aus dem sich alle bestimmten Gestalten erheben, das man aber nur erreichen kann, wenn man aus der Sinnenwelt – aus dem Ich und der sogenannten Wirklichkeit – heraustritt und in einen anderen Zustand kommt«, schreibt Rudolf Steiner.

Lasst uns das körperliche und das zeitliche Ich aufgeben und darauf vertrauen, dass das, was wir am äußersten Ende des Dunkels, auf dem tiefsten Grund des Abgrunds, im Bauch des schrecklichen Meeresungeheuers finden, gut ist – und gut tut.

> **Anmerkung** Nachdem ich bereits mehrere Erfahrungen mit dem Schweben, Rotieren und Fallenlassen gesammelt habe, werde ich an manchen Tagen plötzlich müde, als ob ich zu den transzendenten Träumen gerufen werde. Dafür lege ich mich zu einem Mittagsschläfchen hin. Indem ich langsam in die Trance oder in den Schlaf hinab gleite, fokussiere ich im Dunkeln einen auftauchenden hellen Punkt und bringe ihn zum Rotieren. Er wird mich in den Schwebezustand bringen, der in den freien Fall

durch den Tunnel übergeht. Oder ich habe das mulmige Gefühl, auf meiner Bettkante zu liegen. Ich habe Angst herunter zu fallen, dann lasse ich mich einfach wieder fallen. Ich stürze direkt durch den schwarzen Tunnel, um die tiefere Ebene zu erreichen. Wir erhalten nach und nach auch viele Visualisierungshilfen. Das Unbewusste wird mit viel Phantasie, unserer Phantasie, auf uns zukommen. Aber es wird stets darauf achten, das unser Verständnis von Logik und Kausalität, also von Zeit und Raum, in den uns bekannten Elementen erhalten bleibt. Diese Grenze wird die andere Seite, unser Selbst, nie überschreiten. Die andere Seite wird stets darauf achten, dass wir weiterhin Vertrauen in uns haben und es weiter in uns auf- und ausbauen. Es wird sogar noch besser. Wir stellen fest, dass wir nie allein waren und allein sein werden. Jemand tief in uns passt auf uns auf, den Gesetzen der Natur treu dient, fair und geduldig zu uns ist und unseren Willen respektiert.

Ankunft des Helden und die erste Prüfung

Nachdem wir uns auf den Ebenen zuvor von unserer Vorstellung und Anhaftung von Raum und Zeit befreit haben, wird es ruhig um uns. Wir können die Augen öffnen. Wir erwachen vielleicht in einer Stadt oder auf einer Wiese, wo es friedlich ist und wieder Vertrauen in uns wächst. Manchmal bekommen wir die schönsten Landschaften zu sehen. Sie sind realer als die Realität und schöner als jedes Gemälde. Es herrscht tiefster Frieden. Wir werden für unseren Mut belohnt. Jedoch sind diese Räumlichkeiten auch nur eine Illusion, eine Einbildung. Es ist auch ein Übungsraum, der nur realer und sinnlicher wirkt, als alle zuvor. So kann man sich tieferen Schichten der Psyche im Körper widmen.

Nachdem wir uns an die herrlichen Landschaften und den Frieden gewöhnt haben, werden wir unsere erste Aufgabe erhalten, unsere erste Prüfung bestehen. Später wird das Schweben über dem Bett, das Rotieren und der freie Fall übersprungen und wir wachen direkt in einem transzendenten Traum auf. Dafür leistet unser Pendel im Kopf zunehmend seinen Beitrag.

Aber bis es soweit ist, lassen wir uns auf die Spielregeln ein, also über dem Bett schweben und uns rotieren lassen, um uns dann in den freien Fall zu schicken. Einfach hundert Prozent vertrauen, damit wir den Wechsel auf die andere Seite meistern können, denn wir sind auf allen Ebenen der Regisseur, Produzent, Autor und der Held unserer eigenen Erfahrungen.

Fast ein halbes Jahr ist vergangen, seitdem ich meine ersten Erfahrungen mit der aktiven Imagination gesammelt habe. Ein halbes Jahr hört sich viel an, aber wir schlafen ohnehin jede Nacht. Alles andere passiert automatisch.

Im Folgenden stelle ich meine erste Prüfung im transzendenten Traum vor.

> **»Der Kobold«** Ich liege in meinem Bett und bin in einer tiefen Trance. Als ich tief in mich hineinlausche, höre ich Stimmen von Freunden, die ich kenne. Sie wollen mich vor etwas warnen, rufen mir etwas Unverständliches zu. Ich bin etwas besorgt, lasse aber die Angst zu: ich weiß, dass ich die Stimmen im meinem tiefsten Inneren selbst bin. Ich gehe darauf ein und lasse mich herbeirufen. Ich fliege durch einen schwarzen Tunnel. Es wird sehr schnell und ich schließe meine Augen. Ich entspanne mich ganz und öffne sie wieder. Ich liege in meinem Bett, aber es wirkt alles schemenhaft. Ich höre von irgendwoher eine verrückt gewordene Stimme, die mich auslacht. Ich entspanne mich weiter. Dabei fange ich an, über dem Bett zu schweben und das Rotieren um die Achse beginnt. Dabei drehe ich mich über dem Bett, jedoch um alle meine Achsen und werde immer schneller – mindestens 200 Kilometer pro Stunde. Ich lasse meine Angst los, denn mein Traum-Ich ist schon der Geist. Es gibt keinen Raum und keine Zeit. Es wird wieder still und friedlich in meinem Zimmer. Alles wirkt fast photorealistisch. Aus der Dunkelheit stellt mir die verrückt gewordene Stimme meine Aufgabe und sagt zu mir: »Du darfst mich nicht verlieren und musst mich fangen.« Ich sehe eine schemenhafte Gestalt aus meinem Zimmer durch das Fenster springen. Ich weiß, dass ich ihr sofort folgen muss, um sie nicht zu verlieren. Ich verfolge sie durch das Fenster, doch ich bin im 3. Stock. Ohne Angst springe ich ihr hinterher und lande auf dem Rasen, ohne dass mir etwas passiert. Die Gestalt ist genauso schnell wie ich. Wir kommen an ein Haus auf einer Waldlichtung. Weil ich die Figur

nicht einholen kann, und wir immer wieder ums Haus rennen, komme ich auf den Trick, ihr hinterher zu fliegen. Aber das Fliegen nützt nichts, weil sie so schnell ist wie ich. Also lasse ich mich wie ein Geist durch die Wände und geschlossenen Türen des Hauses hindurch fliegen und bekomme sie auf der anderen Seite des Hauses zu fassen. Erst jetzt erkenne ich mein Gegenüber: Es ist ein kleiner Kobold, der wie verrückt lacht. Ich lasse ihn nicht mehr los. Er ist in seinem Wahn gefangen, aber ich habe keine Angst vor ihm. Er holt eine kleine Benzinflasche aus seiner Hosentasche, begießt uns mit dem Benzin und holt ein Feuerzeug heraus, um uns anzuzünden. Ich lasse es geschehen, vertraue ihm einfach und halte still. Mein Körper fängt an zu brennen, ich spüre keine Schmerzen. Ich bleibe ruhig und danke ihm für sein Auftauchen. Ich wache langsam in der Realität auf. Meine Augen sind noch geschlossen. Es riecht leicht verbrannt, aber sonst ist alles in Ordnung. Ich öffne meine Augen. Alles ist friedlich. Ich empfinde eine tiefe Ruhe in mir, als ob diese verrückte Stimme in meinem Kopf für immer ausgebrannt worden wäre. Ich ahnte gar nicht, dass sie in mir existierte. Der leicht verbrannte Geruch in meiner Nase verschwindet.

Es liest sich alles schlimmer als es ist. Wir brauchen keine Angst davor zu haben. Wir werden unsere Heldenreise auch genießen. Wir werden nicht nur für unseren Mut belohnt, sondern haben auch viele Erfolgserlebnisse. Die Freude und Euphorie über die bestandenen Aufgaben können wir in den Wachzustand mitnehmen.

Meistens handelt es sich bei den Aufgaben und Prüfungen um eine Eins-zu-Eins-Auseinandersetzung mit einer Figur, einem Tier oder etwas anderem. Mit allen müssen wir uns beschäftigen und schlussendlich in uns anerkennen. Aber es sind stets nur Symbole, denn auch hier existieren weder Raum noch Zeit. Somit gibt es in den transzendenten Träumen genauso wie in den Klarträumen keine Gesichter, keine Körper, keine Formen. Alles ist wieder ein »Theater« – also eine Matrix. Auch auf diesen Ebenen ist unsere Unwissenheit verantwortlich für unsere Einbildungen und unser Leid, deswegen geht es auch hier darum, sich allen Erfahrungen, die möglich sind, nach und nach zu stellen, um die eigene Unwissenheit, die eigenen Vorurteile und Ängste fallen zu lassen.

Materielles und geistiges Bewusstsein im Schlaf

Um das Wirkungsprinzip der transzendenten Träume besser zu verstehen, schauen wir uns noch einmal das vereinfachte Prinzip der beiden Hirnhälften an.

Linke Gehirnhälfte	Rechte Gehirnhälfte
Materielles Bewusstsein	Geistiges Bewusstsein
Ratio Emotion Raum & Zeit Der freie Wille	Intuition Empfinden Kein Raum & Keine Zeit Alles ist Eins
Träume & Luzide Träume	Transzendente Träume & Halluzinationen

» Die linke Gehirnhälfte steht für alles Trennende, also für das Prinzip der Gegensätze, der Materie. Hier lernen wir mit Hilfe von Träumen und luziden Träumen das Zulassen und Loslassen der Gesetzmäßigkeiten der materiellen Welt.

» Die rechte Gehirnhälfte steht für alles, was Eins, also raum- und zeitlos ist. Es sind die Eigenschaften des Geistes. Hier befinden sich vereinfacht ausgedrückt die fiktiven Übungsräume der transzendenten Träume. Wir lernen hier das Zulassen und das Loslassen aller Prinzipien der Einheit. Wir erlernen die Prinzipien und die Gesetzmäßigkeiten einer intuitiven, kreativen und somit »geistigen« Dimension.

Diese einfache Gegenüberstellung erklärt, warum ich zwischen den »fiktiven« Übungsräumen der luziden und der transzendenten Träume unterscheide, auch wenn es luzide Träume gibt, die sehr realistisch wirken und der Übergang zu den transzendenten Träumen fließend sein kann. Aber es besteht, auch wenn beide aus einer subjektiven Sicht erzählt werden, ein großer Unterschied: Der größte ist, (auf den ich später noch detailliert eingehen werde), dass man in den transzendenten Träumen ein Kind ist oder von den anderen Figuren wie ein Kind oder ein Lehrling durch diese Welten geführt wird, (so wie man es im oberen Beispiel mit dem Kobold herauslesen kann).

Auf diese Weise bekommen wir ein Gefühl dafür, dass wir lernen und geistig wachsen können. Fortgeschrittene Klarträumer haben ähnliche Erfahrungen bestimmt schon gesammelt und transzendente Träume erlebt. Durch das transzendente Träumen wird man sich seiner Geistigkeit zunehmend bewusst. Später führen diese transzendenten Erfahrungen zu konkreten (hypnopompen) Halluzinationen beim Aufwachen, daher überlappen sich die hier gesammelten Erfahrungen kurzzeitig mit der Wirklichkeit.

Die einfache Gegenüberstellung der beiden Wirkungsweisen der Hirnhälften deutet auf die Doppel-Natur des Menschen hin. Somit ist ein materielles wie auch ein geistiges Bewusstsein im Menschen gleichzeitig vorhanden. Die Quantenmechanik in der modernen Physik kann dieses Phänomen nur bestätigen: Der Geist schafft die Materie. Der Mensch wird sich auf der Reise durch die transzendenten Träume seiner Zweiheit bewusst. In der Wirklichkeit sind beide Ebenen zu stark miteinander verschränkt, so wie zwei Flüssigkeiten, die vermischt sind.

So wie es bereits im Kapitel I beschrieben ist, haben wir in den Träumen und Klarträumen eine sehr eindimensionale Sicht auf die Gesetzmäßigkeiten von Materie, Raum und Zeit. Eine ähnliche Herausforderung erleben wir in den transzendenten Träumen, in denen wir noch eine »kindliche« und somit eine materielle Sicht auf die Gesetzmäßigkeiten des Geistes haben – wir können uns nicht vorstellen, dass es keinen Raum, keine Zeit und somit keine Materie gibt. Doch der Geist existiert ohne jegliche Einschränkung. Wir überprüfen auch in den transzendenten Träumen unser vorschnelles Denken, unsere begrenzte Haltung und unsere engstirnige Sichtweise, um unser Verständnis vom geistigen Bewusstsein nicht nur auszuloten, sondern auch auszudehnen.

> » Auch für die transzendenten Träume ist es entscheidend, die Aktiv-Passiv-Regel zu beherzigen.

Diese einfache Regel bewahrt uns davor, sich in Konzepte, Theorien oder Anschauungen einer »Alles-ist-Eins«-Haltung zu verlieren. Erst wenn wir ohne Abscheu und ohne Sehnsucht sind, wird das innere Licht in uns zu leuchten beginnen.

Wenn wir uns von dieser Reise Erleuchtung versprechen, wird es nicht passieren – wir denken dann wie ein sehnsuchtsvolles Kind. Dazu schreibt Abt Muho über seine Erfahrungen als Zen-Meister: »Es geht viel mehr darum, loszulassen: Loslassen von der falschen Vorstellung eines versteckten, wahren Selbst, loslassen von der fixen Idee, das Leben müsse diesen oder jenen Sinn haben, loslassen selbst von der Suche nach Erleuchtung oder Glück oder was auch immer. Sie müssen ab hier erkennen, dass diese Reise keine Suche mehr nach Innen ist, sondern ein Sich-Öffnen nach Außen.«

Diese Erkenntnis kann ich durch meine Reiseerfahrungen im Schlaf nur bestätigen. Etwa in der Mitte der Reise im Reich der transzendenten Träume erweitert sich der Blick von der inneren Betrachtung zur inneren Öffnung für die eigene geistige Weite. Dann wird die tiefste Liebe in uns anfangen zu brennen, wenn wir unsere Liebe und unser Mitgefühl in den transzendenten Träumen mit dem Außen, mit dem Fremden und mit dem uns Unbekannten nicht nur teilen, sondern auch harmonisieren. Schauen wir uns den Vorgang mit der Anwendung der Aktiv-Passiv-Regal genauer an:

> » Falls in uns die emotionale Sehnsucht lodert, mit Allem verbunden sein zu wollen oder »Gott« nahe zu sein, lassen wir hier los. Wir versuchen nicht, diesen Zustand der Harmonie oder Nähe mit dem eigenen Willen zu erzwingen. Wir lassen die Sehnsucht los.
>
> » Falls uns das »Einswerden mit Allem« wie mit unsympathischen Charakteren, Feinden oder die Nähe zu Gott widerstrebt, ändern wir aktiv die Bewegungsrichtung, um mit dem Gegenüber wieder zu harmonisieren oder einen Schritt auf Alles, was wir womöglich verneinen, zuzugehen. Wir überwinden die Abscheu.

In transzendenten Träumen werden wir verschiedene geistige Fähigkeiten erlernen, um Herausforderungen im Traum kreativer oder intuitiver lösen zu können. Aber auch für das richtige Erlernen unserer neuen, übersinnlichen Begabungen beziehen wir uns auf unsere Grundregel:

» Falls wir hier unsere Kreativität und Intuition steigern wollen oder andere geistige Fähigkeiten erlernen möchten, lassen wir diese Wunschvorstellungen los. Wir überlassen uneigennützig die kreativen und intuitiven Eigenschaften den anderen Traumfiguren, die wir ja selbst sind.

» Falls wir von den geistigen Möglichkeiten der Intuition und Kreativität jedoch Angst haben, weil sie unser logisches Denken und unsere Auffassung von gesunder Vernunft übersteigen, hören wir wieder auf den Helden in uns und lassen sie zu. Wir geben uns den geistigen Möglichkeiten hin.

Mit der Aktiv-Passiv-Regel können wir hier die richtige Balance finden und zwar die der eigenen »geistigen« Mitte, jenseits gefärbter Moral, Sehnsüchte, Wunschvorstellungen, gesellschaftlichen, spirituellen und religiösen Dogmen oder Ängsten. Wir bereinigen uns von unseren Vorurteilen und Wertungen dieser Ebenen und bekommen einen klareren Blick für die Eigenschaften und die phantastischen Fähigkeiten des freien Geistes im Schlaf.

Daher wird im Schlaf die Trennung zwischen physischem Körper und dem Geistkörper nicht nur klarer, sondern auch möglich. Beide sind jedoch im Alltag miteinander zu sehr verschränkt und stehen oft in einem Missverhältnis, weil heutzutage die materielle Haltung oft die geistige dominiert. Die entscheidende Aktiv-Passiv-Regel (in beiden Gehirnhälften) erlaubt es uns, beide Aggregatzustände im Schlaf nach und nach zu ihrer inneren Mitte hinzuentwickeln. Wir lernen also beide Zustände in ihrer Gleichzeitigkeit anzuerkennen und wahrzunehmen. Deshalb kommen beide Gehirnhälften nach und nach in ein gemeinsames harmonisches Gleichgewicht, das uns individuell-spirituelle und mystische Erfahrungen im Schlaf ermöglicht. Dazu mehr im zweiten Teil des Buches »Eine spirituelle Reise«.

An Frustrationsgrenzen arbeiten

Wir können in den transzendenten Träumen nicht nur an unserer Schmerz- und Sinnesempfindlichkeit, sondern auch an unserer Verzweiflungs- und Frustrationsgrenze arbeiten, ohne dass unser Körper oder unsere Psyche in diesen Übungsräumen tatsächlichen

Schaden davon tragen. Wie erwähnt, ist die sinnliche Wahrnehmungsempfindung verstärkt. Besonders betrifft das starke Emotionen oder Stimmungen, die einen übermannen können oder Schmerzen, die man bei einem Angriff körperlich spürt.

Zu Beginn bleiben Verzweiflung und Schmerz für uns aus. Wir brauchen keine Angst davor zu haben. Alles wird Schritt für Schritt an uns herangetragen. Die Auseinandersetzung mit Verzweiflung und Schmerz kommt erst, wenn wir innerlich bereit sind, sich ihnen tatsächlich zu stellen. Hier gibt es mehrere Hilfestellungen. Im Gegensatz zu luziden Träumen ist es uns in den transzendenten Träumen möglich, die virtuellen Räume im Schlaf für einen Moment auszublenden, falls unsere Angst zu groß wird.

Es ist möglich, wie bei einer Computer-Simulation, mental auf die Pause-Taste zu drücken, um wieder Mut und Vertrauen in sich zu finden. Gleichzeitig wird uns bewusst, dass wir uns nur in einem fiktiven Übungsraum befinden. Wir entscheiden mit unserem freien Willen, ob wir bereit sind, die Reise fortzuführen oder nicht. Wenn wir wieder Mut gefasst haben, können wir nach ein paar Sekunden mental die Start-Taste drücken oder unser Unbewusstes bitten, dass sich die Matrix für uns wieder einblendet, um sich erneut unserer Angst zu stellen.

Wir können die Simulation auch ganz ausblenden lassen, indem wir mental auf die Aus-Taste drücken, falls uns der Stress oder die Verzweiflung zu groß sind. Wir lassen uns dann einfach aufwachen. Dieses Anhalten oder Aus- und wieder Einblenden der Simulationen ist in den luziden Träumen insofern nicht möglich, weil diese dann abbrechen. Durch diese kurze Verschnaufpause können wir wieder Kraft und Mut tanken. Wir bekommen direkt eine zweite Chance, uns unserer Angst zu stellen, indem wir den transzendenten Traum fortführen. Dementsprechend können wir komplexere Themen und Situationen meistern und als Schüler daran wachsen.

NEUVERKNÜPFUNGEN

Seit kurzem ist in der Wissenschaft bekannt, dass Sinneswahrnehmungen Informationen über die Außenwelt liefern, sowie die Organisation des Gehirns verändern. Das zeigt eine vor kurzem in »Current Biology« erschienene Studie an Fruchtfliegen: Unterbrechen die Forscher den Zustrom der Geruchsinformationen, veränderten sich Zahl und Größe von speziellen Nervenkontakten im Gehirn gravierend. So wie alle Sinneseindrücke verändert auch der Geruch die Verknüpfungen im Gehirn, bewies Gaia Tavosanis, die Leiterin der Studie.

Wenn wir als ein geistiges, körperloses Wesen durch die transzendenten Träume wandern ohne an unseren Sinneseindrücken und unserem Körper zu haften, verändert dies in der Rückkopplung unser Gehirn. Dieses Prinzip ermöglicht uns das bereits erwähnte »Rückwärtslernen oder Entlernen«: die materiell geprägten Verknüpfungen im Gehirn werden voneinander gelöst.

> » Weil man als »Geist« nicht an seinen Sinneseindrücken und seinem Körpergefühl haftet, verändern sich rückwirkend die Verknüpfungen im Gehirn.

Man kommt jetzt dem »ursprünglichen, geistigen Kern« näher, weil die alten Verknüpfungen im Hirn, die von Ängsten und Wünschen geprägt sind, entwirrt und entkoppelt werden. Gleichzeitig werden geistige Erfahrungen im plastischen Gehirn und im emotionalen Gedächtnis des physischen Körpers abgespeichert und integriert. Das Gehirn und der physische Körper passen sich nach und nach dem geistigen Transformationsprozess an, der nun im Innern initiiert wird.

Wie im Traumbeispiel mit dem Kobold werden alte Verknüpfungen (also die verrückt gewordene Stimme und das Symbol des Kobolds) entfernt oder ausgebrannt und am entsprechenden Sinn des Körpers als eine Geruchs-Halluzination erfahrbar.

Da ich meinem geistigen Ursprung näher komme, kann ich mich von meinem emotionalen und materiell geprägten Ballast befreien. Ich lerne emotional rückwärts, weil ich mich mit dem Trick, ein Geistkörper zu sein, von der Prägung und Konditionierung meiner Sinne und meines Körpers nach und nach befreie. Ich befreie mich im Schlaf von der Illusion meines Körpers, um wieder das geistige Wesen zu werden, das ich schon immer war. Nach und nach schimmern im Alltag die Intuition und ein tieferes Empfinden für mich und die anderen durch. Sie ermöglichen es mir, weitsichtigere Entscheidungen zu treffen und tiefere Bindungen für mein Leben zu finden.

Hier ein weiteres Beispiel aus meinen transzendenten Träumen, wie meine innere Unruhe etwas nachließ:

> *»Aggressivität« Ich liege in einem Operationssaal auf dem OP-Tisch. Bei einer Gehirnoperation wird mir eine Akkupunkturnadel in die rechte Gehirnhälfte gesteckt. Es gibt einen leichten Stich. Der Arzt sagt: »Dieser Stich sorgt dafür, dass du weniger aggressiv bist.«*
> *Seit diesem Eingriff verspüre ich auch weniger Unruhe in meinem Körper.*

Harmonie und Gleichgewicht herstellen

Wie schon erwähnt, kann der Held die tieferen transzendenten Träume nur paarweise, also zu Zweit betreten. Am Anfang unserer Heldenreise können wir unserer Intuition und Empfindung nicht richtig vertrauen können, da unsere Wertungen, Ängste und Faszinationen auf diesen Ebenen noch zu groß sind, so lernen wir den anderen Figuren, Symbolen und Elementen die intuitive Führung zu überlassen, deren freiem Willen zu folgen und zu vertrauen.

C.G. Jung ahnte diesen Aspekt der Zweiheit schon mit seinen Beschreibungen vom weiblichen Aspekt im Manne, den er die Anima, die »Führerin nach Innen«, nannte. Den männlichen Aspekt in der Frau bezeichnete er als Animus, den »inneren Gefährten«.

Bei mir bildeten sich in den transzendenten Träumen zwei Symbolfiguren heraus: die Frau steht für mein Empfinden, ist Mentorin für alle Aspekte meiner (inneren) Zeit. Der Mann steht für meine Intuition und ist Mentor für alle Aspekte meines (inneren) Raums. Somit stehen beide als Symbole und Mentoren für meine Wahrnehmung von Raum oder meine Empfindung von Zeit.

Für mich sind beide Symbolfiguren für mein Raum-Zeit-Bewusstsein untrennbar miteinander verbunden. Es hängt davon ab, aus welcher Perspektive ich diese räumliche und zeitliche Dualität betrachte. Beide sind gleichberechtigt. Durch meine geschlechtlichen Bewertungen im luziden und im transzendenten

Traum bringe ich jedoch beide Geschlechter aus dem Gleichgewicht – sie stehen in einem Missverhältnis zueinander.

Indem ich beide in den verschiedenen Themenbereichen werte und emotionalisiere, wird meine Bewegungsrichtung sofort erkennbar. Ich merke direkt in der konkreten Situation, welches Geschlecht ich ablehne oder bevorzuge. Dies erzeugt wiederum Leid. Durch meine Richtungsänderung stelle ich das Gleichgewicht und den Frieden zwischen den geschlechtlichen Symbolen wieder her. Wir können uns dieses Prinzip als eine Waage vorstellen, die nicht mehr in Balance ist, weil wir einer Partei mehr Gewicht beimessen. Wir erinnern uns, dass alle Symbole nur gespeicherte Energien sind, die wir durch unsere positiven und negativen Erfahrungen genährt haben.

Weil eine Energieladung schwerer ist, kommt die Waage ins Ungleichgewicht – doch wir müssen sie stets im Gleichgewicht halten. Das ist möglich, wenn wir unsere Aufmerksamkeit auf die Ladung richten, die weniger Energie enthält. Wenn wir ihr dann mehr Liebe, Mitgefühl und Vertrauen schenken, entsteht wieder ein harmonisches Gleichgewicht zwischen den Parteien.

Um in konkreten Beispielen zu bleiben, wie wir das Gleichgewicht herstellen können, wenden wir uns an dieser Stelle einmal unseren Vorurteilen zu. Wenn wir an das Klischee glauben, dass eine Frau nicht einparken kann, vertrauen wir ihr im Traum uneingeschränkt und werden überrascht, was für eine phantastische Einparkerin sie ist. Wenn wir glauben, dass Männer gerne schießwütige Cowboys spielen, lassen wir uns überraschen, was passieren wird, wenn wir unsere Vorurteile fallen lassen – also dem Cowboy vertrauen. Er wird voller Güte sein.

Wenn beide Geschlechter im Streit liegen, versuchen wir keine Partei zu bevorzugen, sondern bitten beide Seiten um Versöhnung. Es geht darum, Harmonie herzustellen, ohne dass eine Seite dabei benachteiligt wird. Die Gleichberechtigung und Versöhnung der geschlechtlichen Gegensätze haben einen zwangsläufigen und heilsamen Effekt auf unsere Träume, auf den wir später weiter eingehen. Natürlich gilt dieses Prinzip der Wiederherstellung des Gleichgewichts für alle Gegensätze.

Bei Ihnen werden vielleicht andere Symbole und Figuren für die beiden Gegensätze von Raum und Zeit stehen. Alles ist richtig. Es gibt keinen Raum, keine Zeit und kein Wissen, an dem Sie sich orientieren können, sonst halten Sie an Ihren Ängsten, Vorurteilen und Wünschen in den transzendenten Träumen weiter fest. Jede Flucht ist eine Zusage an die selbst erschaffene körperliche Realität und die Erzeugung inneren Leids. Doch wir wollen in den transzendenten Träumen zur vollkommenen Ausgeglichenheit und somit innerer Ruhe kommen.

Ein Lernprozess

Wir lernen in einem transzendenten Traum immer dazu, egal was passiert. Dabei ist es nicht wichtig WAS wir lernen, sondern DASS wir lernen – und das geschieht automatisch, weil wir uns beim Lernen unweigerlich beobachten. Egal ob wir eine Prüfung bestehen oder an ihr scheitern, wir wachsen fortwährend daran. Diese Erfahrung wird für uns abgespeichert und das nächste Mal ist es für uns leichter, sie zu meistern. So erweitern wir als Beobachter unserer Erfahrungen unser Bewusstsein. Wir werden uns als innerer Beobachter nach und nach unserer Facetten, Wertungen und tiefen Vorurteile bewusst. Ein Lernprozess, der als Spirale in die tiefsten Regionen unserer Psyche, aber auch in unsere eigene geistige Weite führt. In diesem Prozess treffen wir auf unsere persönlichen Mentoren. Es sind eher spirituelle Freunde und Weggefährten, die uns auf unserer Reise begleiten. Meine erste Begegnung mit meiner Mentorin, die sich als meine Ärztin vorstellt, hat sich wie folgt abgespielt:

> **»Die Ärztin«** *Ich falle durch den schwarzen Tunnel und lande in einem weißen Arztzimmer. Eine Ärztin sitzt auf der anderen Seite ihres Schreibtischs mir gegenüber. Wenn ich sie (positiv) werte oder mich über ihr Erscheinen wundere, blendet sich der Traum aus, so als ob jemand auf die Pause-Taste drückt. Es wird dunkel. Ich weiß, ich bin immer noch im transzendenten Traum. Ich darf nicht werten, keine Logik verwenden, keine Angst, sondern muss Vertrauen haben. Ich entspanne mich und die Situation wird wieder eingeblendet.*
>
> *Die Ärztin sitzt wieder vor mir, steht nun auf und kommt auf mich zu. Sie macht meine Schädeldecke auf, bohrt in meinem Gehirn und stellt etwas um, ich spüre jedenfalls ein leichtes Drücken. Ich lasse*

es zu, es tut ja auch nicht weh. Dann schaut sie mich an, um zu überprüfen, wie ich auf die Hirnoperation reagiere. Zeige ich Angst oder Skepsis? Die habe ich nicht. Sie holt ein ganz langes, spitzes Küchenmesser heraus und sagt mir, ich solle den Mund aufmachen. Ich habe das Gefühl, ein Kind zu sein, vertraue ihr schließlich und mache den Mund auf. Sie steckt das spitze Messer tief in meinen Mund, aber mir passiert nichts. Sie ist zufrieden, entfernt sich von mir und ich werde vor die Tür gesetzt. Ich bin im 27. Stockwerk eines Hochhauses und muss aus dem Fenster springen. Ohne zu überlegen springe ich, genieße den Fall. Dieser wird langsam abgebremst, die Fläche wird weiß. Ich höre die Ärztin aus dem Hintergrund sagen: »Bis zum nächsten Mal.« Sie sagt dies sehr freundlich und mit Gewissheit. Ich habe das Gefühl wieder aufwachen zu können und tue es.

Meinen Körper durchströmt eine warme herrliche Energie, dabei freue ich mich, ihr bald wieder zu begegnen.

Früher oder später werden Sie auch Ihre eigenen Mentoren und Mentorinnen kennenlernen. Eine anschauliche Lektion, wie unsere Gesellschaft das Leid des Menschen als Konsumgut missbraucht, erfahre ich mit Hilfe meiner Mentorin in dem nächsten, etwas längerem transzendenten Traum:

>***»Eine Lektion«*** *In meinem Bett überfällt mich plötzlich jemand von hinten, springt mich grob an. Ich erkenne sofort den Traum als luziden Traum, drehe mich um, drücke diesen Jemand an mich und sage:* »Verzeih mir, ich liebe dich und lasse dich nicht mehr los.« *Dieser Jemand umarmt mich innig und ich weiß, es ist wieder meine Mentorin, die wie ein weiblicher Geist aussieht. Sofort fange ich an, über meinem Bett zu schweben und zu rotieren, immer schneller. Ich lasse die Rotation zu. Ich habe keine Angst davor, auch nicht vor den Wänden und dem Mobiliar, durch die ich mich drehe. Ich fliege durch einen Tunnel und gelange in den transzendenten Traum.*
>
>*Ich lande in einem alten Gemäuer, einer alten Kirche. Eine Predigt findet hier statt. Ich merke, dass die Kirche gleich einstürzen und brennen wird. Die Frau, die mein Empfinden abbildet, ist nun konkret sichtbar und steht neben mir. Nun brennt es überall. Meine Aufgabe ist es, sie vor dem Feuer zu retten. Ich nehme sie an der Hand, sehe*

eine weitere verängstigte Frau, laufe zu ihr, greife sie mir und wir laufen alle drei los. Ich spreche beiden Mut zu und sage, dass alles gut wird. Ich weiß, dass dies nur eine Simulation ist. Deshalb kann ich beide mit Gewissheit in Sicherheit bringen und eine der Frauen erkennt meine Denkweise und gibt mir Recht, dass dies hier alles nur eine Illusion, ein Traum ist. Ich bin über ihre Bewusstheit überrascht. Sie kann also meine Gedanken lesen, Sprache ist nicht notwendig.

Aber sie meint, dass ich dennoch nicht begreife, was das Verbrennen eines menschlichen Körpers wirklich bedeutet. Ich weiß, dass jetzt eine Lektion folgt und ich ihr zuhören, nicht debattieren, sollte. Sie kommt mit ihrem hübschen Gesicht an mich heran, und es verbrennt dicht vor meinen Augen. Ihr Gesicht wird schwarz wie Pech. Es ist eklig, aber ich weiß, dass ich gerade unterrichtet werde und es aner-kennen muss. Ich bin der Schüler, sie ist die Meisterin. Das verbrannte Gesicht hält drei Sekunden lang an und wird dann wieder normal. Dann legt sie mir eine Sauerstoffmaske an und öffnet ein Ventil. Gas durchströmt meine Nase und ich rieche verbrannte Haut, ein sehr un-angenehmer, ekliger Geruch. Die Lektion ist noch nicht vorbei. Sie schiebt mir einen Schlauch in den Mund und trocknet ihn bis zum letzten Tropfen Speichel aus. Ich kann vor Trockenheit kaum meinen Gaumen bewegen. Ich sage: »Ich habe die Lektion kapiert.«

Ich habe begriffen, wie schlimm eine Verbrennung des menschlichen Körpers in der Realität sein muss. Wie eine echte Verbrennung aus der Nähe aussieht, riecht und wie mir der trockene Geruch verbrann-ter Haut den Gaumen zuschnüren würde. Es wäre schrecklich, das in echt zu erleben. Es wäre für mich traumatisch. Ich frage mich gleichzeitig, warum sie mir diese Lektion erteilt. Die Antwort kommt prompt.

Ortswechsel: Wie ein Geist schwebe ich durch eine Kunstausstellung, so als ob mich eine Energie tragen würde. Auf den Gemälden und Photographien sehe ich verbrannte Opfer, jedoch keine ganzen Körper, sondern nur Beine, Hände und andere Körperteile von ver-schiedenen Menschen. Die Verbrennungen sind pechschwarz, aber sie sind nicht matt, sondern das Schwarz glänzt – es glitzert und funkelt beinahe. So als ob jemand Glitzerstaub drüber gestreut hätte. Ich schwebe durch den Raum und weiß, dass mein Ego als Regis-seur und Künstler für diese kunstvolle Geschmacklosigkeit der Ausstellung verantwortlich ist, die noch dazu erfolgreich ist. Ich fliege in Richtung meines Empfindens, also zu meiner Mentorin. Ich sehe ihr an, dass sie unglücklich ist. Ich setze mich zu ihr, umarme sie. Endlich habe ich die Lektion kapiert und sie lässt mich wieder aufwachen.

Als ich aufwache wird mir direkt bewusst, dass das menschliche Ego versucht, auch aus dem größten Leid eines Menschen Kapital zu schlagen. Solange sich der Mensch nicht vorstellen kann, wie sich konkretes Leid tatsächlich anfühlt, riecht und sogar schmeckt, bleibt er innerlich unberührt. Ohne diese sinnliche Erfahrung sind die verbrannten Körper auf den Fotos für ihn eine Fiktion. Austauschbare Fotos, die glänzen sollen. Mit dem Leid der Menschen können andere Geld verdienen.

Wir erfahren als Schüler und Lehrling viele Lektionen und Unterweisungen. Um innerlich zu reifen, werden wir auf unserer Heldenreise durch viele Tore gehen, die, wie ich finde, in einem Gedicht von Eva Brack Pierrakos gut beschrieben sind.

»Durch das Tor gehen«
Geh durch das Tor ins Gefühl deiner Schwäche,
und du findest deine Stärke.
Geh durch das Tor ins Gefühl deines Schmerzes,
und du findest Lust und Freude.
Geh durch das Tor ins Gefühl deiner Angst,
und du findest Sicherheit und Geborgenheit.
Geh durch das Tor ins Gefühl deiner Einsamkeit,
und du findest Erfüllung, Liebe, Freundschaft.
Geh durch das Tor ins Gefühl deines Hasses,
und du findest deine Fähigkeit zu lieben.
Geh durch das Tor ins Gefühl deiner Hoffnungslosigkeit,
und du findest wahre und berechtigte Hoffnung.
Nimm die Entbehrungen deiner Kindheit an,
und du findest Erfüllung in der Gegenwart.

Neuer Anfang
Jede »negative« Eigenschaft unseres Charakters ist der Ausdruck unseres inneren Schmerzes. Sobald wir eine negative Eigenschaft aus dem Inneren hervorholen und uns ihr stellen, verschwindet

auch der innere Schmerz. Die Verzweiflung, die aus unserem Inneren (meistens mit Gewalt) hervorgeholt wird, wird uns helfen, unsere eigenen Missstände zu erkennen. Die hervorgeholte Verzweiflung bringt uns zur Besinnung. Aus Besinnung wird ein Neubeginn, denn jeder Verzweiflung wohnt auch Schönheit inne. Diese muss aus unserem Inneren zunächst an die Oberfläche gebracht werden, ansonsten versuchen wir sie im Unbewussten zu leugnen und wegzusperren.

Auch wenn für uns auf unseren Reisen im Schlaf keine Erkenntnis verloren geht oder vergessen wird, bleiben wir nach dem Aufwachen eine Weile in der hervorgerufenen Stimmung. In den nächsten Nächten wird sie in unseren Träumen wieder aufgenommen, weiter bearbeitet und im ganzheitlichen Kontext integriert und angepasst.

Es ist so, als ob wir im transzendenten Traum unser Inneres nach Außen tragen und so in der entsprechenden Stimmung am Tage eine Weile verharren, damit unsere Psyche die Möglichkeit hat, sie wieder richtig einzubetten und zu integrieren. Obwohl wir manchmal eine negative, verzweifelte Stimmung aktivieren, die uns während des Tages in ihren Fängen hält, wissen wir auch, dass wir dafür selbst verantwortlich sind.

Wir haben es nicht geschafft uns im Klartraum oder transzendentem Traum mit den Figuren zu versöhnen, ihnen zu vergeben oder ihnen den eigenen Willen zu lassen. Somit übernehmen wir auch die Verantwortung für unser Scheitern, ohne die Schuld für unsere miese Laune im Alltag jemanden anderem oder unseren Lebensumständen in die Schuhe zu schieben. Diese Perspektive versuchen viele therapeutische Verfahren und spirituelle Haltungen den Menschen zu vermitteln. Der transzendente Traum im Schlaf macht es uns jedoch relativ leicht, unsere Eigenverantwortlichkeit zu erfahren.

Indem ich die Verantwortung für meine innere Verzweiflung nach und nach annehme, merke ich, dass ich im Alltag weniger meinen eigenen Stimmungen und sorgenvollen Gedanken verfalle. Meine Gedanken werden leiser. Ich bestehe auch zunehmend viele Prüfungen und Lektionen. Diese positiven Energien durchfluten meinen ganzen Körper und ich nehme sie in ihrer aufbauenden Intensität mit in den Tag hinein. Diese positive Stimmung wird natürlich auch im Schlaf in den ganzheitlichen Kontext meiner Psyche als Erfahrung integriert und beibehalten. Dabei werden auch meine Frustrationsgrenzen, die ich in den fiktiven Übungs-räumen überwunden und ins Traum-Ich integriert habe, im Alltag weiter ausgedehnt. Ich bin in der Wirklichkeit weniger frust-riert. Auch andere Gefühle wie Ekel und Scham bringen mich nicht mehr so leicht aus der Fassung.

Es entsteht eine Win-Win-Situation. Diese lässt mich zunehmend entspannter und lebensfroher den Alltag überstehen. Daraus erge-ben sich wiederum positive Perspektiven in meinen Träumen oder transzendenten Träumen. Dieser Optimismus schlägt sich dann im Alltag nieder, so wie zum Beispiel durch diesen Traum, der mich mit einem Neubeginn aufbaut.

»Neubeginn«   *Ich habe Einsicht in mein Gehirn. Es sieht alles schön, warm und friedlich aus. Mein Gehirn ist in Parzellen aufgeteilt, mal in Landschaften, mal ist es mit Menschen bewohnt, die sich streiten, lieben, hassen und sich wieder versöhnen. Ich erlebe eine typische Dorfatmosphäre, die ist sympathisch aber etwas alt-backen. Ein Mann aus der Stadt kommt in seinem noblen Mercedes angefahren. Er ist Architekt. Natürlich ist er den Dorfbewohnern so-fort unsympathisch. Er verändert die Landschaft in kühle Fläche, entstaubt und modernisiert ihre Wohnungen. Ich bin genauso entsetzt darüber. Ich spüre, dass die eigenwilligen Charaktertypen mit ihren altbackenen Einrichtungen für meine Gedanken, Emotionen und Stimmungen stehen, an denen ich hänge. Der Architekt ist bei seinen Umbauarbeiten konsequent und kompromisslos. Am Ende betrachte ich mich von außen und sehe, wie mir eine Träne über die Wange rollt. Aus Trauer, weil ich mich von meinen alten Gedanken, Emo-tionen und Stimmungen verabschieden muss und vor Freude, weil ein Neuanfang beginnt. Aber ich weiß, dass es so richtig ist. Ich vertraue dem Architekten, denn die Veränderungen sind notwendig. Es wird alles sauber gemacht und leer geräumt, um Platz für Neues zu schaf-fen. Die alten Strukturen verschwinden. Die Eingriffe werden zwar manchmal schmerzhaft sein, aber sie werden passieren. Am Ende haben alle Dorfbewohner etwas davon. Ich wache auf. Es war ein schöner Traum.*

Das innere Kind

Unser Unterbewusstsein weiß in den transzendenten Träumen zu hundert Prozent, wie wir oder die anderen Figuren im Schlaf reagieren oder sich verhalten werden. Deswegen sind wir in den transzendenten Träumen in einem geschützten Raum, in einer sicheren Simulation. Es geht lediglich darum, sich in entspannter Ruhe selbst in den absurdesten Traumsituationen zu beobachten, egal was uns zustößt oder welchen Ausgang die Lektion nimmt.

Prinzipiell macht es keinen Sinn, am neu erlernten Wissen festzuhalten. Wenn wir das Wissen bewerten, sind wir bereits in einem neuen Zwang gefangen. Somit gibt es keine Lektion, keine (körperliche) Anstrengung, keine Aggression oder Verzweiflung in den transzendenten Träumen, nur das Loslassen, Zulassen und Vertrauen. Dabei befreien wir uns nebenbei nach und nach von unseren Blockaden, (zwanghaften) Wünschen und kindlichen Ängsten. Natürlich lernen wir dazu, aber das ist ein Nebeneffekt, der sich in unserem Alltag als nützlich erweist.

Alle diese beobachtbaren Erfahrungen im Traum oder im transzendenten Traum, egal wie klein und nichtig sie sind, werden abgespeichert. Keine Erfahrung geht verloren, auch wenn wir sie im Alltag längst vergessen haben. In den nächsten Etappen werden die Erkenntnisse überprüft, justiert und darauf aufbauend neue entwickelt oder hinzugefügt. Deswegen ist der Traum nie gleich, auch wenn wir ihn direkt wiederholen können, denn er ist in seinem Aufbau fortgeschrittener, weil wir uns bereits beim Scheitern beobachten können. Daher besitzen wir in diesen geschützten Räumen die innere Freiheit, das Scheitern zu lernen und uns beim Scheitern zu beobachten.

Auf der Ebene des Geistes gibt es kein Scheitern, weil es keinen Körper, keine Sinne, keine Kausalität gibt. Unser Scheitern ist hier nur eine Einbildung, unserer Anhaftung an Raum und Zeit. Mit dieser Heldenreise wird unsere Versagensangst relativiert. Wir lernen durch das Scheitern, im Alltag mit verzweifelten Lebenssituationen gelassener umzugehen, weil auch im transzendenten Traum Scheitern eine Illusion ist.

Praktischer Nutzen Das Scheitern in der Wirklichkeit wühlt uns weniger auf.

Um diese Versagensangst in uns zu mildern, taucht während der Reise das Symbol des inneren Kindes beziehungsweise des Lehrlings auf. Mit diesem Symbol festigen sich für uns neue Erkenntnisse, die sich in einem weiteren Lernprozess fortentwickeln.

C. G. Jung schreibt: »Die Menschheit ist in der großen Hauptsache psychologisch noch in einem Kindheitszustand – eine Stufe, die nicht übersprungen werden kann.« Ich gehe davon aus, dass er damit das geistige, gütige und liebende Potential im Menschen meint, das in unserer verworrenen Wirklichkeit nur bedingt zu finden ist. Dieses geistige Potential wird uns im Symbol eines Kindes, das noch nicht vollständig entwickelt ist, nahe gebracht – es hält an seinen Entbehrungen fest und kann nicht zur Vollkommenheit heranwachsen. Deshalb besitzt man in den Alpträumen und luziden Träumen noch die Reife eines Kindes, weil es an Raum und Zeit unbewusst festhält. In den transzendenten Träumen wird einem diese Bewusstheit nahegebracht und in einem Entwicklungsprozess veranschaulicht.

So erweckt der »Tod im Traum« das innere Kind, das einen auf seinen Abenteuerreisen zu dem wahren, authentischen Helden heranreifen lässt, der man schon immer war. Die gewonnenen Erfahrungen lassen das Kind in weiteren Ebenen und Stufen von Innen heraus reifen, erwachsener werden. Man wird im Alltag mutiger, gelassener und authentischer. Man wird in seinen Träumen nicht nur als Kind geboren, sondern auch an verschiedenen Lehrstätten oder Akademien eingeschult, damit man weitere Erkenntnisse hinzugewinnt.

Hier ein Beispiel, wie ich so eine Einschulung in einem transzendenten Traum erlebe:

>**»Sommerakademie«** *Ich bin in einer Schule – in einer Sommerakademie. Sie wirkt, als ob sie auf einer Wolke schwebt oder hoch oben in den Baumwipfeln errichtet ist. Die Direktorin verkündet mit einem Lautsprecher, dass diese Akademie eine Woche dauern wird. Ich bin einer von den Erstklässlern oder fühle mich jedenfalls so, dabei bin ich genauso groß wie die anderen Kinder. Aus einem weiteren Klassenraum höre ich die männliche Stimme eines Lehrers, die sich streng anhört, aber dennoch fair ist. Die Lehrerin, die vor der Tafel steht, ist sehr freundlich. Sie erzählt uns, dass wir an dieser Schule*

lernen, wie die verschiedenen Sinne im inneren und außerhalb des Körpers funktionieren. Sie verwendet verschiedene medizinische und psychologische Ausdrücke, die mir nicht geläufig sind, sondern sich eher phantastisch anhören. Dennoch habe ich keine Zweifel, dass alle ihre Absichten wahrhaftig sind. Als sich die Vorstellungsrunde der neuen Schüler auflöst, gehe ich zu der Lehrerin und frage sie, ob ich sie sprechen kann. Sie sagt: »Natürlich«. Ich frage sie, ob es die medizinischen Ausdrücke, die sie verwendet hat, tatsächlich gibt. Sie zögert etwas und meint: »An sich schon.« Ich frage, ob sie zweideutig gemeint sind. Sie nickt freundlich. Der transzendente Traum geht zu Ende, ich wache auf und freue mich, dass ich endlich in die geistige Akademie aufgenommen worden bin.

Nachdem ich an den ersten Unterrichtsstunden teilgenommen habe, stelle ich fest, dass ich hier im Vergleich zu unserem gängigen Schulsystem Fehler machen darf. Ich kann hier so oft scheitern, bis ich meine Ängste überwunden habe. Gleichzeitig wird auch streng aufgepasst, dass mir als Kind im geschützten Raum nichts passiert. Diese Einschulungsrituale und Lektionen an den Schulen wiederholen sich oft. Auch die anderen Kinder, die auf der Reise dazukommen, nehmen mit mir gemeinsam oder auch selbstständig an den verschiedenen Unterrichtsformen teil.

Bei diesen Lektionen geht es darum, intuitiv und empfindsam seine Entscheidungen zu treffen. Indem man die emotionale und logische Kontrolle über den eigenen Körper loslässt, findet der intuitive Geist die richtige, meistens kreative, musikalische, empfindsame oder phantastische Lösung für die Herausforderung im Traum. Nicht umsonst führte Albert Einstein ein Traumtagebuch. Deswegen tauchen hier auch verschiedene, eher übersinnliche Phänomene auf (wie zum Beispiel Telepathie, Aura-Wahrnehmung oder Telekinese), auf die man als Lösungswerkzeug zurückgreifen kann, weit weg von der Eingrenzung der eigenen Vernunft, weil diese Fähigkeiten nicht an Raum und Zeit gebunden sind. Dem inneren Kind wird die intuitive und kreative Handhabung mit einer Aufgabe jenseits von Wissen, Logik und Kausalität beigebracht.

Das Phänomen des inneren Kindes wird mir in den transzendenten Träumen noch auf einem anderen Weg nahe gebracht:

*»**Der russische General**«   Ich bin in einem Café. Ich warte ab und bleibe ruhig. Ein russischer General kommt herein und stellt sich vor mich. Ich werte ihn nicht, weil ich weiß, dass sowohl das Café als auch der General nicht existieren. Wir schauen uns in die Augen. Dann fange ich langsam an zu schweben und steige über ihm empor. Ich bin überrascht und wache lieber auf.*

Ich schlafe gleich wieder ein und bitte den Traum, sich noch einmal zu wiederholen.

Es klappt. Wieder die gleiche Situation im Café. Der General steht wieder vor mir. Ich vertraue ihm. Ich fange an zu schweben, weil ich nicht werte und ruhig bin. Ich steige höher und schwebe über ihm, der General verschwindet langsam unter mir und wird dabei wie ein Geist durchsichtig. Als ich über ihm schwebe, packt er mich mit seinen kräftigen Händen am Becken und fängt an, mit mir herumzuwirbeln. So wie ich es aus den Anfängen der transzendenten Träume kenne, wo sich die Anhaftung von Raum und Form mit Hilfe der Rotation bei mir auflösen soll. Ich vertraue ihm.

Er wird schneller und macht mit mir einen »Helikopter«. Der General greift an meine Wirbelsäule und legt dort ein paar Schalter um. Dadurch wird die Rotation noch schneller, so als ob er Blockaden aufgelöst hat, die das Rotieren durch den Raum bisher beeinträchtigten. Ich fliege durch die Stühle, Tische, Wände. Er jongliert mit mir. Wir werden schneller, aber es fängt an, mir Spaß zu machen. Dabei lache ich wie ein Kind. Als mir das auffällt, wird das Rotieren langsamer. Ich werde auf dem Boden abgestellt und in diesem Moment sehe ich einen kleinen Junge vor mir weglaufen. Er versteckt sich unter einem Tisch. Er hat etwas Angst, weil ich den Flug gewertet habe. So wird der durchsichtige General zu einem verängstigten Jungen. Ich sehe oder fühle mich nun selbst wie der alte General. Als ob wir die Rollen getauscht hätten und ich von Beginn des Traums an der kleine, mir gegenüberstehende Junge war.

Ich wache auf, fühle mich zwar wohl, aber wie der kleine Junge unter dem Tisch.

So stellen wir in den transzendenten Träumen (auch in den Klarträumen und oft in den Alpträumen) stets die andere Seite der Medaille dar, das andere Ende des Verlaufs. Deswegen, wie schon in den luziden Träumen erwähnt, erleben wir in unseren Alpträumen

Angst und Verzweiflung, weil wir an sich noch Kinder sind, ohne uns dessen bewusst zu sein. Auf diese Weise kann das innere Kind auch viele Ängste, die wir als Kind oder Baby noch nicht richtig verarbeiten konnten, für sich begreifen: die Vergangenheit mit all ihren Entbehrungen und Ängsten ins Gleichgewicht bringen.

Die Ängste, Zwänge und Wünsche von damals, die uns noch bestimmen, können wir unserem inneren Kind nun erlauben neu zu durchleben, im Wissen und Vertrauen, das alles gut wird. Wir können als Kind noch einmal die Entsagungen und Demütigungen von einst aber auch die Wünsche und die Phantasien, die früher von den Erwachsenen eingeschränkt worden sind, erleben und ausleben.

> » Wenn das eigene Verlangen nicht abklingt, gibt es keinen inneren Frieden.

»Alles Wollen entspringt aus Bedürfnis, also aus Mangel, also aus Leiden«, schreibt Arthur Schopenhauer. Somit erlauben wir den inneren Kindern, ihr Verlangen und ihr Wollen ohne Einschränkungen auszuleben. Indem das Kind nach und nach in den geschützten Unterrichtsräumen der transzendenten Träume die eigenen, individuellen Wünsche anerkennt, auslebt und loslässt, wird es anfangen, der weitsichtigeren Intuition und tieferen Empfindungen zu vertrauen und zu folgen.

In den ersten zwei Jahren meiner Reise ist sich mein inneres Kind seiner Entbehrungen in der Kindheit stärker bewusst geworden. Es ist im Verlauf des Lernprozesses schließlich von mehr materiell ausgerichteten Kindergärten nach und nach an Schulen mit einem intuitiven, empfindsamen und spirituellen Charakter willkommen geheißen worden. Die individuell-spirituelle Schulung meines Traum-Ichs beginnt.

Das führt dazu, dass mein eigenes Traum-Ich nicht nur intuitiver und empfindsamer, sondern auch spiritueller wird. Es löst die Probleme in den transzendenten Träumen intelligenter, empfindsamer, geschickter und weiser, als ich es von meinem eigenen »Ich« in der Wirklichkeit erwarten würde. Ich hätte die Weisheit oder die kreative Lösung nicht in mir selbst vermutet. Mein eigenes Traum-Ich wird intuitiver, empfindsamer und somit cleverer, als mein »Ich«

es jemals war. Das intuitive Traum-Ich vollbringt in den transzendenten Träumen Wunder. Wo Wunder aus uns heraus möglich sind, ist die eigene Transzendenz nicht mehr weit entfernt. Diese Erkenntnisse nutzen mir zwar wenig im Alltag, aber ich merke, dass in mir mehr steckt, als ich mir je zutrauen würde. Dazu später mehr.

Bevor es soweit ist, werden wir als Kind noch oft zurechtgestutzt. Weil man auf dieser Ebene ein Kind ist, ist man auch körperlich viel sensibler für mögliche Schmerzen und seine Sinne, wie zum Beispiel das Temperaturempfinden.

In den einfach luziden Träumen, können wir uns kindlich und egoistisch ausleben, ohne Schmerzen zu erfahren. Der Lernprozess des inneren Kindes kann allerdings ohne ehrliche Zurechtweisung durch unser Unbewusstes nicht stattfinden. Ansonsten versucht das innere Kind, vielleicht den leichteren Weg zu wählen. Meist ist der mühsamere Weg jedoch der richtige. Daher kann die Reise schmerzhaft sein, wenn wir uns auf den transzendenten Ebenen egoistisch, also kindlich verhalten. Keine Angst – das Unbewusste wertet nicht. Wir werden feststellen, dass wir für unsere Schmerzen selbst verantwortlich sind. Die gute Nachricht also lautet: wir können sie vermeiden.

Wer nicht hören will, muss fühlen

Die Kräfte in den transzendenten Träumen sind nicht zu unterschätzen. Aus der Fremdhypnose, die mit einem Therapeuten durchgeführt wird, ist Folgendes bekannt: Wenn der Therapeut einem Menschen in tiefer Hypnose suggeriert, er bekäme eine glühende Kohle in die Hand gelegt, überreicht ihm aber tatsächlich eine rohe Kartoffel, bekommt er trotzdem Brandblasen.

Der Grund ist – meiner Meinung nach –, dass der Wille an der Wahrhaftigkeit der Simulation festhält. Der Wille hält sich strikt an den Logik- und Kausalgesetzen fest und lässt die Brandblasen entstehen. Er hat keine andere Wahl, als durch die vorgegebene Kausalkette das Resultat zu erzwingen. Der kontinuierliche, logische Zeitfluss im Kopf bleibt erhalten.

Um diesen dynamischen Vorgang etwas anschaulicher zu machen, folgt hier ein Beispiel, wie ich durch die falschen Entscheidungen meines Willens in einer Körperstarre aufwache:

*»**Körperstarre**« Ein traumatischer und erschreckender Alp-*
traum, in dem ich am Ende sehr verzweifelt bin, wird mir beim
nochmaligen Einschlafen direkt wiederholt.
Weil ich im Schlaf den Traum als Traum erkenne, versuche ich das
unausweichliche und erschreckende Ende in eine andere Bahn zu len-
ken, um mich dem bereits erlebten Trauma nicht wieder stellen zu
müssen. So versuche ich mit all meiner Gerissenheit, den Ablauf des
Traums wie in einem Computerprogramm zu manipulieren. Die Fi-
guren verhalten sich nun, so wie ich sie umprogrammiert habe, da-
mit sie mir am Ende des Traums nicht wieder wehtun. Gleichzeitig
sind die Figuren äußerst entsetzt, weil ich sie ihres Willens beraube.
Alle verspannen sich gleichzeitig. Ich merke allmählich, dass meine
kleinen Manipulationen schlimme Konsequenzen für mich haben
werden – viel Schlimmere als in meinem vorherigen Alptraum. Mein
ganzer Körper verspannt sich sehr stark. Angst erfüllt mich.
Ich wache in der Realität auf und bin in einer Körperstarre. Ich
bekomme große Panik, weil ich mich nicht bewegen kann. Mein
ganzer Körper ist wie eingefroren. Da höre ich eine männliche, feste
Stimme in meinem Kopf, die sagt: »WARTE!« Ich soll mich nicht
weiter in meine Angst hineinsteigern. Ich höre auf sie, warte ab und
entspanne mich. Die Körperstarre lässt sofort nach. Durch die starke
Anspannung und Verkrampfung aller Muskeln tut mir der ganze
Körper weh. In den nächsten drei Wochen habe ich Angst vor dem
Einschlafen.

Die Heldenreise hat also nicht nur angenehme Seiten, aber wir
sind selbst für diese Schmerzen verantwortlich. Auf Grund unserer bestehenden Ängste, Zweifel und Vorurteile werden wir zwangsläufig versuchen, die luziden Träume und die transzendenten
Träume zu unseren Gunsten zu manipulieren. Doch es wird uns
schnell beigebracht, dass wir die anderen Figuren und Symbole
nicht zu unserem Vorteil ausnutzen dürfen, nicht unserer Ge-
sinnung oder unserer Vorstellung von Moral anpassen dürfen.
Ansonsten werden wir auf das Äußerste bestraft. Wir dürfen den
Willen der anderen Figuren nicht beugen, manipulieren oder kontrollieren.

So wie im obigen Beispiel bestraft der ungehörte Wille aller
Figuren einen selbst. Indem ich alle Figuren zu meinem eigenen Vor-

teil ihres Willens beraubte, beraubten sie mich meines Willens. Eine klare Kausalkette. Die körperliche Verkrampfung war das Resultat.

Aber zum ersten Mal hörte ich eine klare Stimme in meinem Kopf. Ab diesem Moment weiß ich, dass mich jemand auf meiner Heldenreise begleitet und auf mich aufpasst, auch wenn ich fatale Fehler mache. Dessen bin ich mir nun stets gewiss, weil ich die Reise zu meiner inneren Wandlung aus freiem Willen entschieden habe. Ich habe mich entschlossen, ein besserer und aufrichtigerer Mensch zu werden und so wird mir auch geholfen.

Wir können uns nur bis zu einem bestimmen Grad selbst erschrecken oder traumatisieren. Wir können nur soweit bestraft werden, wie wir selbst in unseren moralischen Prinzipien glauben, bestraft werden zu müssen. Die eigene Ausprägung von Vorurteilen und Moral entscheidet über die eigene Strafe. Je verhärteter unsere Moral, desto härter unsere Strafe.

Hier ein fortgeschrittenes Beispiel, was passiert, wenn ich Menschen im Traum durch Vorurteile ablehne und so an meinem subjektiven Standpunkt festhalte:

>*Die Ablehnung*« *In einem Interview lehne ich vor der Kamera ein paar Punks ab, weil sie so extrem anders aussehen, aber an sich ganz freundlich wirken. Weil ich sie nicht richtig akzeptieren kann, komme ich damit nicht klar. Um mich etwas aufbauen zu lassen, gehe ich zu meiner liebenden Mutter ins Krankenhaus, in dem sie als Krankenschwester arbeitet. Nachdem ich ihr die Interview-situation mit den Punks geschildert habe, erhoffe ich mir von ihrer Seite Vergebung, aber sie sagt zu mir: »Ich will mit dir nichts mehr zu tun haben, dich nie wiedersehen.« Daraufhin lässt sie mich einfach stehen. Ich bin sehr betroffen, denn ich liebe meine Mutter und schätze ihre Weisheit. Meine Lunge, mein ganzer Oberkörper werden warm vor Trauer. Ich bin entsetzt und kann nicht glauben, dass mich meine Mutter so einfach und noch dazu für immer ablehnt.*
Ich wache auf und bekomme einen Heulkrampf. Meine Gefühle sind in meinem Körper so stark aufgestaut, dass ich sie durch das Weinen überwinden kann.

Ein Trost: Wir lernen schnell, im Traum nichts abzulehnen, egal wer oder was es ist. Ansonsten bekommen wir am eigenen Leibe zu spüren, was totale Ablehnung bedeutet – und zwar von den Menschen, die wir lieben. Die radikale Umkehr unserer Bewegungsrichtung führt zur Umkehr aller unserer Werte. Alles was wir fühlen und denken wird in Frage gestellt. Jeder Aspekt hat zwei Seiten. Unsere eigene Perspektive, unsere ablehnende Haltung und die eigene wertende Fixierung werden in Frage gestellt. So kann die eigene Perspektive, Haltung und somit das eigene Bewusstsein erweitert werden. Nach C. G. Jung kann Bewusstwerdung nicht ohne Schmerzen stattfinden. Im Buddhismus wird es etwas sympathischer formuliert: »Das Auge der Erleuchtung öffnet sich unter einem Hagel von dreißig Schlägen.«

Hier ein anderes Beispiel von schneller Lernfähigkeit:

> ***»Katze im Sack«*** *Vor meiner Tür steht ein Sack, darin ist eine Katze. Sie miaut. Ein Alptraum zuvor fing genauso an: Als ich die Katze aus dem Sack ließ, hatte ich einen heftigen verbalen Streit mit ihr und war sehr verzweifelt. Deshalb will ich den erneuten Traum austricksen, um auf diesem Wege der Verzweiflung zu entgehen. Dafür hole ich die Katze nicht aus dem Sack, sondern will sie in eine Mülltonne werfen, um einem Streit mit ihr zu entgehen. Ich presse den schweren Sack mit meinen Händen an die Brust. In dieser Haltung habe ich mich schlafen gelegt. Als ich die Katze jedoch in die Tonne werfen will, fängt sie an, in ihrer Todesangst laut zu miauen. Meine Hände verkrampfen sich und ich erwache mit starken Schmerzen.*
>
> *Auch zwölf Stunden später schmerzen sie noch. Dagegen war der verbale Streit mit der Katze im Traum zuvor eine friedliche Auseinandersetzung.*

Weil ich einem Streit mit der Katze ausweichen wollte, entschied ich mich sie zu töten. Dafür wurde ich bestraft. Ich lerne schnell, dass ich mich im transzendenten Traum nicht vor Auseinandersetzungen drücken darf. Ich muss mich meiner eigenen Angst stellen, die Wahrheit akzeptieren, egal wie unliebsam sie für mich ist. Auf diese Weise lerne ich schnell, mich stets auf den Weg der Wahrheit, der Liebe und der Versöhnung zu begeben und damit den Schmerz in den transzendenten Träumen zu vermeiden.

» Wir erziehen uns selbst zur Wahrheit.

Wenn wir noch nicht bereit sind für solche Erfahrungen oder sie noch zu stark werten, wird sich der transzendente Traum zu unserem eigenen Schutz ausblenden und erst wieder einblenden, wenn wir neues Vertrauen und Mut zum Geschehenlassen geschöpft haben. Wir entscheiden selbst, wann wir soweit sind, der Wahrheit ins Gesicht zu sehen. Wir entscheiden, ob wir unsere eigene Maske, unsere Fassade und unsere Vorurteile behalten wollen oder nicht. Wenn wir uns auf unsere Vorurteile, Ängste, Wünsche einlassen, uns ihnen hingeben, werden wir schrittweise nicht nur in den transzendenten Träumen, sondern auch im Leben gelassener. Die Veränderungen sind am Anfang minimal, aber wir beginnen sie zu spüren, weil wir uns selbst zu mehr Güte, Sanftheit und Weitsicht erziehen. Dieser Kompass verändert nach und nach unser Leben.

Wenn wir frei von Leid sein wollen, mehr als alles andere, wird uns in diesen Ebenen beigebracht, sehr aufmerksam und wachsam zu sein, um auch in der Realität richtig handeln zu können. Wenn wir folgenschwere Fehler begehen, egal ob in der Realität oder im Reich der transzendenten Träume, bedeutet das, dass wir nicht aufgepasst haben. Diese Erkenntnis führt uns zur Achtsamkeit, Aufmerksamkeit und zum bewussten Leben, zu einem luziden und transzendenten Leben in der realen Welt.

Erscheinung des Doppelgängers
Wir werden für unseren Mut zur Liebe und Wahrheit belohnt, denn wir bekommen für unsere weitere Heldenreise einen Begleiter zur Seite, der die Reise auf ein höheres Niveau bringt: es ist unser Doppelgänger.

Mit seiner Hilfe lernen wir die Traumsituation auch aus seiner Perspektive zu beobachten. Wir bekommen die Möglichkeit in seine Perspektive zu springen, um die Gesamtsituation besser zu erfassen. So entspannen sich nicht nur die Handlung des Traums, sondern auch die Gegensätze darin.

Innerhalb des Lernprozesses werden die älteren oder alten Symbole (Großeltern, Väter, Mütter und andere) jünger – sie verlieren ihre autoritäre Kraft. Im Umkehrschluss werden wir als Kind reifer und älter. Alt und Jung, Oben und Unten, Himmel und Hölle, Frau und Mann nähern sich an. Die Gegensätze verlieren ihre Absolutheit und erkennen das Gegenüber an. Wir werden uns als Beobachter unserer Zweiheit bewusst. Dies gilt für alle Gegensätze, die nun synchronisiert werden.

Alles, was wir ins Gleichgewicht bringen, beginnt miteinander zu harmonisieren. Gegnerische Mannschaften und Parteien arbeiten nun zusammen, verschmelzen miteinander. Die verschiedenen Perspektiven und Haltungen synchronisieren sich. Viele Figuren, die miteinander versöhnt sind, gehen nun mit uns gemeinsam den Weg, werden zu unseren Freunden und Mentoren. Wenn man sich die Hand reicht, ist schon die Hälfte des Weges geschafft. Diese gebündelten Kräfte, die ständige Versöhnung der Gegensätze, führt in den Träumen und transzendenten Träumen zwangsläufig zum Erscheinen unseres Doppelgängers. Hierfür schildere ich ein sehr fortgeschrittenes, transzendentes Traumbeispiel:

> **»Der Doppelgänger«** *Ein Mann und eine Frau stehen vor mir. Sie beobachten mich aufmerksam. Ich halte still und entspanne mich. Dies hat zur Folge, dass sich ihre Körper langsam auflösen und miteinander verschmelzen. Aus beiden Körperformen entsteht mein Doppelgänger, der aber etwas jünger aussieht als ich. Ich bin über das Phänomen überrascht. Mein Doppelgänger bekommt Angst vor mir und flieht. Ich laufe ihm in seine Welt nach, doch dort verliere ich ihn. Er ist viel zu schnell. In seiner Welt treffe ich auf viele Persönlichkeiten mit übersinnlichen Kräften, die mich beeindrucken. Ich bleibe bei ihnen, um sie mit all ihren Fähigkeiten zu beobachten.*

Das ist der Grund, warum man den Mann und die Frau im Traum nicht werten darf, denn beide sind in jeder Hinsicht gleichberechtigt und können erst in ihrer Auflösung und Verschmelzung unseren Doppelgänger bilden, der uns seine Welt eröffnet.

> » Das Eins-Setzen der Gegensätze im Traum lässt unseren Doppelgänger erscheinen.

»Wenn ihr aus zwei eins macht, wenn ihr aus Frau und Mann eins macht, dann werdet ihr ins Königreich einziehen«, sagte Jesus.

Wenn man also in den luziden Träumen und den transzendenten Träumen aus Mann und Frau stets Eins werden lässt, die Gegensätze also gleichsetzt, ist die Erscheinung des Doppelgängers unvermeidlich. In der esoterischen Szene wird der Doppelgänger als »der kleine Hüter der Schwelle« bezeichnet. Sein Erscheinen markiert die Hälfte meiner Heldenreise nach Innen. Zum Ende meiner Reise eröffnet er mir die Tür zum »Doppelten-Raum«: einer für mich bis dahin unsichtbaren und parallelen Dimension im Schlaf.

Mit seinem Erscheinen werden die transzendenten Träume mystischer. Die Reise geht nicht mehr nur in die Tiefe, sondern in die (innere) Weite, was Sie in meinen chronologischen Aufzeichnungen im Kapitel »Eine spirituelle Reise« verfolgen können. Neu ist dabei für mich Folgendes: In den geschützten Räumen der transzendenten Träume werden meine inneren Organe stärker beansprucht, gereinigt, in Form gebracht und somit in ihrer Funktionstüchtigkeit für den Alltag gestärkt. Gleichzeitig wird durch das Auftreten des Doppelgängers meine eigene Grundstimmung im Alltag von Grund auf positiver.

Gleichzeitig ergibt sich für mich im Traum ein kleines Problem. Wenn mir mein Doppelgänger mit all meinen Fähigkeiten, meinen Talenten, meinem Charakter, meinem Aussehen in den Träumen oder den transzendenten Träumen gegenübersteht, wer bin ich dann im Traum? Wer von uns beiden ist der wahre Bartosz?

Das Trennende anerkennen

Um herauszufinden wer mein Traum-Ich wirklich ist, muss ich dem Doppelgänger in seine Welt folgen. Man kann die Reise zum eigenen Ursprung nur zu zweit antreten.

In seiner Welt komme ich mit Versöhnung und Umarmung nicht weiter. Die Taktik des »Eins werden mit allem« nützt mir nicht viel. Auch der Trick mit dem Wegblocken der eigenen Wertungen funktioniert nicht mehr, genauso wenig wie nochmaliges Sterben oder die Anwendung der abgeschwächten Variante des Einschlafens im Klartraum. Wenn ich mich im Klartraum schlafen gelegt habe, bin ich auf einer tieferen, realistischeren Ebene aufgewacht. Wenn ich mich nun in den tiefsten Träumen zum Einschlafen lege, wache ich in der Wirklichkeit auf. Ich kann mich nicht mehr tiefer fallen lassen. Die Reise geht in eine neue Richtung.

In diesen Lektionen, die einen starken Gegenwartscharakter haben, gilt es die eigenen Ängste der Ausgrenzung, der Trennung und der Ablehnung anzuerkennen. Hier lernen wir, Trennungen und Abschiede zu vollziehen. Wir lassen die schmerzhaften Trennungen in unserer Vergangenheit zu und erkennen die Abschiede an. Für den Kreislauf des Lebens ist es notwendig, sich zu trennen und zu verbinden.

Je mehr wir uns diesen Grundängsten, die aus unserer Vergangenheit resultieren, stellen und die Trennungen zulassen, um so weniger werden wir uns in der Gegenwart ausgegrenzt und abgelehnt fühlen. Wenn wir sie erfahren, gehen wir mit Abgrenzung und Ablehnung gelassener um.

Praktischer Nutzen Wir reagieren gelassener auf Zurückweisungen.

Unser Doppelgänger, der aus der Versöhnung der Gegensätze entstand, weist uns die Richtung in unsere tiefste Vergangenheit und somit zu den Grundpfeilern unseres Charakters. Wir kommen in die Ebenen des selbstlosen Trennens und des Gehenlassens.

Daher geht es in der zweiten Hälfte der Reise darum, nicht an dem Gefühl der Einheit und Harmonie festzuhalten, sondern das Trennende und auch Fremde in uns selbst anzuerkennen und anzunehmen. Die Dominosteine fallen weiter um und ohne es zu ahnen, werden wir von der tiefsten Liebe in uns ergriffen und fangen an, dem Ruf unseres Herzens zu folgen. Dabei verändert sich unsere Welt, denn sobald das Licht in uns zu leuchten beginnt, wird uns auffallen, dass es allgegenwärtig ist.

Bis es soweit ist, schauen wir uns den zeitlichen und auf sich aufbauenden Ablauf der Reise konkreter an.

Zeitlicher Ablauf

Bei diesem Integrations- und Transformationsprozess wechseln sich die Träume, luziden Träume und die transzendenten Träume ab. Es ist wissenschaftlich bewiesen, dass neue Eindrücke meist etwa eine Woche Zeit brauchen, um in die REM-Träume einzusickern.

Das Gleiche gilt auch für die Erfahrungen, die ich in den transzendenten Träumen mache (rechte Gehirnhälfte) und die nun in die Ebenen meiner Träume (linke Gehirnhälfte) einfließen können. »Denn das Bewusstsein ist im Wesentlichen ein geschlossener Kreislauf, in dem die Gehirnbereiche mehr darauf achten, miteinander zu kommunizieren, als auf das, was um sie herum geschieht«, schrieb im Jahre 1991 der kolumbianische Neuroforscher Rodolfo Llinás. So treten in diesem geschlossenen Kreislauf die beiden Gehirnhälften in Resonanz zueinander.

Das Gehirn ist mit seiner plastischen Elastizität dafür bestens ausgerüstet. Es braucht ungefähr 21 Tage, um neue Verknüpfungen herzustellen, damit eine befremdliche Handlung oder Situation als normal betrachtet wird.

Deshalb habe ich das Gefühl, dass sich bei mir die größeren Umbrüche in einem Vier-Wochen-Rhythmus abzeichnen. Erst dann werden die neuen Haltungen, die in einem transzendenten Traum an einen herangetragen werden, als Gewohnheit angesehen. Nun können neue Elemente in den Träumen hinzukommen und im Lernprozess das Bewusstsein nach und nach erweitern.

Der gleiche Umstrukturierungsprozess ist natürlich auch im physischen Körper gegeben. Unsere Organe können sich erinnern: sie haben ihr eigenes Zellgedächtnis. Alle paar Monate sind sämtliche Zellen im Körper vollständig erneuert. Der Körper vollführt täglich den Balanceakt zwischen Leben und Tod, was auch als Apoptose – das Zellensterben – bezeichnet wird. Indem man sich in einem transzendenten Traum sterben lässt, also loslässt, kann man die Psyche vom Unbewussten nach und nach erneuern lassen. Das Gedächtnis der Zellen wird nach und nach vom Ballast der prägenden Vergangenheit befreit und erneuert, und dann wiederum im unbelasteten Rhythmus mit allen anderen Zellen im Körper zum Schwingen gebracht. Die erneuerten Zellen können nicht nur im Innern des Körpers miteinander in Resonanz treten, sondern auch mit der Umgebung: Lebendig sein bedeutet, zur Resonanz fähig zu sein.

So tritt der eigene Körper mit seinen beiden Körperhälften, Organen und Nervensystemen in Resonanz. Die Hirnbereiche nähern sich in ihrer taktbestimmenden Kommunikation, ihrer gemeinsamen Synchronisation an, bis sich eine Schicht loslöst und die nächste in Angriff genommen werden kann. Schicht um Schicht kommen wir dem wahren Kern näher, dabei wächst das geistige, beobachtende Bewusstsein, das auch das Schöpfungspotential genannt wird.

Auch wenn wir uns in den transzendenten Träumen unseres größeren Schöpfungspotentials bewusst werden, nutzen wir diese neue Macht im Traum nicht aus.

Je mehr die Macht im Traum wächst, desto weniger muss man dazulernen. Das ist eine Falle. Deswegen gilt für den stärker werdenden Helden, diese mögliche Macht der neuen mentalen Talente und Kräfte im Traum wieder fallen zu lassen, auf sie zu verzichten: Wo wir aktiv sind, werden wir passiv – wo wir passiv sind, werden wir aktiv.

Dabei werden die luziden und transzendenten Träume realer und der Schwierigkeitsgrad komplexer. Wir erinnern uns: Es ist einfacher, sich mit einem unrealistischen Drachen zu versöhnen, als mit dem prügelnden Vater. Unser erhöhtes Schöpfungspotential macht es uns möglich, unsere Ängste und Wünsche zu erkennen und sie als Illusion zu enttarnen. Unser Bewusstsein und unser Potential dehnen sich aus, um sich der nächsten schwierigeren Aufgabe zu stellen. Unsere Fähigkeit des Nicht-Eingreifens mit dem Mut des Geschehenlassens lässt uns das meistern. Nichts ist unvollkommen, alles ist bereits vollkommen. Sich dessen stets gewahr zu sein, ist der Weg im Reich der transzendenten Träume.

Bei mir etablierte sich ein Rhythmus, der mich ungefähr zweimal die Woche in den transzendenten Traum fallen lässt. Alle vier Wochen gibt es eine große Lektion oder Reise, die entweder weitere Aspekte einer Traum-Serie behandelt oder vorerst mit einer größeren Versöhnungszeremonie, wie zum Beispiel einer Hochzeit, zum Abschluss gebracht wird. Ungefähr alle sechs Monate werde ich dann auf den aktuellen Stand gebracht, an welcher Stelle ich gerade in meinem Lernprozess angekommen bin. Hier ein sehr konkretes Zeitbeispiel, das mir eineinhalb Jahre nach dem obigen Traum »Neubeginn« vermittelt wird:

»*53 Prozent der Reise*«   *Erst lasse ich mich im heißen Öl verbrennen, dann in sehr kaltem Stickstoff ersticken. Ohne Schmerzen sterbe ich dabei. Ich bin in einem großen dunklen Raum. Mir wird auf diese Weise vermittelt, wie es in meinem Gehirn aussieht. Der Raum ist sehr leer und etwas verstaubt. Es scheint, als hätte ich ihn entleert, um ihn neu zu füllen. Aber noch ist ein Sicherheitsbeamter im leeren Raum. Es ist ein Roboter, der mich nicht bemerkt und vor dem ich mich wie ein Kleinkind verstecke. Ich habe das Gefühl, dass der Roboter hier ist, um aufzupassen, dass alles so bleibt wie es ist. Mir wird in meinem Gesichtsfeld wie auf einem Computerbildschirm visualisiert, dass ich 53 Prozent der Reise bereits hinter mir habe.*

Der Traum markiert die Hälfte der ersten Etappe, die zu einem wichtigen Ereignis am Ende meiner Reise führt – zur Findung meiner emotionalen und spirituellen Mitte im Traum. Darüber an entsprechender Stelle mehr.

Uns wird immer wieder mitgeteilt, auf welcher Etappe der Reise wir uns gerade befinden, um uns zu ermutigen, weiter zu machen. Das Innere äußert seinen Wunsch, weiter machen zu wollen, aber es lässt uns unseren freien Willen, die endgültige Entscheidung zu treffen.

Zwischen Realität und Schlafbewusstsein

Der Prozess dieser Transformation besteht darin, das Alte zu eliminieren und Platz für Neues zu schaffen. Wir lernen in diesem Prozess emotional dazu und beobachten gleichzeitig, dass sich unsere geistige Wahrnehmung für Innen und Außen weitet. Beim Aufwachen werden wir zum Beobachter anderer Wahrnehmungsebenen der Realität.

Nach einer gewissen Zeit kann es auf der Reise dazu kommen, dass wir beim Aufwachen manchmal halluzinieren. Es sind hypnopompe Halluzinationen, die beim nächtlichen Erwachen eintreten. Bei Kindern ist es als Nachtschreck bekannt – die Kinder glauben beim nächtlichen Aufwachen, das jemand in ihrem Zimmer steht. Aber keine Angst, wir sind ja schon erwachsen und diese Halluzinationen sind nichts anderes als eine intensivere Form des transzendenten Traums, der aus dem Schlaf noch in die Wirklichkeit nachhallt. Der Nachtschreck ist ein weiterer Hinweis darauf, dass wir eine angeborene Fähigkeit haben, geistige Welten zu beobachten.

Das Beobachten der geistigen Wahrnehmungsebenen wird vom freien Willen definiert, der an den Gesetzen der materiellen Wirklichkeit festhalten will und muss. Wahre Hingabe bedeutet das Loslassen der Ego-Kontrolle. Indem man mit dem Tod im Traum seine Ego-Kontrolle loslässt, werden mystische Einblicke in die Wirklichkeit und somit in das eigene Selbst möglich.

Die einzelnen Ebenen der Wahrnehmung bauen aufeinander auf, fließen ineinander und werden dabei stets von unserem Willen bestimmt. Die Reihenfolge der Ebenen in die tieferen Bereiche unseres Selbst kann in sieben Schritte unterteilt werden, die schließlich wieder mit den hypnagogen Halluzinationen in unsere subjektive Realität münden. Ein geschlossener Kreislauf ist gegeben:

Realität   Unsere Realität, also unsere bevorzugte Wirklichkeit, in der wir über unseren freien Willen verfügen.

Aktive Imagination   Die aktive Imagination ist unsere Vorstellungskraft und Phantasie, mit der wir uns im Wachen willentlich unseren Phantasien und im ruhigen Liegen unseren inneren Bildern hingeben können. Mit ihrer Hilfe können wir uns ebenfalls willentlich unsere Alpträume in einem Prozess des Loslassens und Zulassens wiederholen lassen.

Trance   Der Übergang von der aktiven Imagination in eine kleine Trance ist fließend. Die inneren Bilder werden konkreter. Durch das stete sich Fallenlassen und Hingeben vertieft sich die Trance und wir vernehmen immer mehr intuitive und empfindsame Gedanken in konkreten Worten, Sätzen, Geräuschen und in Musikform. Diese feinen Wahrnehmungen werden beim Einschlafen auch als hypnagoge Halluzinationen bezeichnet – man befindet sich in einem hypnagogen Bewusstseinszustand zwischen Wachheit und Schlaf.

Traum   Der Traum oder Alptraum, in dem unsere Augen meist an die REM-Schlafphase (Rapid Eye Movement – Schnelle Augenbewegung) gebunden sind. Die REM-Schlafphase ist ein deutlicher Hinweis darauf, dass wir gerade emotional träumen. Nach meiner Erfahrung folgt das Pendel im Kopf – also unsere Fokussierung der inneren Augen – automatisch der Bewegung und somit den Symbolen im Traum. Vielleicht sind nicht (zwingend) die Augenbewegungen an die Situation und Symbole gekoppelt, dafür aber das Pendel im Kopf. Weil wir auf unsere Angst, Scham oder unseren Ekel reagieren, führt es zu einer Bewegung im Traum, meist zur Vermeidung oder Flucht. Das Pendel im Kopf folgt dieser Bewegung. So haben wir das Gefühl, dem Willen des Unbewussten ausgeliefert und der Alptraum-Situation nicht mächtig zu sein. Doch wir lassen den Alptraum geschehen.

Luzider Traum   Der luzide Traum (Klartraum), ist ein Traum, in dem wir den Traum als Traum erkennen. Wir sind uns bewusst, dass wir träumen. Mit der nun willentlichen Fokussierung unserer inneren Augenbewegung wird es uns möglich, das Traumgeschehen zu beeinflussen. Unser Wille kann den Ausgang des Traums jetzt bestimmen, aber wir müssen unseren Willen an die anderen Figuren abgeben, also unseren subjektiven Fokus ganz aufgeben. Es ist ein aktiver Akt der Selbstlosigkeit, des Verzichts, des Loslassens. Wir lassen aktiv von unseren kindlichen Wünschen, Hoffnungen und Sehnsüchten ab.

Transzendenter Traum   Die transzendenten Träume sind virtuelle Übungsräume, in denen wir uns mit den eigenen Ängsten und Zwängen auseinandersetzen können. Indem wir in einem luziden Traum oder Alptraum entspannt sterben, betreten wir den Übungsraum des transzendenten Traums. Hier stellen wir uns einer konkreten Prüfung oder Aufgabe. Im Gegensatz zu den luziden Träumen werden wir uns im transzendenten Traum bewusster, dass wir auf diesen Ebenen noch ein Kind sind, dessen körperliches Empfinden eingeschaltet ist. Wir können so die Entbehrungen der Kindheit in uns ausloten und einen spirituellen Reifungsprozess einleiten.

Die tiefsten Ebenen werden durch das Pendel gewährleistet, das sich im Schlaf automatisch zu unserer REM-Schlafphase dazu schaltet. Durch die rhythmisch fließende Hin- und Herbewegung der Augen, die unbewusst an das Pendel gekoppelt sind, löst sich die Welt der Gegensätze, also die räumliche Dualität des Traumes oder des Klartraums, vollständig auf. Yin und Yang werden ins Gleichgewicht gebracht und so lässt der rhythmische Gleichtakt der Gehirnseiten uns tiefere Bereiche betreten. Die Übungsräume bekommen spirituelle und religiöse Züge. Ein heilsamer und bereinigender Lernprozess beginnt.

Halluzination Eine intensivere Form der transzendenten Träume sind positive, hypnopompe Halluzinationen, die beim Aufwachen nachhallen. Wenn ich eine prägende Angst in einem transzendenten Traum überwunden, eine wichtige Lektion verinnerlicht oder eine komplexe Aufgabe gemeistert habe, wirken beim Aufwachen für ein paar Sekunden friedvolle Figuren oder Tiere (zum Beispiel Bambi oder tanzende Kinder) in die Realität nach. Sie wirken nach, wenn ich einen größeren Themenkomplex in einem transzendenten Traum zur Versöhnung gebracht habe und erscheinen mir beim Aufwachen als friedliche Halluzination. Dieser Vorgang hat eine beruhigende, gesammelte Wirkung. Gleichzeitig verhält sich der eigene Fokus der Augen sehr ruhig, tief und still. Die Augenbewegungen werden in den transzendenten Träumen durch die Aussöhnung und Harmonisierung zum völligen Stillstand gebracht: Innen und Außen werden synchronisiert und lassen tiefere Wahrnehmungsebenen zu.

Diese Erscheinungen verschwinden direkt, wenn der innere Fokus durch den inneren Monolog destabilisiert wird, sich also mein Wille und somit meine Alltagssorgen wieder einstellen.

Wie erwähnt, ist das Gegenteil von Kausalität die Synchronizität. Die Synchronizität kennt – wie die Liebe – kein Warum. Diese friedvolle Halluzination stellt für mich eine Visualisierungsform dar, um im Realen meine innere, nun synchronisierte Zeit sichtbar oder hörbar (zum Beispiel durch Musik) zu machen. Ich halluziniere, also sehe oder höre ich nicht mehr meine angestaute, a-synchrone Zeit, sondern die sich synchronisierende Zeit. Die innere und äußere Zeit synchronisiert sich mit sich selbst. Deswegen sind es positive Halluzinationen, die gleichzeitig die Möglichkeit eröffnen, sein eigenes Wahrnehmungsspektrum neu zu definieren.

Was mir anfangs wie eine außersinnliche Wahrnehmung erscheint, ist in Wirklichkeit meine primäre Wahrnehmung: Wie zum Beispiel der Nachtschreck bei Kleinkindern.

Der Kreislauf schließt sich: Weil unser Traum-Ich nach und nach zu einem Geistwesen wird, erweitern sich die Pforten der Wahrnehmung im Schlaf und im Leben.

KAPITEL IV
EINE SPIRITUELLE REISE

»Es ist absolut möglich, dass jenseits der Wahrnehmung unserer Sinne ungeahnte Welten verborgen sind« Albert Einstein

Als ich meine Bewegungsrichtung im Traum und Klartraum umkehrte, habe ich in mir eine unvorstellbare Lawine losgetreten. Zu meinen größten Überraschungen zählt, dass aus meiner Heldenreise eine spirituelle Reise geworden ist. So wird in diesem Kapitel die zwangsläufige Entwicklung des Traum-Ichs in Richtung Wahrheit, Licht und Liebe beschrieben, außerdem gibt es kleine Ratschläge, die Ihre Reise angenehmer gestalten können.

Die Tipps aus dem ersten Teil reichen aus, um Ihre Heldenreise nach Innen einzuleiten und klärende Kräfte in Ihnen zu aktivieren. Sie brauchen nicht mehr zu wissen, denn den Rest schaffen Sie alleine. Die Dominosteine fallen, Sie treffen in Ihrem Unbewussten auf Ihre eigenen Mentoren und Führer, denen Sie voller Vertrauen folgen können. Dieses Kapitel ist für Neugierige gedacht, die mehr darüber wissen möchten, wie die spirituell-geistige und individuell-religiöse Reise in ihrem Ablauf strukturiert ist. Durch die initiierte innere Wandlung, die wir durch unsere Überwindung von Sehnsucht und Abscheu bereits vorangebracht haben, beginnt das heilige Licht in uns zu schimmern.

Freud sagte, das Unbewusste kennt keinen Widerspruch, keine Gegensätze. Es kennt weder Leben noch Tod. Für das Unbewusste sind alle Energien gleich, egal ob sie sich für uns positiv oder negativ anfühlen. Anspannungen, Blockaden, Schmerz, Leid, Durst oder Hunger sind unsere persönlichen Schutzmechanismen, die uns vor dem Sterben beschützen wollen.

Wir können unserem Unbewussten die Richtung aufzeigen und somit auf das Problem in unserem Körper oder in unserer Psyche hinweisen, indem wir die Bewegungsrichtung mit unserem freien Willen ändern. Das Unbewusste synchronisiert die Energien für uns und bringt den Körper und die Psyche so ins Gleichgewicht.

Es ist durchaus möglich, dass der Drache in einem transzendenten Traum für eine Krankheit oder das Symptom einer psychischen Erkrankung steht und ohne dass wir erahnen, wofür das Symbol steht, haben wir bereits damit begonnen, uns mit unserem Leid zu versöhnen. Auf dieser Reise geschieht das automatisch, weil das Unbewusste versucht, alle Energien ins harmonische Gleichgewicht – in Resonanz – zu bringen. Die angestauten und abgespeicherten Ängste, Schmerzen und Sorgen aus der Vergangenheit, die die Gegenwart bestimmen, lösen sich auf.

Das Phänomen der Resonanz und der verschiedenen Energieebenen im Körper waren schon den alten Mystikern, Buddhisten, Hindus und Vertretern anderer Religionen bekannt. Auf der Hälfte der Reise, spätestens beim Auftauchen des Doppelgängers, treten die aufeinander aufbauenden Energieebenen stärker in den Vordergrund, die als die fünf Elemente bekannt sind: Erde, Wasser, Feuer, Luft und Äther. Mit Äther ist Strahlung, also Licht, gemeint. Die auf sich aufbauenden Energien zeigen auf, dass die Vereinigung mit dem Licht im Kontext eines Entwicklungs- und Reifungsprozesses zu sehen ist.

Daher wird aus der Heldenreise nach und nach eine spirituelle Reise. Wenn der Held die Traum-Ebenen der Elemente Erde und Wasser überwindet, wird die Reise in spirituelle und mystische Dimensionen über die Elemente Feuer und Luft in Richtung Licht und Liebe fortgeführt.

Die Atomphysiker entdeckten Anfang des 20. Jahrhunderts, dass alles in der Welt aus Gegensätzen besteht, so auch bei den subatomaren Teilchen, bei denen zu jedem Elektron ein Positron gehört. Nur das Photon, das kleinste Lichtteilchen, ist ohne Gegenpol und damit ein würdiger Repräsentant der Einheit. Somit sind Licht und Einheit dasselbe. Dennoch ist das Ursprungswissen über Lichtarbeit in allen Kulturen gleich, in entsprechende Geschichten der jeweiligen Kulturen verpackt. Die Mystiker meinten, dass die Schatten der Vergangenheit fliehen und sich auflösen, wenn man in die leuchtenden Strahlen eingeht. Deshalb wird das Licht als der Strahl der Transformation gesehen.

Das Loslassen von falschen und verinnerlichten Glaubenssätzen ermöglicht die Veränderung der eigenen Wahrnehmung und somit eine Erweiterung der erlebbaren Welt. Das Loslassen führt zu einer größeren Spiritualität, durch die erweiterte Wahrnehmung fällt mehr spirituelles Licht in unser Leben.

Die spirituelle Entwicklung

Ich war sehr überrascht, dass die Reise in diese Richtung im Traum zielstrebig verfolgt wird. Ich war immer skeptisch gegenüber Spiritualität. Obwohl ich dafür wenig Interesse zeigte, traten mit dem Auftritt des Doppelgängers die Symbole der fünf Elemente in den Vordergrund. Weil die mystischen, spirituellen und religiösen Phänomene in den transzendenten Träumen überhand nahmen, musste ich mich entsprechender Literatur widmen, um einige Aspekte besser begreifen und mehr Verständnis und Akzeptanz für die Entwicklung meines eigenen Traum-Ichs in Richtung Spiritualität aufbringen zu können.

Das Wissen über die fünf Elemente ist groß, an dieser Stelle möchte ich auf eine Charakteristik aufmerksam machen. Das besondere dabei ist, dass die Energieebenen jeweils an die Perspektive von Subjekt und Objekt gekoppelt sind. Dabei ist mit dem Subjekt unser Traum-Ich und mit dem Objekt das gegenüberliegende Symbol oder die Figur gemeint. So hat jedes Element eine charakteristische Beziehung zu diesen beiden Positionen.

Erde	Subjekt ist nichts und das Objekt ist alles.
Wasser	Subjekt ist alles und das Objekt ist nichts.
Feuer	Subjekt und Objekt existieren nicht.
Luft	Subjekt und Objekt sind gleichzeitig richtig.
Licht	Alle vier Ebenen vereinen sich im Licht.

Ändert man die Bewegungsrichtung in allen Traumzuständen und Ebenen um 180 Grad, werden das Subjekt (Traum-Ich) und das Objekt (das Gegenüber) in sich vertauscht. Spätestens mit dem »Knuddeln« sind beide Gegensätze aufgehoben, und die Energieebenen der Elemente der Erde und des Wassers kommen ins Gleichgewicht und werden im weiteren Verlauf vertauscht. Das zeigt sich einerseits in den fortgeschrittenen Träumen und transzendenten Träumen, wo alles überflutet wird und die Inseln und Länder unter Wasser stehen. Es zeigt sich auch dort, wo in das eigene (fiktive) Zimmer Wasser eindringt und nach und nach in den transzendenten Träumen geflutet wird. Viele der Träume spielen sich dann im Element des Wassers – der Welt unserer Gefühle – ab.

Im Element Wasser werden unsere Heilungskräfte mobilisiert. Nicht umsonst ist vielen Religionen das Wasser heilig. Auch wenn alles unter Wasser steht, gilt es, sich zur vollkommenen Ruhe zu bringen, damit wir keine Schmerzen erleiden. Deswegen ist es so wichtig, in den Träumen und luziden Träumen die innere Ruhe und den vollkommenen Stillstand unseres Traum-Ichs zu erreichen, den eigenen Willen, die eigene Bewegung und Fokussierung fallen zu lassen. Unser Wille ist nicht nur in den Alpträumen für das Ausmaß unserer Verzweiflung verantwortlich, sondern im tiefer gelegenen Element des Wassers auch für unsere Schmerzen.

Schmerzen gehören dem Schutzmechanismus an und bewahren uns vor dem möglichen Tod. Buddhistische Kung-Fu-Mönche können ihren Willen so gut auf einen Punkt richten, zur konzentrierten Regungslosigkeit bringen, dass sie selbst bei einem harten Schlag kaum Schmerzen spüren. Erst im entspannten und vollkommenen Stillstand unseres Willens ist es unserem Traum-Ich möglich, das Element des Wassers zu betreten und die Heilungskräfte auf sich wirken zu lassen. Heilung ist ein Umstrukturierungsprozess, der (manchmal) schmerzhaft sein kann: Wenn uns der Zahnarzt einen faulen Zahn zieht, haben wir Schmerzen.

Um die möglichen Schmerzen im Element des Wassers auszublenden, begegnen wir ihm wie ein buddhistischer Mönch mit konzentrierter und gesammelter Ruhe. Keine Angst: Wir erfahren auf dieser Reise immer wieder Hilfe, damit wir in den entscheidenden Momenten tatsächlich zur vollkommenen Ruhe kommen. Wir werden nie allein gelassen. Wir sind selbst unter Wasser in geschützten Übungsräumen, für die wir uns aus freiem Willen entschieden haben. Auch hier weiß das Unbewusste zu hundert Prozent, für welche Richtung wir uns mit unserem Willen entscheiden werden. Nur so können wir uns der Konsequenzen klar werden, die unsere Entscheidungen mit sich bringen.

Die Ebenen Feuer und Luft gehören zum objektiven Beobachter, zu dem wir auf dieser Reise werden. In deren Verlauf bewegen sich die Elemente Feuer und Luft aufeinander zu und kommen ins Gleichgewicht. Es gibt somit nicht nur ein richtig und falsch, sondern beides ist auf der Energieebene des Feuers falsch und auf der höher gelegenen Energieebene der Luft richtig. Das ist kein Widerspruch, es ist der »mittlere Weg der Einheit«, wie es im Buddhismus heißt. Der Schmetterling war nie etwas anderes als die Raupe.

Alle vier Elemente bewegen sich in den transzendenten Träumen aufeinander zu, weil nach meiner Erkenntnis das Pendel im Kopf dem Element der Luft angehört. Mit dem Pendel im Kopf ist es uns möglich, alle unteren Energieebenen Feuer, Wasser und Erde von Blockaden zu befreien und miteinander zu synchronisieren. Durch das Betreten der Beobachterebenen im Schlaf werden wir im Alltag aufmerksamer. Unsere Konzentrationsfähigkeit verstärkt sich. Das Pendel erhöht im Alltag unsere Konzentration und lässt uns auch achtsamer für unsere Psyche, unseren Körper und unseren Alltag werden.

Ich habe mich früher nie mit Atemübungen oder verschiedenen Meditationsarten beschäftigt, doch inzwischen ist mir meine Körperwahrnehmung und Atmung bewusster. Die Atempraxis gilt als Bindeglied zwischen geistigen Prozessen und Vorgängen im Körper. Wird durch Übungen das Atemmuster ruhiger, überträgt sich das direkt und mit voller Stärke auf Gehirn und Körper. Deshalb, meint die integrative Psychiaterin Dr. Patricia Gerbarg, »sei Atmen das beste Tor in die Innenwelt eines Menschen«.

Das Pendel im Kopf und die eigene Atmung des Körpers werden getaktet, ohne dass man sich dessen bewusst ist. Weil das Pendel die Gedanken leiser werden lässt, hat dies Auswirkungen auf die Atmung und auf die innere Ruhe.

Wenn man in Gedanken versunken ist, verflacht unsere Atmung. Wenn das durch kreisende Gedanken oder Bilder im Kopf geschieht, hat das entsprechende Auswirkungen – wir leiden unter Sauerstoffmangel, Bluthochdruck, Verspannungen. Deshalb rate ich Ihnen, sich des eigenen Atmens so oft wie möglich gewahr zu werden. Das einfache Durchatmen hilft schon, die sich selbsterhaltenden Gedankengänge kurz zu unterbrechen, und so anderen (und positiveren) Gedanken Platz zu machen. Das Durchatmen ist wie ein Neustart für andere Gedankengänge.

Praktischer Nutzen Besonders die Bauchatmung –
auch Zwerchfellatmung genannt –, lässt uns entspannen,
besänftigt unsere Emotionen, vertreibt negative Gedanken.

Das Bewusstwerden der Atmung geschieht zwangsläufig durch
die Synchronisierung aller vier Ebenen mit dem Pendel, dabei entstehen im Traum die Phänomene des Lichts. Daher ist in letzter
Konsequenz das Erscheinen des inneren Lichts mit der Synchronisierung der vier Ebenen gegeben. Der Held löst sich im Traum
von allen materiellen Anhaftungen und entdeckt das heilige Licht
in sich, das in seiner Tiefe immer schon geglüht hat. So wird
klarer, warum die Liebe im Menschen so eine starke und unsichtbare Kraft ist.

Weil wir durch die Veränderung unserer Bewegungsrichtung
zwangsläufig Subjekt und Objekt gleichsetzen, setzt von innen
heraus eine spirituelle und transformierende Reise ein. Indem wir
beide durch unsere Beobachtung immer wieder Eins werden lassen, führt dies zur Transzendenz. Auf diese Weise werden wir uns
unserer eigenen Transparenz bewusster.

Im Buddhismus heißt es, dass die Geburt eines wirklich menschlichen Wesens mit dem Beobachter beginnt. Der objektive Beobachter ist schon der »vollkommene« Geist.

Daher ist man selbst das transparente und transzendente Ziel.
Man ist jetzt schon das, wonach man sich sehnt. Somit wird im
Verlauf dieses Lernprozesses die Entwicklung und Entfaltung des
eigenen Traum-Ichs in Richtung Spiritualität, Licht, Liebe und
Wahrheit unvermeidbar.

» Das Traum-Ich wird zum beobachtenden Geist.

Das Spannende dabei ist, dass man im realen Leben nicht spiritueller wird, sondern begreift, dass das Leben tiefer angelegt ist
als es den Anschein hat. Dabei entwickelt man im Alltag mehr
Verständnis und Achtung für diese Ebenen. Es bildet sich eine
individuelle Spiritualität aus, jenseits weltlicher oder religiöser
Dogmen.

Dennoch darf man sich von den auftauchenden spirituellen
Symbolen in den transzendenten Träumen nicht faszinieren las-

sen. Auf der Reise wird auch streng darauf geachtet, dass man es nicht tut. Faszination ist immer ein Mangel an etwas anderem. Es ist ein Rettungsschirm vor dem eigenen Nichts. Doch dieses Nichts sollen wir zulassen, es in uns tragen. Und je größer das Nichts und die Finsternis, desto heller wird das Licht (in einem) scheinen.

Grober Fahrplan

In den letzten Jahren habe ich ein Traumtagebuch geführt. Man kann die konkrete Entwicklung des spirituellen Lernprozesses meines eigenen Traum-Ichs in fünf aufeinanderfolgenden Jahresabschnitten verfolgen. Ich nenne sie meine Lehrjahre, die im Abschluss einer wichtigen Etappe münden: Das Traum-Ich findet seine spirituelle Mitte. Diese Entdeckung der spirituellen Mitte im Schlaf führt in noch tiefere Ebenen in den transzendenten Träumen.

Erst diese Balance, das Finden der eigenen Mitte zwischen Yin und Yang und somit der beiden Gehirnhälften, lässt uns tiefere Erkenntnisse und Wahrnehmungsebenen im Schlaf erfahren. In diesen fünf Jahren geht es darum, ein gesundes Gleichgewicht zwischen Körper und Geist im Schlaf zu etablieren. Natürlich kann man sagen, dass fünf Jahre eine sehr lange Zeit sind. Aber erinnern Sie sich an die Anfangsfrage des Buches, wie Sie sich Ihr zukünftiges Ich vorstellen möchten. Um dahin zu kommen, müssen Sie nur schlafen – nicht mehr und nicht weniger als sonst.

Wie sich meine persönliche und geistige Entwicklung innerhalb von fünf Jahren vollzogen hat, fasse ich folgendermaßen zusammen:

1. Jahr: Vertrauensaufbau
Geister im Schlaf.
Umgang mit virtuellen Räumen.
Fixierung und Neukalibrierung der Augen.
Positive Halluzinationen.

2. Jahr: Neustart des Gehirns
Umstrukturierungsmaßnahmen im Gehirn.
Buddhistische Träume.
Operative Eingriffe entlang der Wirbelsäule.

3. Jahr: Die Hälfte des Weges

Wahrnehmung des inneren Kindes.
Auftritt des Doppelgängers.
Einblicke ins Innere des Körpers.
Erscheinung und Erforschung des Elements Wasser.
Heilungs- und Klärungsprozesse im Element Wasser.

4. Jahr: Die innere Weite

Erscheinung der Elemente Feuer und Luft.
Neuausrichtung des Phantomkörpers.
Erziehung des Traum-Ichs zur Wahrheit.
Einschulung des inneren Kindes an mystischen Schulen.

5. Jahr: Die spirituelle Mitte

Auftauchen des Elements Licht.
Hinwendung des Traum-Ichs zu religiösen Phänomenen.
Zusammenführung des weiblichen und männlichen Pols.
Aufgeben des Egos im Reich der transzendenten Träume.
Wahrnehmungsebene des Doppelten-Raumes.

Aus der chronologischen Auflistung lässt sich herauslesen, welche verschiedenen Phänomene in meinen Träumen auftauchten, die weit mehr als spiritueller und mystischer Natur waren.

Auch wenn diese Phänomene in verschiedenen Lektionen an mein Traum-Ich herangetragen werden, haben alle Lektionen in diesem Lernprozess das gleiche Ziel − die innere und äußere Synchronisation, die Aufhebung der eigenen Begrenztheit und Ausgrenzung. Ich bin ein von der Natur geschaffenes Wesen und die Natur strebt stets gleichzeitig nach Harmonie und Vielfalt. Deshalb bin ich es selbst, also mein tiefster Wunsch in mir, der sich synchronisiert, Außen und Innen in Resonanz und in Einklang bringen möchte.

Welche positiven Auswirkungen sich in den fünf Jahren für meinen persönlichen Alltag ergaben, ist aus dem chronologischen Verlauf erkennbar. Diese inneren Veränderungen sind sehr subtil und natürlich individuell. Erst sie haben mein Leben lebenswert gemacht, Freude und Erfüllung in meinen Alltag gebracht.

Daher habe ich mich bewusst für einen chronologischen Ablauf meiner Träume, luziden Träume und der transzendenten Träume entschieden, anstatt sie in verschiedene Gruppen einzuteilen. So können Sie gut nachvollziehen, in welch zeitlicher Reihenfolge welche Phänomene in ihrer Relevanz auftraten und aufeinander aufbauten. Ich entschied mich für einen Zeitraum von fünf Jahren, weil so der rote Faden meiner persönlichen Entwicklung erkennbar ist. Auch wenn die Aufzeichnungen chronologisch sind, habe ich aus Platzgründen darauf verzichtet, alle Träume in dieses Buch aufzunehmen.

Unter den Traumerfahrungen kommentiere ich mit einer kurzen Notiz gelegentlich, wie die verschiedenen Phänomene und Erfahrungen im Gesamtverlauf dieser universellen Reise zu verstehen sind und erläutere, wie Ihnen der Umgang mit ähnlichen Erlebnissen leichter fallen könnte. Es sind universelle und somit allgemeingültige Phänomene, die Ihnen auf ähnliche Art und Weise auch im Schlaf widerfahren werden.

Falls Sie weniger Interesse an der inhaltlichen Auseinandersetzung mit den Traumberichten haben, reicht es für Ihr zügiges Fortschreiten im Reich der Träume aus, sich auf die Erkenntnisse und Lösungen in den Notizen zu konzentrieren. Sie brauchen nicht dieselben Fehler und Umwege machen wie ich. Es kostet Sie sonst vielleicht zu viel von der Zeit, in der Sie träumen. Erst wenn Ihre Reise fortgeschritten ist, werden Ihnen die Traumberichte dabei helfen, Ihre eigenen transzendenten Träume im Gesamtablauf zu verstehen und nicht aufzugeben.

DIE HELDENREISE BEGINNT

Die verschiedenen Phänomene, die das Traum-Ich auf dieser Reise im Schlaf erwartet, sind oft mystisch und somit übersinnlich – jenseits von Raum und Zeit und jeglicher Vernunft. Manche sind beängstigend, manche faszinierend. Im Vorfeld möchte ich Ihnen aber die Angst davor nehmen, und auch Ihre Faszination vor den möglichen übersinnlichen Phänomenen etwas dämpfen. Nicht die Angst ist die große Hürde auf dieser Reise, sondern die eigene Faszination: Die Begeisterung, die sich einstellt, wenn man sich in den transzendenten Träumen auf diese inneren Welten einlässt.

»Es ist wahrscheinlich noch schwieriger, sich vom Guten zu befreien als vom Bösen«, schrieb Jung. Daher sind der Schmerz, die Verzweiflung, die Angst und der Wahnsinn das kleinere Übel auf der Reise – man wächst ja daran. Was einem im Traum viel schwerer fällt, ist es, sich von den eigenen gutgemeinten Grundsätzen, positiven Eigenschaften oder bewährten Haltungen zu trennen – diese loszulassen. Das gilt auch für alle Auffassungen, was gut sei.

Wenn wir am Guten im Traum festhalten, negieren wir stets einen anderen Teil in uns. Wir machen andere Symbole im Traum dadurch nicht nur möglicherweise negativ, sondern vielleicht auch schwach, wenn nicht krank. Wir machen uns in unserer Ganzheit unvollkommener als wir sind. Im Traum sind wir bereits vollkommen und das macht uns immer mehr Angst – die Erkenntnis, dass das Wahrhaftige und Gute stets im Menschen vorhanden war und ist.

Der spirituelle Lehrer und Mentor Stephano Sabetti nennt es Holophobie – die Angst davor, ganz zu sein. Er schreibt: »Denn in der Ganzheit gibt es keine Entschuldigungen, Spielchen oder Kämpfe mehr. Wir wollen diese Lebensmuster nicht aufgeben, weil wir Angst haben, unsere Identität zu verlieren. Das wäre das Ende gewohnter Strategien.«

Dies in seiner Konsequenz anzuerkennen und (vielleicht) in unserer materiellen Gesellschaftsform sein Leben danach auszurichten, macht Angst. Man ist dieser Bürde einfach nicht gewachsen. Dieses wieder entdeckte Licht stellt den eigenen Charakter, die lieb gewonnenen Erinnerungen und das bisher gelebte Leben mit allen seinen Entscheidungen in Frage.

Allerdings darf man nicht vergessen, dass das wahrhaft Gute und die tiefste Liebe schon immer ganz gewöhnliche Eigenschaften in uns waren. Je mehr unser Bewusstsein begreift, dass wir allen Symbolen und Ebenen im Traum aus tiefstem Herzen vertrauen können, ohne etwas hinzuzufügen oder wegzunehmen, erkennen wir nach und nach, dass die schlechten und die guten Phänomene an sich gewöhnlich sind.

Deshalb empfehle ich Ihnen, sich im Alltag weiteres Wissen (durch Bücher, Filme, Internet etc.) anzueignen, um die eigenen auftauchenden Phänomene besser einordnen zu können. So hat es das Unbewusste einfacher, sich Ihnen zu nähern. Ihre Reise wird in der Findung der spirituellen Mitte, wo die Balance zwischen den geistigen und materiellen Kräften ins Gleichgewicht gebracht wird, münden. Am Ende kommt alles zur vollkommenen Ruhe. Wo die Worte schweigen, das Verhalten still steht, beginnt das Unendliche, das nicht Beschreibbare und das Nicht-Verstehen.

Das Traum-Ich erlebt viele heldenhafte Abenteuer und wird bis zu seinem spirituellen Erwachen im Schlaf viele Prüfungen bestehen. Die Anfänge der transzendenten Träume sind etwas beängstigend und heftig, doch der Held in uns wird sie meistern, alles wendet sich zum Guten. Mehr als das – aus der inneren Mitte erwacht unser authentisches und wahrhaftiges Selbst.

1. JAHR

Vertrauensaufbau

Im ersten Jahr gilt es für mich, das Vertrauen zum Unbewussten aufzubauen. Gleichzeitig werden mir schon am Beginn verschiedene Phänomene nahe gelegt, die eher aus dem esoterischen Bereich kommen – zum Beispiel Geistwesen. Es wird mir die Angst vor diesen ungewöhnlichen Erscheinungen genommen, weil ich selbst ein Geistwesen bin. Das menschliche Wesen und somit die innere Wirklichkeit ist vielschichtiger und tiefer als ich es in mir vermute. Gleichzeitig bekomme ich eine Ahnung von neuen Wahrnehmungsmöglichkeiten in der Realität.

Ich stelle fest, dass die chronologischen Traumaufzeichnungen in ihrem geschlossenen Aufbau Kurzgeschichten ähneln, die sich im Verlauf der Reise aufeinander beziehen und sich zu einer großen Erzählung summieren: Alle Traumgeschichten hängen zusammen und bauen aufeinander auf und kommen in einem einzigen transzendenten Traum zum Abschluss.

Deshalb ist nach diesen fünf Jahren meine erste Etappe erreicht. Dieses Zwischenziel erlaubt es mir, mit dem inneren Kind in Kontakt zu treten, danach erst wird die visuelle Wahrnehmung der Zeit im Traum möglich.

So prophezeie ich, dass alle Träume in einem einzigen großen transzendenten Traum enden werden. Dieser zeichnet sich dadurch aus, dass alle bis dahin erlebten Träume wie in einem Schnelldurchlauf noch einmal vorbeiziehen, was für einen Moment die Auflösung aller Traumebenen erlaubt. Das innere Kind wird sich seiner selbst bewusst. Bei mir ist es der transzendente Traum »Auflösung der Ebenen« vom 29.05.2012. Alle meine bis dahin erlebten Träume steuern auf diesen einzigen Traumabschluss zu. Wenn Sie sich auf diese Heldenreise begeben, werden Sie zwangsläufig Ihren eigenen Abschlusstraum erleben – weil diese Heldenreise eine universelle Reise ist.

Meine Heldengeschichte beginnt mit einer Geistergeschichte, damit ich meine Zweiheit erkenne, die materieller und geistiger Natur ist. Daraus resultiert für mich eine tiefere Wahrnehmung im Traum, die sich in der Realität bemerkbar macht und mir erlaubt, eine einheitlichere und zugleich vielschichtige Sicht auf mich selbst zu erhalten.

Legende		
TT	=	Transzendenter Traum
LT	=	Luzider Traum
T	=	Traum
Tr	=	Trance
H	=	Halluzination

TT + H
16.10.2007

»Geisterhände« Eine hübsche Frau zieht in mein Zimmer ein. Sie setzt sich verführerisch auf meine Couch und schaut mich kokett an. Ich frage spaßeshalber, ob wir uns nicht näher kommen wollen. Sie steigt sofort darauf ein, überwältigt mich körperlich und drückt mich gegen den Boden. Dabei hält sie mich an beiden Händen fest. Erst jetzt bemerke ich, dass ich mich in einem transzendenten Traum befinde. Ihre Grobheit und ihr Wunsch nach Sex erschreckt mich. Ich entscheide mich, aus dem Traum auszusteigen, also aufzuwachen. Sie merkt sofort, dass ich die Flucht ergreifen will, weiß aber genau wie ich, dass ich meinen Fehler, ihre verführerische Haltung zu werten, einsehe und bereue.

Ich wache im Realen auf, aber die hübsche Frau hält meine Hände noch fest. Sie sehen wie Geisterhände aus. Erst als ich mehrmals zur ihr sage: »Verzeih mir. Es tut mir Leid«, lässt sie mich los.

Die Geisterhände erschreckten mich nicht, ich hatte viel mehr Panik vor einer Verkrampfung oder einer schmerzhaften Körperstarre. Sie sehen durchsichtig aus, wie die grau-bläulichen Geisterhände aus Hollywood-Filmen. Dennoch habe ich große Angst davor, wieder einzuschlafen. Ich will dieser Frau nicht noch einmal begegnen.

Notiz

Jeder Wunsch oder jede Sehnsucht wird im transzendenten Traum mit größter Verstärkung auf mich zurückgeworfen. Meine eigenen, kleinen materiellen und körperlichen Sehnsüchte enden in den transzendenten Träumen in einem Terrorakt, der an mir verübt wird.

TT + H
18.10.2007

»Geisterfrau« Ich wache in meinem Zimmer auf. Ich sehe ein Wesen auf meinem Regal. Es fängt an zu tanzen, ist fröhlich. Als ich es als schön und niedlich bewerte, verwandelt es sich in ein Monster, springt mir an den Kopf und fängt an, in meiner Schädeldecke zu bohren, was etwas drückt. Das Monster öffnet meine Schädeldecke und pflanzt mir einen Computerchip ein. Ich spüre keine Angst, weil ich bereits gelernt habe, dass solche Begebenheiten auf diesen

Ebenen normal sind. Es war ja mein Fehler: Da ich das We-
sen als niedlich und schön befand, habe ich es gedemütigt und
herabgewürdigt. Kein Wunder, dass es sich in ein Monster
verwandelte.

Ortswechsel: Ich bin in einer wunderschönen Stadt und so
groß wie ein Kind. Ich höre leise eine Stimme zu mir sagen,
dass ich dem Offizier folgen soll. Ich sehe einen auftauchen
und folge ihm in ein schönes Gebäude. Auf dem Weg dort-
hin dreht sich eine Frau zu mir um, hält mich an, schraubt
mir die Schädeldecke auf und pflanzt mir einen weiteren
Computerchip hinein.

Wieder folge ich dem Offizier. Er setzt mich in einen futu-
ristischen Stuhl, der dem aus dem Film »Total Recall« mit
Arnold Schwarzenegger ähnelt. Wieder wird mir etwas ins
Gehirn implantiert. Der Offizier meint: »Es geht auf eine
Reise.«

Ich gerate in einen starken Sog, was etwas beängstigend ist.
Ich lasse es zu. Zehn Sekunden später bin ich in einer sehr
schönen Stadt – alles hier wirkt malerisch. Ich betrete ein Ge-
bäude und begegne einer sehr hübschen Frau: So wie sie sich
bewegt und lächelt, ist sie meine Traumfrau. Ich werte sie nicht
und habe dabei das Gefühl, dass die eingepflanzten Compu-
terchips meine Wertungen nicht zulassen. Sie kommt auf mich
zu, umarmt mich, liegt plötzlich nackt auf meiner Brust.

Ich wache langsam in der Wirklichkeit auf. Auf meiner Brust
liegt ein weiblicher schlafender Geist. Ein warmes Gefühl
durchströmt meinen ganzen Körper. Es ist fantastisch schön.
Ihr Geisterkörper verschwindet langsam. Ich lasse los und be-
halte das herrliche Gefühl. Einmalig.

Notiz Noch nie zuvor habe ich mich mit Geistern beschäftigt und schon gar nicht an sie geglaubt. Ich bin
überrascht, wie tief dieses Phänomen in mir existiert und wie früh mir diese Ebenen auf der Reise
nahegebracht werden. Ich glaube immer noch, dass
es eine perfekte Halluzination ist. Alle anderen
Spekulationen würden mich zu sehr an meiner
Wirklichkeit zweifeln lassen.

In diesem Zusammenhang vermutet der Psychiater Hinderk Emrich, dass der Hippocampus die spirituellen und religiösen Erfahrungen dann entstehen lässt, wenn die Zensurinstanz des Hippocapmus zum Beispiel durch Epilepsie beschädigt ist. In meinem Traum ließen die in mein Hirn eingesetzten Computerchips die Zensur des Hippocampus wohl vorübergehend ausfallen: Dadurch konnte ich die Geisterfrau in der Wirklichkeit beobachten.

TT
13.02.2008

»Messer im Kopf« *Im Dunkeln höre ich eine männliche Stimme, die sehr schnell spricht. Erst jetzt merke ich, dass meine Augen mit einem Schal abgedeckt sind. Ich bitte den Mann, ihn abzubinden. Er tut es und meine Sicht wird frei. Er, etwa vierzig Jahre alt mit Brille, sieht wie ein Sachbearbeiter aus und sitzt gestresst und überarbeitet vor mir. Wie in einem Büro auf dem Amt sitze ich ihm an seinem Schreibtisch gegenüber. Er meint: »Ich habe Dich zu mir eingeladen, weil ich weiß, dass ich Dir vertrauen kann.« Das stimmt. Auch wenn dieser Typ schräg aussieht und total überarbeitet wirkt, kann er mir zu hundert Prozent vertrauen. Er sagt: »Ich brauche jemanden, der mich bei meinem Job vertritt.« Ich nicke und sehe, wie ein Messer aus der Mitte seiner Brille wächst. Ich weiß nicht warum, doch ich will ihm mein Vertrauen beweisen und schiebe meinen Kopf auf das Messer zu. Er kommt mir entgegen, das Messer durchsticht meine Stirn zwischen den Augen, dringt tief in mein Gehirn ein, bis wir uns Kopf an Kopf berühren. Ich spüre keine Schmerzen. Ich bin ihm dankbar für sein Vertrauen und wache auf.*
Mein Körper wird von einer herrlichen Energie durchströmt.

Weil wir vertrauen, wird uns erlaubt, mehr Verantwortung für die tieferen Traumebenen zu übernehmen und diese eingehender zu erforschen. **Notiz**

T+ LT
20.02.2008

»Terminator« *Ein »Terminator«, das Roboter-Skelett von Arnold Schwarzenegger aus dem gleichnamigen Film,*

will mich in meiner Wohnung töten. Er ist zu stark für mich, egal was ich unternehme, ich kann ihn nicht umbringen. Um mich zu retten, springe ich aus dem Fenster, aber ich bekomme Angst vor der Höhe und krache auf den Boden.

Ich wache auf. Ich spüre noch die Anspannung im Körper, entschließe mich wieder einzuschlafen und bitte beim Eindämmern um die Wiederholung des Sprungs.

Es klappt. Ich springe diesmal ohne Angst aus dem Fenster und schwebe wie ein Geist zu Boden. Ich suche nach dem Terminator. Weil ich ihn mir wünsche, kommt er auf mich zu. Ich laufe auf ihn zu, springe ihm um den Hals, umarme ihn fest und bitte um Verzeihung. Es klappt. Er löst sich in Luft auf. Ich merke, dass er auf meine untere Wirbelsäule zugreift, um dort Schalter umzustellen. Der Terminator verschwindet, die untere Wirbelsäule ist entspannt, fast heiß, doch es tut gut.

Ich wache auf. Die Wirbelsäule ist noch heiß, kurz danach kühlt sie sich wieder ab. Ich fühle mich wohl.

Notiz   Zu Beginn der Reise gibt es im Gehirn und an der Wirbelsäule operative Eingriffe. Der Kopf und der Rumpf werden aufeinander abgestimmt.

»Seelenleid« Ich wache wieder in meinem Bett auf, springe aus dem Fenster und laufe durch die Stadt bis mich ein Mann anspricht. Er sieht sehr verwahrlost, schmutzig aus und jagt mir mit seiner Verzweiflung Angst ein. Er klammert sich an mir fest, mein ganzer Körper verkrampft sich. Eine mögliche Körperstarre macht mir aber keine Angst mehr, deshalb stoße ich ihn nicht ab, sondern sage ihm, dass ich als sein Freund und Begleiter bei ihm bleibe. Er lässt mich dankbar los. Mein Körper entspannt sich langsam. Der gleiche Mann wirkt jetzt sauber, bringt mich in ein Labor und ist dankbar, dass ich mir sein ganzes Seelenleid angehört habe. Im Labor nimmt er mir die Beine und Arme ab und ersetzt sie gegen neue.

Zufrieden wache ich auf.

TT
23.02.2008

Wenn die eigenen Gliedmaßen abgetrennt oder abgeschnitten werden, schmerzt es nicht. Es gibt keinen Körper.

TT + H
30.03.2008

»Stimmen im Kopf« Ich wache in meinem Bett auf. Ich will wie ein Geist durch Wände gehen, aber es klappt nicht. Es ist mir nicht einmal möglich, durch abgeschlossene Türen zu gehen, sie bleiben für mich versperrt. Das gab es noch nie. Ich bin überrascht und wache auf.
Meine Augen sind geschlossen, ich liege ruhig im Bett. Da höre ich in meinem Kopf eine weibliche Stimme mit sich selbst sprechen: »Irgendetwas stimmt nicht, ich weiß auch nicht was.« Ich fürchte mich nicht vor ihrer klaren Stimme im Kopf. Sie spricht verärgert über den Computer, der wahrscheinlich vor ihr steht und die Simulationen des Traumes kreiert, aber nicht richtig in Gang kommen will: »Keine Ahnung was mit dem heute los ist.« Ich beruhige sie mit meinen Gedanken: »Mach dir keinen Kopf, wahrscheinlich habe ich noch nicht geschlafen und wünsche mir die transzendenten Träume zu sehr. Es ist noch zu früh für mich.« Sie fühlt sich ertappt, als ob sie vergessen hätte, ihr Mikrofon auf stumm zu stellen. Sie sagt zögerlich: »Ja, vielleicht hast du recht. Wahrscheinlich ist es so.« Ich sage: »Merkst du, dass ich dich hören kann und keine Angst davor habe. Ich bin sogar erfreut darüber.« Sie lacht, als ob ihr diese Tatsache nun auch aufgefallen ist und sagt freundlich: »Ja, das stimmt.« Es wird wieder ruhig. Das Gespräch ist zu Ende. Es ist etwas absurd aber witzig. Ich öffne die Augen.

Dies ist ein typisches Bespiel dafür, wie einem die Angst vor den simulierten Welten der transzendenten Träume oder den Hör-Halluzinationen genommen wird. Weil das Unbewusste weiß, dass eine Reihe von kausalen Ereignissen einem die Angst vor neuen unbekannten Phänomenen nehmen kann, gestaltet es nach diesem Prinzip die transzendenten Träume, die dann beim Aufwachen als Halluzinationen nachwirken können. Man muss keine Angst vor den Stimmen, Geräuschen oder der Musik im Kopf haben. Auf dieser Reise ist so etwas normal und ohnehin selten.

»Feuerrote Spinne« *Ich liege schon lange im Bett, müde öffne ich die Augen, unerwartet schimmert auf der gegenüberliegenden Wand die Tapete. Ich bekomme Angst, weil alles so realistisch aussieht. Unter der Tapete bewegt sich etwas und nähert sich meinem Bett. Eine Figur schlüpft unter meine Bettdecke, ohne dass ich ihre Gestalt erkennen kann. Es krabbelt unter der Decke auf mich zu, ich versuche mich zu entspannen, aber ich habe Angst. Vor meinem Gesicht erscheint eine riesengroße feuerrote Spinne. Ich vertraue ihr. Die Spinne schaut mir in die Augen und beißt mir in die Brust. Ich spüre keine Schmerzen. Ich merke, dass sich dort etwas entspannt. Die Spinne wendet sich abrupt von mir ab, springt vom Bett und krabbelt auf die Tür zu. Rechts oben an der Decke schwebt ein kleiner Geist. Die Spinne sagt trotzig zu ihm: »Ich haue hier ab, das bringt hier nichts. Der Typ ist viel zu lieb. Ich suche mir einen, der böser ist.« Es ist die Stimme meiner Oma, die sich genauso verärgert anhört, wenn sie ihre Zeit an etwas verschwendet hat. Ich finde das sympathisch.*
Ich öffne die Augen auf und weiß, dass ich in einem transzendenten Traum war. Ich hätte schwören können, dass es Wirklichkeit war. Gleichzeitig erkenne ich, dass ich die Größe eines Kindes hatte.

TT
05.04.2008

Notiz   Meistens erwache ich in dem transzendenten Traum in meinem eigenen Bett, dabei wirkt der Raum in der Lichtstimmung schemenhaft. Oft ist es das Bett meiner Kindheit oder Jugend. Manchmal ist es das Bett meiner Eltern. Das ist für mich ein Hinweis, dass ich hier ein Kind bin, obwohl ich mich nach wie vor wie ein Erwachsener fühle.

»Wirbelsäule« *In meinem Zimmer fliegt eine große, goldene, schimmernde Mücke auf mich zu. Ich erschrecke*

TT
21.05.2008

mich, lasse es aber zu, dass sie mich sticht. Daraufhin erscheinen kleine giftige Spinnen. Obwohl mein Herz rast, jedenfalls bilde ich mir das ein, überwinde ich die Angst und lasse mich von ihnen beißen. Ich fühle einen stechenden Schmerz. Die Tiere verschwinden. Ich bin ihnen dankbar, dass sie da waren. Mein Rücken ist nun ganz entspannt.

Ein paar Sekunden später kommen meine Schwester und drei Ärzte gut gelaunt herein. Sie haben einen Medikamentenkoffer und einen Operationskoffer dabei. Ich bekomme zwei Spritzen in den Rücken. Ich weiß, dass ich das aushalten muss. Es tut weh, als hätte ich einen Krampf, aber die Muskeln entspannen sich dabei. Zwei von den Ärzten notieren die Behandlung in meine Krankenakte. Als ich mich über die Akte beuge, wächst dem dritten Arzt ein Chirurgenmesser aus einer Hand und er sagt mir, dass es gleich etwas weh tut. Ich stimme dem Eingriff zu. Jetzt weiß ich wofür die zwei Spritzen waren: Es waren Betäubungsspritzen. Er rammt mir das Messer links unten in die Wirbelsäule und zieht es bis zur Mitte hoch. Ein stechender Schmerz. Die Operation ist zu Ende.

Zum ersten Mal in meinem Leben ist neben meiner Wirbelsäule die untere linke Hälfte entspannt. Bis zu diesem Zeitpunkt wusste ich gar nicht, dass ich dort überhaupt verspannt war. Meine Schwester und die drei Ärzte lachen freundlich und wirken wie Rettungssanitäter. Sie verabschieden sich von mir. Ich bin etwas lädiert, aber dankbar und wache auf.

Wie ich schon erwähnte, gibt es viele dieser operativen Eingriffe, und es folgen viele weitere. Ich habe mich entschieden, Ihnen die meisten dieser Träume zu erzählen, auch wenn sie wie eine Wiederholung desselben Themas anmuten.

Sie bauen aufeinander auf, bringen andere Themen an die Oberfläche, die wiederum zusammenhängen. Diese Eingriffe in Körper und Kopf bilden einen roten Faden, der nach und nach unsere Körperschale durchbricht und viele noch unverarbeitete Komplexe aufdeckt. Deshalb werden Sie

Notiz

beim Lesen manchmal auch das Gefühl haben, dass ich thematisch springe. Tatsächlich wird in den ersten Jahren die ganze Bandbreite der eigenen Unwissenheit enthüllt.

»Ich lerne es wohl nie«   *Ich liege wieder in meinem* **TT**
Bett, die Augen sind noch geschlossen. Ich fühle, dass eine   30.06.2008
berühmte Schauspielerin bei mir ist. Ich merke, wie sie sich liebevoll an mich schmiegt und liebkost. Weil es mir gefällt, möchte ich sehen, wie schön sie ist. Ich öffne meine Augen und sehe ihren Körper, der über mir liegt. Sie hat ein sehr hübsches Gesicht, aber weil ich es werte, wird ihr schönes Gesicht hässlich, und sie löst sich langsam wie ein Geist auf. Ich höre, dass sie mit mir wie mit einem Kleinkind spricht, das auf ihre Spielchen erneut hereingefallen ist: »Bartosz, Bartosz, Bartosz, du lernst es wohl nie.« Ich wache auf.
Ich muss fast lachen, in welchem Tonfall sie mit mir redet. Ich werte und verhalte mich einfach noch kindlich. Aber vielleicht werde ich es irgendwann lernen.

Notiz   Immer wieder wird man auf die Probe gestellt, ob man etwas dazugelernt hat oder nicht. Und wenn man so stur oder uneinsichtig ist wie ich, werden die Situation – in abgewandelter Form – wiederholt, bis man tatsächlich etwas begreift.

»Geistermädchen«   *Nach einem transzendenten* **H**
Traum, in dem ich zwei gegnerische Parteien versöhne, wache   09.07.2008
ich in der Wirklichkeit auf und halluziniere ein fünfjähriges Geistermädchen, das auf dem Flur tanzt. Ich betrachte vom Bett aus, wie sie im Türrahmen steht und mich ängstlich anschaut. Nach fünf Sekunden verschwindet sie.

Notiz   Ich hatte vor Beginn der Reise noch nie hypnagoge beziehungsweise hypnopompe Halluzinationen.

»TT leicht gemacht«   *Eine männliche Stimme gibt* **Tr**
mir in der Dunkelheit einer tiefen Trance den Rat: »Schlag   02.09.2008

auf dem Rücken und nicht seitlich. Die Augen nach oben in
die Mitte der Stirn wenden – die Konzentration dahin verla-
gern –, dann klappt es schneller, um in den transzendenten
Traum zu fallen.«

Sich beim Einschlafen auf das »dritte Auge« zu **Notiz**
konzentrieren, beruhigt die Gedanken und lässt uns
die Welt der transzendenten Träume schneller betreten. In den Trancen erfahren wir viele kleine
Tricks, damit unsere Reise an Tempo gewinnt.
Diese nützlichen Tipps und auch die weisen Ratschläge, deuten auf eine innere und universelle
Weisheit hin, die wir in uns tragen.

TT   *»Bluttransfusion«*   *Ich liege auf einer Trage in einem*
29.10.2008   *medizinischen Labor. Der Sänger Phil Collins schließt mich*
an medizinische Geräte an. Ich habe keine Angst davor. Er
steckt mir einen Schlauch in den Magen, der ihn mit Sauer-
stoff anreichert. Der Magen entspannt sich dabei. Ein weite-
rer dicker Schlauch kommt in eine Vene an meinem rechten
Unterarm, so als ob mein ganzes Blut ausgetauscht wird. Phil
Collins schaltet dabei eine Maschine ein und lässt mich alleine.
Eine Flüssigkeit durchströmt meinen Körper. Ich warte in
Ruhe ab. Es kommt mir wie eine ganze Nacht vor. Phil
Collins kommt am nächsten Morgen wieder zurück. Er ist
zufrieden, zieht die Schläuche wieder heraus und sagt zu mir:
»Du kannst wieder aufwachen.« Ich merke, dass ich fast
viermal aufwachen muss, um endgültig in der Wirklichkeit
aufzuwachen, in so eine tiefe Ebene bin ich gefallen. Erst als
ich sage: »Bitte aufwachen!«, öffnen sich meine Augen.
Der Magen und die Venen in meinem Körper fühlen sich
gesäubert an. Ich fühle mich erholt und kraftvoll.

Es wird öfter passieren, dass wir glauben in der **Notiz**
Wirklichkeit aufzuwachen. Man nennt es falsches
Erwachen. Wir wachen in einer tieferen Ebene des
transzendenten Traums auf, die sehr realistisch
wirkt, sogar realistischer als die Wirklichkeit. Wir

brauchen keine Angst davor zu haben. Falls wir das Gefühl bekommen, nicht aufwachen zu können, entspannen wir uns einfach und richten die Bitte an unseren Körper, die Augen wieder zu öffnen.

»Laseroperation« *Ich wache in meinem Zimmer auf,* **TT**
es ist dunkel. Eine durchsichtige Frau – ein Geist – kommt 01.11.2008
auf mich zu. Ich denke nicht, sperre meine Gedanken, habe keine Angst vor der Geisterfrau. Sie hält einen Laserstift in ihrer Hand und brennt mir damit in mein rechtes Auge. Es scheint, sie wolle dort etwas korrigieren, damit das Auge ruhiger in seinen Bewegungen wird. Die Operation dauert gefühlte fünf Minuten. Sie verlässt danach mein Schlafzimmer und begibt sich in den Rest der Wohnung. Sie ist jetzt etwas kleiner als vorhin, jedoch kein Geist mehr, sondern eine normale Frau. Im Wohnzimmer fordert sie mich auf, aufzuräumen und zeigt dabei auf meine schmutzige Wäsche, die dort verteilt liegt. Ich finde das belanglos und eher absurd. In meinen Träumen möchte ich meine Wohnung nicht aufräumen. Ich möchte richtige Erfahrungen sammeln, um mehr zu lernen. Der transzendente Traum schaltet sich aus.

Notiz Wir werden feststellen, dass es in den transzendenten Träumen nicht darum geht, etwas Außergewöhnliches zu leisten oder als Held eine große Erfahrung zu machen. Es geht oft um kleine Dinge, die einem entweder zu langweilig, zu schmutzig oder zu nervig erscheinen. Diesen unliebsamen Herausforderungen des Alltags stellt sich der Held hier. Man darf sich also vor den kleinen Verpflichtungen des Lebens in den transzendenten Träumen nicht drücken. Wo wir passiv sind, werden wir aktiv. Wir dürfen nicht vergessen, dass sich die Aufräumarbeiten lohnen, denn wir räumen endlich unsere Psyche auf.

»Lebendige Handpuppe« *Mein Vater sitzt vor mir* **TT**
am Küchentisch. Ich bin ein kleiner Junge. Er holt einen Stoff- 11.11.2008

hund hervor: Es ist eine Handpuppe. Er steckt seine Hand hinein und die Puppe lebt plötzlich. Er sagt: »Das macht dem Jungen viel Spaß.« Er hat Recht, ich fühle mich wie diese Stoffpuppe, besser gesagt, wie der nun lebende Hund, über den er verfügt. Weil ich an die Lebendigkeit des Hundes glaube, macht es mir Freude diese Gefühle auszuleben. Ich bin von der Einfachheit erschrocken, wie ich mit seiner Handpuppe körperlich und gefühlstechnisch verbunden bin. Ich wache wieder auf.

Eine Frage bildet sich in meinem Kopf: Wer ist dieses Gegenüber, das mich im Traum so einfach zum Leben erweckt? Und wer bin ich ohne ihn? Ich schlafe wieder ein.

Wieder sitze ich als kleiner Junge meinem Vater gegenüber. Er erzählt mir die Legende vom König Arthur und seinem mystischen Schwert Excalibur. In diesem Moment merke ich, dass mir ein Zahn herausfällt. Ganz langsam ziehe ich ihn heraus. Es fühlt sich echt an. Ich zeige meinem Vater den Zahn, aber er interessiert sich nicht dafür. Er erzählt mir den Schluss seiner König-Arthur-Saga. Er wirkt etwas traumatisiert, weil er in der Stimmung der Geschichte vom Leben und Tod König Arthurs gefangen ist. Er sagt: »Wenn man es gesehen hat, glaubt man es auch.« Ich bin überrascht und halte meinen Zahn immer noch in den Fingern. Ich sehe ihn in meiner Hand und denke, dass er echt ist. Der transzendente Traum geht zu Ende.

Notiz

Weil wir in den transzendenten Träumen körperlich etwas fühlen oder spüren, glauben wir, dass es echt ist. Dies gilt auch für Schmerzen, Kälte, Hitze, Sexualität, Durst, Hunger, Ekel, Aussetzung der Atmung oder Herzrasen. Was relativ häufig vorkommt, ist unsere längst vergessene Angst, als Kleinkind im Schlaf ins Bett zu pinkeln. Wir alle kennen diese Angst von damals und die Folgen. Diese Angst ist eine fühlbare Täuschung dieser Übungssimulationen. Wenn wir uns in diese Ängste hineinsteigern, glauben wir, sie zu spüren, aber sie haben nichts mit dem echten Körper zu tun, der ist davon entkoppelt. Es ist eine emotional hundertprozentige Simulation, die nichts mit dem schlafenden Körper in der Wirklichkeit zu tun hat. Zusammengefasst: Wir werden keinen Herzinfarkt, Atemstillstand oder andere unangenehme Erlebnisse erleiden – der reale Körper wird ruhig weiter schlafen, weil wir uns nach wie vor in einem transzendenten Traum befinden. Wir fallen nicht auf unsere Ängste und Sorgen herein, sondern geben unseren Drang nach Kontrolle auf.

»Halluzinationen«   *Eine Frau sagt mir, dass in der Menschheitsgeschichte schon alle mächtigen Menschen Halluzinationen hatten, zum Beispiel Könige, Stars aber auch normale Menschen. Halluzinationen sind nichts Außergewöhnliches: Sie sind normal.*

T
14.11.2008

Notiz   Stets wird uns die Angst vor Halluzinationen beim Aufwachen genommen. Auf der Reise gibt es visuelle Halluzinationen und viele Hör-Halluzinationen – Stimmen oder Geräusche, die uns vielleicht in unserer Trance erschrecken. Wir hören laute oder schöne Musik wie aus einem Radio. Diese Geräusche oder die Musik lassen wir in ihrer vollen Lautstärker im Kopf zu. Danach verschwinden sie, tauchen nicht mehr auf, machen uns keine Angst mehr. (Menschen, die unter einem Tinnitus leiden, kann das helfen.)

2. JAHR

Neustart des Gehirns

Im zweiten Jahr wird in den transzendenten Träumen der Neustart des Gehirns im Schlaf möglich. Das Gehirn fährt im Schlaf herunter. Damit werden alle Wertungen und Ängste fallen gelassen. Der darauf folgende Neustart im Schlaf ermöglicht es mir, mich mit neuem Elan tieferen Traumebenen zu nähern. Ich nehme noch stärker wahr, dass die transzendenten Träume virtuelle Räume sind, in denen alle Figuren Darsteller meiner eigenen Fiktion sind.

Die operativen Eingriffe finden weiterhin entlang der Wirbelsäule statt, genauso wie die Reinigung des Körpers.

Es folgen weitere Operationen an den Augen, damit ich meine Konzentrationsfähigkeit länger aufrechterhalten kann. Die Umstrukturierung setzt sich auch im Gehirn fort, damit alle Bereiche des Körpers besser miteinander harmonisieren. Das Phänomen der eigenen Geistigkeit verstärkt sich.

TT
15.11.2008

»Schwebender Geist« *Ich merke, dass ich mich im Bett wie ein Geist von meinem Körper trenne. Ich schwebe über dem Boden. Ich sperre alle meine Gedanken, damit keine Faszination oder Angst entstehen kann. Ich schwebe langsam durch den Flur, höre die Stimme eines guten Freundes aus meiner Küche und schwebe zu ihm. Ich sehe, wie er genauso wie ich über dem Boden schwebt. Wir schauen uns an. Ich sperre oder entspanne meinen Willen und lasse es zu, dass nun alles geschehen kann. Wir schweben auf einander zu und umarmen uns. Ich merke, wie wir miteinander verschwimmen, so als ob wir beide aus Luft bestehen würden. Ich freue mich und wache auf.*

Die Szenarien häufen sich, in denen man selber ein Geistwesen ist. Dieses Thema wird immer wieder aufgewärmt, weil ich es einfach nicht wahrhaben möchte. Für mein materielles Ich-Bewusstsein ist das ein Tabu.

Notiz

»Los geht es«   *Ich falle in einen tiefen transzendenten*   **TT**
Traum und spüre Vorfreude. Ich denke, dass es soweit ist,   16.11.2008
meine Reise ins tiefste Unbewusste anzutreten. Ich höre in
meinem Kopf leise die Stimme: »Du weißt, wie es geht.« Ich
entgegne: »Los geht es.« Ich höre, wie ein starker Motor in
meinem Kopf anspringt und beschleunigt. Ich lasse meine
Angst nicht aufsteigen. Mein Körper kühlt sich ab. Ein Sog
entsteht, in den ich hineingezogen werde, der Flug wird schnel-
ler und ich bekomme etwas Angst. In diesem Moment wird
der Flug abgebremst, der Motor wieder heruntergefahren.
Ich wache auf. Kopf und Körper fühlen sich entspannt an.

Notiz   In den transzendenten Träumen sind Faszination
und Angst dasselbe. Wir lassen auf diesen Ebenen
beides fallen, sonst schaltet sich die Reise nach Innen aus.

»Zwei Figuren«   *Ich habe mich zum Schlafen auf den*   **Tr**
Rücken gelegt und meine Konzentration zur Mitte der Stirn   26.11.2008
gerichtet.
Nach einer halben Stunde fühlt sich der Körper bereits schwer
an, und ich beginne in der Trance, langsam durch einen dunk-
len Tunnel zu fliegen. Eine männliche Stimme sagt: »Ich habe
eine gute Frage.« Ich höre zu. Er fragt mich: »Warum gibt es
eigentlich immer zwei Figuren?« Ich finde auch, dass dies eine
gute Frage ist. Plötzlich verlasse ich den Tunnel und fliege
über eine wunderschöne Landschaft. Alles sieht unglaublich
real aus, viel glänzender als die Realität. Als mir dieser Ge-
danke durch den Kopf geht, wache ich langsam auf.

Notiz   Seine Frage ist wirklich gut und ich habe sie noch
nicht ganz beantworten können. In den fortgeschrittenen luziden Träumen und den transzendenten
Träumen tauchen öfter zwei Figuren oder Gegenstände auf, also paarweise. Die beiden Figuren sind
sich meist sehr ähnlich, als wären sie Zwillinge. Sie
stehen sich in einem Gegensatz wie Frau und Mann
gegenüber, oder die eine Figur ist aktiv und die

andere passiv. Die eine hat große Angst, die andere keine. In letzter Konsequenz würde das bedeuten, dass das eigentliche Wesen des Menschen die Zweiheit ist. Diese Annahme wird später mit dem Auftauchen des Doppelgängers, also des eigenen Zwillings, verstärkt.

TT
30.11.2008

»Neuer Mitbewohner« *Jemand rotiert mich über meinem Bett. Ich lasse es zu. Ich krache zweimal mit dem Rücken gegen die Wand. Ich merke, wie stark angespannt der obere Teil meines Rückens noch ist. Dann werde ich auf meine Füße gestellt und sehe nun den Mann vor mir, der mich rotiert hat. Er ist etwas älter als ich, mit einer coolen Sonnenbrille – ein Sonnenanbeter. Er ist ein Schönling, ein Mann, der die Welt bereist. Er meint, er hätte nicht gedacht, dass er von seiner Reise so früh zurückkommt. Er wundert sich darüber, findet es verfrüht, aber nun ist es eben so. Ich lasse mich nicht beeindrucken und sperre weiter meine Gedanken. Er findet, dass ich meine gedanklichen Wertungen schon gut sperren kann. Wir gehen durch meine Wohnung, dabei kommt er mir zu nahe. Weil ich ihn besser sehen will, lösen sich meine Augen aus ihrer bis dahin festen Verankerung. Der transzendente Traum geht augenblicklich zu Ende und ich bin wach. Die Augenmuskeln konnten ihre Position nicht halten, weil er mir zu nahe gekommen ist. Ich wollte ihn nicht aus meinem Blickfeld verlieren.*

In den Träumen kommen immer mehr Figuren in unsere Wohnung, die bei uns bleiben. Wir bekommen Verstärkung. Mit diesen Begleitern reisen wir nun gemeinsam und erkunden neue Gebäude, Landschaften und Energieebenen. Zusammen sind wir stärker.

Notiz

TT
02.01.2009

»Granaten« *Ich wache in meinem Bett auf. Ein kleines Baby ruft mich aus dem Nebenzimmer. Ich gehe hin, nehme es in die Arme und habe es lieb wie mein eigenes. Das Baby wird etwas größer und älter. Ich habe Respekt vor ihm,*

weil es für seine nun vier Jahre sehr intelligent ist, erstaun-
licherweise viel intelligenter als ich. Ich soll für ihn das
Zimmer aufräumen, doch ich habe keine Zeit dafür.
Ortswechsel: Ein böser Mann will, dass ich eine Bombe baue,
um ein gegenüberliegendes Gebäude in die Luft zu sprengen.
Ich weigere mich, dies zu tun. Er legt mir dennoch zwei
Handgranaten in die Hand, anstatt sie zu werfen, stecke ich
sie mir in den Mund. Ich esse sie auf, damit keine Menschen
im gegenüberliegenden Gebäude oder auf der Straße verletzt
werden. Sie explodieren nicht, sondern verpuffen in meinem
Magen. Der böse Mann ist plötzlich weg. Ich bin mir nicht
sicher, ob ich mich richtig oder falsch verhalten habe. Kurz
vor meiner Reaktion habe ich das Wort »Mund« in meinem
Kopf vernommen und die Granaten daraufhin einfach geges-
sen. Alle Menschen sind überrascht, denn ich habe die Auf-
gabe gelöst und die Prüfung bestanden. Keinem ist etwas pas-
siert. Eine Frau steht mir gegenüber und meint: »Du hast es
gut gemacht.« Die Passanten verschwinden, als ob sie nur
Komparsen oder Schauspieler wären.
Ich wache auf und habe das Gefühl, dass sich eine destruk-
tive Stimmung in meinem Bauch aufgelöst hat.

Notiz Ich entdecke, dass alle Figuren Schauspieler meiner kreierten Simulationen sind.

»Der große Computer« *Ich wache nachts in einem* **TT**
ähnlichen Zimmer wie bei mir zu Hause auf. Ich höre einen 04.01.2009
großen Computer im Nebenraum surren. Ich glaube, dass es
der Computer ist, der einen Teil meiner transzendenten
Träume erzeugt. Ich schleiche mich vorsichtig zum Com-
puter, um ihn auszuschalten. In diesem Moment merke ich,
dass eine Frau dort steht und ihn bedient. Sie sieht mich er-
schrocken an. Ich schaue ihr in die Augen. Sie hat fürchter-
liche Angst vor mir. Sie weiß, wie ich, dass ich auf dieser
Ebene die Macht habe. Ich sage: »Du brauchst keine Angst
vor mir zu haben.« Sie entspannt sich. Ich umfasse ihre Taille.
Wir stehen uns ruhig gegenüber. Sie hat keine Angst vor mir,
und wir halten gemeinsam still. Plötzlich steht ein alter Mann

neben uns, lacht und freut sich. Er sieht den großen surren-
den Computer neben uns und wie alles daran miteinander
funktioniert. Er meint, dass diese Erfindung der Menschheit
tatsächlich nutzen könnte. Obwohl er vor Freude lacht, meint
er das ernst. Ich wache langsam auf.

Die weisen Ratschläge aus dem Hintergrund deu-
teten das Auftauchen des alten weisen Mannes oder
der alten weisen Frau an. In meinen Träumen
erscheint er oder sie nun als Zauberer(in), Lehr-
meister(in) und Professor(in).

Notiz

TT
05.01.2009

»Fokussierung«   *Ich wache in meinem Zimmer auf.*
Es wirkt sehr realistisch. Eine Frau steht im Zimmer, sie
wirkt freundlich. Ich warte ab.
Der transzendente Traum blendet sich langsam aus. Ich sage
zu ihr: »Er blendet sich aus.«
Sie greift mir in die Augen und bringt sie wieder in die rich-
tige Position, damit sich der Traum erneut einblendet. Sie sitzt
nun auf einem Fenstersims. Ich klettere zu ihr hoch, was mir
schwerfällt. Ich bitte sie daher um Hilfe. Sie gibt mir die
Hand und zieht mich hinauf. Ich fühle mich wie ein kleiner
Junge, weil alle Erwachsenen größer sind als ich und auf
mich herunterschauen.
Der transzendente Traum blendet sich aus. Ich sage zu der
Frau, dass es wieder passiert ist. Sie greift mir erneut in die
Augen und streicht mit ihren Fingerkuppeln unterhalb der Iris
darüber. Die Situation blendet sich wieder ein. Wir gehen nun
über einen Marktplatz, der voller Menschen ist. Jedes Mal,
wenn ich mich etwas von ihr entferne, also meinem Willen
folge, droht der Traum zu verfliegen. Ich rufe sie, und sie jus-
tiert meine Augen nach. Dabei vertraue ich ihr immer mehr.
Sie meint, dass sie mir irgendwann zeigt, was sie da macht.
Sie justiert mir noch viermal die Augen, bis wir den ganzen
Marktplatz durchquert haben. Wir setzen uns an einen
Tisch. Sie stellt mir zögerlich und vorsichtig ihren festen
Freund vor, der zu uns gekommen ist. Er ist muskulös, hat
viele Tätowierungen, sieht aus wie ein Rocker und ist viel

stärker als ich. Auf mich wirkt er kriminell, wie John Travolta im Film »Grease«, deshalb kann ich ihn nicht richtig akzeptieren. Außerdem stört er die Zweisamkeit, die zwischen mir und der Frau entstanden ist. Da ich zögere, endet dieser transzendente Traum.
Er kommt auch nicht wieder, weil ich am Geschmack der Frau zweifele und ihr nicht mehr richtig vertraue.

Notiz   Zu Zweit und im Vertrauen ist es möglich den transzendenten Traum aufrechtzuerhalten. Der Traum wird nicht abbrechen, wenn wir unseren Blick stets auf die Person gegenüber richten und ihr vertrauensvoll folgen, egal welchen Makel oder welche Absichten sie hat.

»Filmgelände«   *Ich besuche eine Veranstaltung, es ist eine sehr gemütliche Feier. Ich springe auf ein Klavier und will mich bei allen Figuren (Schauspielern) bedanken, weil ich weiß, dass alles gespielt und gestellt ist. Ich bedanke mich für ihre Mühe und den Einsatz, sich als Emotionen und Stimmungen für mich auszugeben. Sie sind ebenfalls etwas ergriffen, weil ich es ehrlich meine. Sie bilden einen Kreis um mich, wünschen mir alles Gute und verabschieden sich. Sie zünden eine Geburtstagskerze an, als wäre ich erst ein Jahr alt. Ich finde es schön.*
Zeitsprung: Nach der Party ist eine ältere Frau bei mir. Wir weichen einander nicht von der Seite. Jedes mal, wenn der Traum zu Ende gehen will, frage ich sie, ob sie mir über die Augen streichen kann. Sie tut es. Ich frage sie, was sie da eigentlich macht. Sie sagt, dass das rechte Auge nach oben links zeigen solle und das linke Auge nach oben rechts. So einfach sei das. (Die inneren Augen auf das dritte Auge richten.) Wir stehen vor einem tiefen, schwarzen Loch. Wir springen gemeinsam hinein, ich halte sie fest und entspanne mich. Im Sturzflug greift die Frau an meine Wirbelsäule, genau dort, wo sie mich umarmt. Es kribbelt etwas.
Wir landen auf dem Boden. Die Frau ist jetzt jünger und sehr hübsch, ich lasse mich nicht beirren und werte ihre

LT + TT
15.01.2009

*Schönheit nicht. Sie hat Mathebücher dabei, um mit mir zu
lernen. Ich tue ihr den Gefallen.*

*Ortswechsel: Ich bin in einem Kino. Alles wirkt sehr real.
Viel realer als die Situationen zuvor. Die Zuschauer verlassen den Kinosaal. Ich weiß nicht, was ich im leeren Saal tun
soll. Ich bin und fühle mich wie ein kleines Kind, das von
seinen Eltern vergessen wurde. Es gibt noch weitere Räume,
einer ist voller Instrumente, in einem Mischatelier befindet
sich Tontechnik, mit der man bestimmte Stimmungen für
Filme erzeugen kann. Die gleiche Technik, die die Traumsituationen davor für mich kreiert haben. Aber diese Räume
sind nun alle leer.*

*Ich gerate in Panik, weil ich allein bin. Bis auf ein paar
Techniker draußen, eine Sekretärin und eine Wachfrau ist das
ganze Gebäude leer. Ich will dieses Filmgelände unbedingt
verlassen, aber es ist mir nicht möglich, weil es von einer hohen Sicherheitsmauer umzäunt ist. Ich gebe auf, entscheide
mich zu bleiben und wache auf.*

Dieses Filmgelände, auf dem meine Träume ent-   **Notiz**
stehen, darf ich nicht verlassen, es bietet Sicherheit.
Erst wenn ich in solchen geschützten Räumen zu
einer erwachsenen Persönlichkeit heranreife, kann
ich auch außerhalb dieser neue Erfahrungen sammeln.

TT   *»Ekel«*   *Ich falle durch einen Tunnel, lasse das Pendel im*
26.01.2009   *Hinterkopf kreiseln und lande wieder in meinem Bett. Auf
meiner Bettdecke sehe ich ein ekliges, abstoßendes schwarzes
Tier. Ich weiß, dass es meine Aufgabe ist, dieses Tier zu
knuddeln. Ich knutsche es, obwohl es abstoßend ist. Zu meiner Überraschung schmeckt der Kuss süß. Ich versuche noch
mehr auf das Tier einzugehen und als ich es wirklich ehrlich
meine, akzeptiert es mich.*

*Ortswechsel: Ich bin in einem neuen Schulkomplex. Im Schul-
unterricht sind vereinfachte Lernmethoden eingeführt worden.
Alle Schüler können teilnehmen und werden ab sofort gleich-
behandelt. Ich gehöre zu den Erstklässlern und fühle mich*

auch wie einer. *Im Biologieunterricht beschäftigen wir uns mit verschiedenen Tieren. Tiere, vor denen wir uns ekeln – also Stinktiere, Spinnen, Schleimschnecken, kackende Hunde. Im Unterricht sind sie gefeierte Helden: die Stars des Biologieunterrichts.*

Notiz   Jedes Ekelgefühl dient unserem Schutz. Im transzendenten Traum ist es dennoch Einbildung. Ekel jeglicher Art anzuerkennen, wird in den Lektionen durchgegangen. Aber keine Angst, es ist alles halb so schlimm. Jeder Ekel verwandelt sich im direkten körperlichen Kontakt in etwas Wunderbares. Im Alltag wird uns der Umgang mit Ekelgefühlen weniger belasten.

*»**Erinnerung & Fälschung**«* *Im Schulunterricht kann mein Physiklehrer technisch bestimmen, welcher Diamant echt oder unecht ist. Er stellt uns folgende Frage: »Sind die eigenen Erinnerungen echt oder stellen sie nur eine Illusion dar? Sind die eigenen Erinnerungen nicht sogar eine Fälschung?«*

T
04.02.2009

Ortswechsel: Ich sitze mit meinem Lehrer in einer Bar und wir reden über einen gefälschten Diamanten, den er in der Hand hält. Er vergleicht diesen mit einer ihm lieb gewonnene Erinnerung. Er zeigt mir sein altes Fotoalbum. Obwohl es nicht meine Erinnerungen sind, kann ich sie in meinem Körper emotional nachfühlen. Ich bin überrascht von diesem Phänomen.

Meine Mutter kommt mit einer Professorin in die Bar. Sie bietet den Gästen Geld an, damit sie einen letzten Auftrag übernehmen. Ich stelle fest, dass in der Bar alle Gäste Schauspieler und Komparsen sind und der Auftrag eine letzte Simulation darstellt. Sie sagt, dass alle Schauspieler, die bis jetzt zu viel Gage bekommen haben, für diesen Auftrag kaum etwas oder nichts bekommen. Bei den anderen, die bis jetzt leer ausgingen, steigt der Verdienst. Es hörte sich gerecht an. Ich wache auf.

Sind die eigenen Erinnerungen wichtig und wahr? **Notiz**
Oder handelt es sich um falsche Diamanten? Ich
darf mich von all meinen Erinnerungen, denen ich
emotional anhafte, befreien. Das bedeutet nicht,
dass ich sie vergesse, sondern nur, dass ich sie nicht
länger emotionalisiere, also auf ein Podest stelle.
Ansonsten bleibe ich zu stark an der Vergangenheit
hänge.

TT *»Terminator II«* *Ich befinde mich in einem Schulkom-*
15.02.2009 *plex. Ein Mann kommt mir entgegen. Ich strecke ihm meine*
Hand hin, er nimmt sie und führt mich. Ich fühle mich von
der Körpergröße her wie ein zehnjähriger Junge. Der Mann
ist nun für mich ein Erwachsener. Er meint: »Solange ich den
Schulkomplex nicht verlasse, ist alles in Ordnung.« Ich nicke
und wir betreten eine Sackgasse. Ich merke, wie sich mein Be-
gleiter langsam in einen Terminator verwandelt, seine Hände
sind Bohrmaschinen. Weil meine Angst langsam aufsteigt,
merke ich, dass der Traum sich ausblendet und unscharf wird.
Ich bitte ihn, mir die Augen wieder scharf zu stellen. Er tut
mir den Gefallen und streicht mir mit seinen Fingern über
meine Augen.
Alles wird klar. Wir gehen wieder die Sackgasse entlang und
seine Hände werden zu großen Bohrmaschinen. Dieses Mal
habe ich kaum Angst vor dem Terminator, denn ich weiß,
dass er eigentlich nett ist. Er drückt mein Gesicht an die Wand
– bringt mich also zum Stillstand. Ich erwarte den Schmerz.
Die Bohrgeräusche werden lauter. Er bohrt mir in die Wir-
belsäule, etwas unterhalb der Mitte. Es tut nicht weh, weil
ich mich durch seinen festen Griff nicht bewegen kann. Er
bohrt weiter, bis ich einen verbrannten Geruch wahrnehme.
Ich erwache mit dem verbrannten Geruch in der Nase. Der
untere Teil der Wirbelsäule wirkt entspannt.

In den transzendenten Träumen wird häufig darauf **Notiz**
hingewiesen, dass es einem als Kind zum eigenem
Schutz (noch) nicht erlaubt ist, das abgesperrte Ge-
lände oder das Schulgebäude zu verlassen.

»Dr. House«   *Ich stehe vor einem Gebäudekomplex, in dem gleich eine ZDF-Redaktionssitzung stattfindet. Es sind Redakteurinnen und viele Produzentinnen vor Ort, die das Gebäude betreten. Ich bin der einzige Mann. Ich weiß leider nicht, was ich hier zu tun habe. Ich schüttle ein paar Frauen die Hände. Der Traum blendet sich aus.*

Ich sage: »Wieder einschalten.« Der Traum geht weiter.

Ich stehe vor dem gleichen Gebäude, dass die Frauen inzwischen verlassen, denn die Auszeichnungen oder das Geld für neue Filmprojekte wurden bereits vergeben. Die Sicherheitsbeamtin vor der Tür meint, dass ich zu spät komme. Ich habe die Veranstaltung verpasst. Verärgert laufe ich hoch in die Chefetage.

Hier befinden sich zwei alte Männer, die Bosse des Unternehmens. Ich setze mich ihnen gegenüber und warte ab, bis sie sich an mich wenden und mir anbieten, einen Film mit ihnen zu drehen. Sie schwärmen davon, dass es ein schöner Film wird und ich wäre der Regisseur. Mit dem verdienten Geld könnte ich mir einen Mercedes kaufen, und wenn ich will, sogar Frauen. Ich finde die Idee zwar nett, aber die Frauen will ich nicht, die können sie haben. Der Traum blendet sich aus.

Ich sage wieder: »Einschalten.«

Ich befinde mich wieder im gleichen Büro, jetzt sitzen vor mir zwei Gangster, die Fotos sortieren. Es sind hunderte Fotos, auf denen Frauen zu sehen sind, die von den beiden Bossen oder von den beiden Gangstern vergewaltigt worden sind oder gerade werden. Es sind die Produzentinnen und Redakteurinnen von vorhin. Ich verzweifle, weil ich glaube, dass ich indirekt an diesen Verbrechen schuld bin. Ich nehme die Fotos, um sie der Polizei zu übergeben. Ich bin total verzweifelt, weine und sage den beiden, dass sie mit diesen Verbrechen nicht davon kommen werden. Mir ist egal, ob sie mich dafür gleich umbringen werden oder nicht. Der Traum blendet sich wieder aus, ich gebe erneut Bescheid, dass er sich wieder einstellt.

Ich sitze wieder im selben Büro, diesmal sitzt der viel ältere Schauspieler Hugh Laurie vor mir, der den »Dr. House« aus

der gleichnamigen Arztserie spielt. Er stellt darin einen be-
gnadeten Arzt und auch einen Misanthropen dar, der gerne
seine Arztkollegen manipuliert oder zur eigenen Belustigung
bloßstellt. Er schaut mich an. Ich bin dankbar und erleich-
tert ihn zu sehen, weil ich ihm vertraue. Er fragt mich, ob ich
ihn nicht in den zwei alten Männern wieder erkannt habe.
Er zeigt mir die Fotos der beiden Bosse des Unternehmens,
und es stimmt: beide haben eine Ähnlichkeit mit ihm. Er sagt
weiterhin, dass er jede Figur, die zwei Kriminellen und alle
Frauen war. Er zeigt mir die Fotos als Beweis, die ich nun
genauer betrachte. Ich nicke und erkenne ihn wieder, sowohl
in allen Frauen als auch in den beiden Kriminellen. Trotz-
dem bin ich auf sein Spielchen hereingefallen. Er gesteht, dass
er zwei Tage Planung brauchte, um das ganze Szenario von
Anfang bis Ende so zu bauen. Ich glaube ihm, weil alles
wirklich echt und aufwendig wirkte. Er schaut mich etwas
genervt an, weil ich immer noch auf seine Spielchen herein-
falle und meine Konzentration nachlässt, denn der transzen-
dente Traum beendet sich andauernd. Er tackert mir zwei-
mal in das linke Auge hinein und dreimal um das rechte Auge
herum, damit es in seiner Position fest sitzt. Dann will er mir
noch einmal ins rechte Auge tackern. Ich vertraue ihm. Der
Traum geht aus. Ich höre, wie er fragt, ob er wieder angeht.
Das geschieht nicht. Ich merke, wie meine Augen jetzt stark
nach vorne oben justiert sind. Ich habe das Gefühl, dass ich
mich nun viel länger konzentrieren kann. Dabei kehrt auch
mehr Ruhe in meinen Körper. Ich wache auf.

Notiz

Oft werden die Augen nachjustiert, damit die Träume stabil bleiben und sich nicht ausblenden. Gleichzeitig wird immer klarer, dass eine höhere Ebene die untere Ebene kreiert und lenkt. Dabei werden ich mir gewahr, dass ich mit meinem geprägten Verhaltensmustern einer Figur gleiche, die auf emotionale Spielchen hereinfällt. Ich lasse mich noch zu sehr von Gefühlen bestimmen, wenn ich mich zu ihnen verhalte.

»Macht des Geistes« *Ich sitze als Häftling in einem* **T**
Gefängnis, der Gefängnisdirektor behandelt mich sehr mies. 24.02.2009
Ich werde dabei so wütend, dass ich mir meine Kleider vom
Leib reiße und wie ein Geist unsichtbar werde. Ich greife ihn
in meiner Wut an, er hat keine Chance. Der Direktor wird
zu einem Grizzlybären, der gegen meine unsichtbaren An-
griffe machtlos ist. Plötzlich springe ich kurz in die Perspek-
tive des Bären, also des Direktors, und bekomme Angst vor
meiner eigenen geistigen Macht. Ich werde mir gewahr, welch
große Verantwortung ich nun innehabe, wenn ich wie ein Geist
unsichtbar bin. Ich nehme den Bären in den Würgegriff, dann
liegt er auf dem Boden. Weil er mich im Gefängnis gedemü-
tigt hat, bin ich noch wütend auf ihn. Plötzlich kann ich uns
beide von Außen beobachten − als objektiver Beobachter. Ich
bekomme Angst, dass ich den riesigen Bären mit einem Wür-
gegriff töten kann. Der Bär schreit vor Schmerz.
Ich lasse mich aufwachen, um den Bären nicht zu töten.

Notiz   Der Traum war wie ein Kinofilm, den man auf
einer Leinwand betrachtet. Der Wechsel in die subjektive Sicht des Bären und in die beobachtende,
neutrale Sicht war faszinierend. Ich konnte so
erkennen, wie alle Sichtweisen wirken. Mir wurde
beigebracht, alle Perspektiven anzuerkennen und
somit die richtige Entscheidung zu fällen. Indem
ich die Macht des Geistes durch verschiedene Perspektiven beobachte und anerkenne, wird das eigene Bewusstsein ausgedehnt. Dabei werde ich mir
der Verantwortung meiner Gefühle bewusst, aber
auch der anwachsenden, geistigen Macht, die der
Held in mir zu erfahren beginnt.

»Prügel« *Ich habe Flugstunden in einem Düsenjäger.* **TT**
Weil ich in dem Düsenjäger mit meinen Flugkünsten angebe 10.03.2009
und mich somit kindlich benehme, stirbt mein Flügelmann.
Ich lasse ihn sterben, weil ich weiß, dass ich in einem
transzendenten Traum bin und mein Flügelmann meine Ein-
bildung ist. Er ist mir egal, ich will Spaß haben. Als ich

*lande, werde ich von meinem Mentor verprügelt. Er schlägt
mir mit voller Härte in die Magengrube und das tut richtig
weh. Er sagt, wenn er nicht dreimal hintereinander auf mich
einprügelt, lerne ich einfach nichts dazu. Deswegen schlägt
er so lange zu, bis ich kapiert habe, dass die virtuellen Räume
keine Spielchen zu meinem Vergnügen sind. Er hat Recht: ich
hätte meinen Flügelmann nicht sterben lassen dürfen.
Ich wache auf, fühle mich total lädiert, als wäre ich tatsächlich verprügelt worden und spüre, dass ich etwas dazugelernt
habe.*

Die geschützten Simulationen der transzendenten **Notiz**
Träume – im Gegensatz zu den Klarträumen – werden nicht zu unserem Vergnügen kreiert.

TT
06.04.2009

*»**Schwanger**« Ich höre in meinem Kopf einen Mann
fröhlich singen. Er singt nicht schlecht, irgendein romantisches Lied. Als das Lied zu Ende geht, dreht sich mein
Körper in eine andere Schlafposition, so als ob er meinem realen Körper gegenüber liegen würde. Ich warte ab. Eine Frauenstimme sagt zu mir, dass etwas schief gelaufen ist, deshalb
gestalte sie jetzt zwei Träume in einem. Die erste Hälfte kenne
ich schon. Ich denke, sie meint den Mann, der gerade dieses
fröhliche Lied gesungen hat. »Kein Problem«, sage ich und
warte ab. Daraufhin kommt aus dem Dunkel eine Frau auf
mich zu und setzt sich auf meinen Schoß. Sie ist durchsichtig und ich weiß, dass sie mein weiblicher Geist ist oder ein
Teil davon. Ihre Kontur wird etwas konkreter, bleibt jedoch
durchsichtig.
Wir unterhalten uns, als wäre sie meine Freundin, über den
Film »About a Boy« mit Hugh Grant, den ich am Abend zuvor in der Realität gesehen habe. Wir finden den Film beide
schön, denn wir haben ihn zusammen gesehen, sie ist ja in
mir. Ich frage sie, wie ich die mir gestellten Aufgaben und
Prüfungen in den transzendenten Träumen am schnellsten lösen kann. Sie sagt, dass sie mir das nicht beantworten darf.
Ich sage daraufhin: »Kein Problem. Ich schaffe das schon.
Ich bin zuversichtlich.« Sie entspannt sich wieder und fragt*

mich, ob ich schon beim Arzt war, um die Ultraschalfotos unseres Babys abzuholen. Ich sage: »Nein, das war nicht möglich, weil du ja ein Geist bist.« Sie verzeiht mir und fragt mich, ob ich unser Baby sehen möchte. Ich meine glücklich: »Ja.« Ich nähere mich ihrem Bauch. Ihr Bauch wird richtig durchsichtig und ich sehe dort ein kleines Wesen. Es ist ein Hund – ein Bernhardiner. Er ist klein und süß. Ich freue mich echt über unser kleines Baby. Der Bauch und der kleine Bernhardiner verschwinden.

Ich wache total euphorisch auf, denn ich werde Papa.

Notiz   Immer mehr Tiere tauchen in den Träumen auf, sind unsere spirituellen Wegbegleiter.

»Neustart des Gehirns«   *Es geht um eine Erfindung.*   **T**
Es handelt sich um einen neuen biologischen Leiter, der In-   08.04.2009
formationen schneller als das Licht leiten kann. Die Wissen-schaftler und deren Gäste feiern ihren Erfolg. Ich bin skep-tisch gegenüber der Erfindung, bei meiner Überprüfung finde ich keine Fehler, sondern stelle fest, dass alles gut durchdacht ist. Plötzlich entwickelt die Erfindung, die auf einem bio-logischen System aufgebaut ist, wie ein Computervirus ein Eigenleben. Der Virus versucht, alle Menschen in seine Gewalt zu bringen und ihre Gehirne mit den biologischen Leitungsbahnen zu verbinden. Wir geraten in Panik, laufen weg, aber der Virus ist zu schnell und verwandelt jeden Menschen in einen Roboter. Nur ein paar von uns entkom-men über einen Balkon. Als wir glauben, draußen in Sicher-heit zu sein, hat der Virus bereits die ganze Umgebung unter Kontrolle. Dinosaurier und Prädatoren, die wie Maschinen aussehen, sind ihre Soldaten. Wir haben keine Chance, ich gebe auf, sofort beißt mir ein Dinosaurier in den Arm. Ich fühle keinen Schmerz. Mein Arm fühlt sich wie Pappe an. Plötzlich steht eine Frau neben mir. Sie ist halb Roboter, halb Mensch. Sie steckt mir einen der biologischen Leiter in mein Gehirn. Ich merke, wie der Virus mein Gehirn infiziert. Ich sehe – wie im Film »Matrix« – den DNA-Code des Virus über mein Gesichtsfeld laufen. Dann wird mein Gehirn

heruntergefahren. Dunkelheit. Ich halte still. Nach ein paar Sekunden wird mein Gehirn wieder hochgefahren. Ich bin in einem Computermenü, in dem ich mir ein Computer-Spiel aussuchen kann. Ich wähle ein futuristisches Spiel aus und merke, dass der Traum wieder von vorne anfängt. Ich schalte das Spiel und den Computer aus und nehme meine Virtual-Reality-Brille ab. Ich bin etwa zwölf Jahre alt. Ich lasse alle Spiele liegen, nehme den Computer und verlasse die Wohnung. Dabei wache ich auf.
Ich bin völlig lädiert. Meine Organe im Innern entspannen sich.

Notiz

Die Begeisterung, die Zweifel und die Angst haben mich so stark mitgenommen, dass mein Gehirn sich ausgeschaltet, ein Blackout initiiert und ein Neustart veranlasst hat. Dabei konnte ich mein Traum-Ich als ein spielendes Kind wahrnehmen, das sich die Simulationen (Computerspiele) zum eigenen Vergnügen aussucht. Der Neustart des Gehirns wird ab nun öfter veranlasst und ich erhalte so die Gelegenheit, meine subjektive Perspektive vorübergehend aufzugeben.

TT
02.06.2009

»Geisterpferd« Ich erfahre, welche Prüfung als nächstes ansteht. Ich soll auf einem Pferd über eine Hindernisstrecke reiten. Ein Reiter zeigt mir auf seinem Pferd die Strecke und die Hindernisse, die ich zu bewältigen habe, doch dabei stürzen beide so böse, dass sie sterben. Erschreckt warte ich ab, dann springt plötzlich aus dem toten Pferd ein Geisterpferd heraus. Es wiehert laut, weil es überlebt hat. Meine Verblüffung beendet den Traum.

Notiz

Ich stelle fest, dass die Traumfiguren den Tod und das Sterben spielen. Ich falle jedoch darauf herein: Es gibt keinen Stillstand oder den Tod im Traum.

TT
22.06.2009

»Akkupunkturnadeln« Vor meinem Bett steht ein Glaskasten, darin ist eine durchsichtige Frau eingesperrt, als

solle sie von mir getrennt bleiben. Als ich mich entspanne, verschwindet der Glaskasten. Die Frau fliegt auf mich zu und verschwindet in mir. Sie entspannt mich im Innern. Plötzlich taucht ein Mann mit Akupunkturnadeln auf. Er steckt mir drei Nadeln in die Brust und hält noch mehrere große Nadeln bereit. Ich weiß, dass er mir jetzt weh tun wird. Ich entspanne mich und er bohrt einen großen Nagel tief in meinen linken oberen Innenschenkel. Es schmerzt sehr, aber mich durchströmt eine warme herrliche Energie. Beim Aufwachen rieche ich Verbranntes in der Luft.

»Programme« *Ich habe mit meiner Familie und Freunden eine Reise auf die andere Seite der Welt gewonnen. Es ist ein langer Flug. Dort angekommen werden wir alle in einer großen Halle untergebracht. Ich finde es unverschämt, aber es gibt keine andere Unterkunft. Ich schlafe ein.*
Zeitsprung. Meine Augen sind geschlossen und ich merke, dass sich jemand auf meinen Bauch setzt. Es fühlt sich an wie eine Frau. Sie beginnt in meiner Wirbelsäule zu bohren. Es schmerzt sehr, aber ich lasse es zu und sie operiert weiter. Ein Bildschirm leuchtet vor meinen Augen auf.
Ich kann nun in mir auf verschiedene Programme zugreifen, zum Beispiel auf die für Verteidigung, Angriff oder Sexualität. Es ist alles sehr phantastisch. Mit meinem Verständnis von Logik und Vernunft habe ich keine Chance, diese Programme zu bedienen. Ich merke, dass Frauen diese Computerprogramme in einem Nebenraum bedienen. Ich erkenne, dass sie nur mit ihrer Hilfe laufen können.

TT
28.06.2009

Notiz   Das ist ein weiterer Grund, beide Geschlechter in jedem Themenkomplex nicht zu (be)werten und stets in einem ausgewogenen Gleichgewicht zu halten, denn man weiß nie, welche weiblichen oder männlichen Anteile für welche inneren Programme und tieferen Traumebenen zuständig sind. Man ist auf deren Unterstützung, Wohlwollen und Vertrauen angewiesen, damit man die Energieebenen der höheren Elemente erfahren kann.

TT
03.07.2009

»Wind« Eine Frau gibt mir ihre Hand. Ich entspanne mich und übergebe ihr die Kontrolle. Ich fange an, über dem Bett zu rotieren, gleichzeitig pendle ich im Kopf aktiv mit und die Rotation verstärkt sich. Ich entspanne mich und pendle weiter. Es wird dunkel und ich lande wieder in meinem Bett, wo ein starker Wind weht. Er ist so stark, dass ich mich nicht vom Bett erheben kann. Ich versuche es, aber ich habe keine Chance. Der Wind ist eher ein Sturm. Ich wache auf.

Die Elemente der Luft tauchen zunehmend auf.   **Notiz**
Dabei symbolisiert auf der spirituellen Ebene der
Wind im Traum die Macht des Geistes und die
Bewegung des Lebens.

LT + TT
06.08.2009

»Schlangenbisse« Ich bin in einem Club voller Menschen und lasse mich von der positiven Stimmung anstecken. Auf einmal wird mir klar, dass alles Fiktion ist und bleibe in der Mitte des Clubs stehen. Ich werde ruhig und alle meine Gedanken stehen still.
Alle Figuren drehen sich erschrocken zu mir um. Sie wissen, dass ich mir des Traums nun bewusst bin und ihn nach meinen Wünschen manipulieren kann. Ich bleibe ruhig stehen, denn ich will niemanden Angst machen. In diesem Moment zieht mich ein starker Sog durch die gegenüberliegende Wand. Ich fliege durch sie hindurch und bin in einem Nebenraum. Ein muskulöser, tätowierter Typ spricht zu mir, aber ich versuche, darauf nicht zu reagieren. Er holt zwei Schlangen aus einer ägyptischen Vase heraus und setzt sie auf meinen Kopf. Ich ignoriere sie und habe das Gefühl, dass er mich mit seinem Gequatsche von meiner möglichen Angst ablenken will. Ich bin ihm dankbar dafür.
Erst lässt er die erste, dann die zweite Schlange in die rechte vordere Gehirnhälfte beißen und drückt dort die Gifte aus. Der Biss tut etwas weh. Alle Nerven im Körper werden bis zu meinem Unterleib entspannt.
Ich werde eingeschläfert und wache in einer photorealistischen Stadt auf. Alles wirkt friedlich. Es nieselt etwas. Eine Frau führt mich irgendwo hin. Wir kommen in eine Sushi-Bar. In-

nen ist es sehr edel, die Tische für eine gehobene Gesellschaft gedeckt. Für mich fühlt es sich an, als käme ich aus der Gosse und dürfte jetzt in diesem noblen Lokal sein. Die Frau verwandelt sich in eine Kellnerin und reicht mir die Speisekarte. Ich bin überrascht, dass sie meinen Gedanken erahnt hat, obwohl ich ihn noch gar nicht hatte. Aber ich weiß intuitiv, mein nächster Gedanke wäre gewesen, nach einer Speisekarte zu fragen. Weil ich über dieses Phänomen verblüfft bin, blendet sich der Traum aus. Dunkelheit. Mein Körper fühlt sich sehr schwer an. In diesem Moment weht durch meinen Unterleib Wind hindurch. Ich habe Angst und versuche ihn mit meinen Händen zu schützen. Der Wind wird stärker, durchdringt meine Hände, dringt tief hinein in meinen Bauch und durch ihn hindurch. Mein Körper scheint von unten geöffnet zu sein, sodass ein frischer Wind hindurchströmen kann. Jetzt wird noch der Rest des Körpers durchlüftet.

Notiz   Das Unbewusste weiß immer, welchen nächsten Gedanken wir bekommen und welche Entscheidung und Konsequenzen sich daraus ergeben: Wir sind in geschützten Räumen. Der Wind des Geistes und des Lebens durchdringt zunehmend meinen Körper.

»*Der selbständige Körper*«   *Mehrere transzendente Träume hintereinander. Ich habe erst einem kleinen Jungen das Lesen beigebracht und werde daraufhin im Inneren operiert. Mein Körper wird aufgeschnitten und wieder zugenäht. Daraufhin integriere ich mich in eine Herde von Tieren. Ortswechsel: In einer Psychiatrie begegne ich einem Patienten, der für den Sexualtrieb steht. Ich gebe mich ihm hin, dabei verwandelt er sich in grünen Schleim und springt in meinem Mund, um die inneren Organe weiter zu entspannen. Dann möchte ich mich bewusst dem schlimmsten Psychopathen stellen – Hannibal Lecter (Anthony Hopkins) aus dem Film »Das Schweigen der Lämmer«. Ich will ihm in mir begegnen, doch ich werde in eine andere Zeit gesogen.*

TT
12.07.2009

Ich bin im alten Griechenland bei der Ausbildung zu einem Gladiator. Ich habe einen Mentor an meiner Seite. Ich bin etwas nervös, weil meine Gegner viel größer sind als ich und ich fühle mich wie ein zehnjähriger Junge. Mein Mentor gibt mir kein echtes Schwert, weil wir im Training sind. Ich will ein vor mir liegendes Übungsschwert greifen, aber mein Mentor sagt, ich muss meinen Körper diesen Schritt alleine machen lassen. Ich entspanne mich und lasse meinen Körper in eigener Verantwortung zum Holzschwert greifen – und er tut es auch.

Mein Körper arbeitet unabhängig von mir, wenn ich es zulasse. Weil ich von diesem einfachen Phänomen verblüfft bin, wird abgeblendet.

Ich gebe die vollkommene Kontrolle über meinen Traum-Körper auf. Er wird, wenn ich meinen Willen fallen lasse und ihm vertraue, selber ohne jegliches Zögern die notwendigen und entscheidenden Handlungen durchführen. Dies ermöglicht mir, mich in die beobachtende Geisteshaltung zu begeben.

Notiz

3. JAHR

Hälfte des Weges

Im dritten Jahr des Lernprozesses verstärkt sich die senkrechte Ausrichtung und Synchronisierung des Körpers. Die Operationen oder Zugriffe vollziehen sich schrittweise, vom Steißbein an der Wirbelsäule entlang, nach oben bis zum Gehirn. Dabei erlangen alle sieben Hauptchakren ein harmonisches Gleichgewicht, damit die nächsten Erfahrungen und Erkenntnisse darauf aufbauen können. Erst durch die Wiederherstellung des Gleichgewichts bin ich für weitere spirituelle und esoterische Phänomene (wie zum Beispiel Aurasehen, Telekinese, Telepathie und so weiter) im Traum bereit.

Im dritten Jahr des Lernprozesses geht es vor allem um die Bereinigung von negativen Erfahrungen, aufgestauten Wünschen und Bedürfnissen aus der Vergangenheit. Sie werden in ein gesundes und ausgewogenes Verhältnis gebracht, viele Ängste und Traumata begradigt, damit ich daran in Zukunft weniger verzweifle und mich zunehmend für das Leben und die Liebe öffnen kann: Ich lerne, mir mehr zu vertrauen. Das Thema der Liebe wird auf verschiedenen Ebenen stärker beleuchtet. Mein Doppelgänger tritt auf und die Reise führt mich in die geistige Weite.

Die Heldenreise im Film wird meist als horizontale Reise verbildlicht – in der Mythologie spiegelt sich dies als die Seereise über das Nachtmeer oder über den Ozean des dunklen Unbewussten. So erscheint in den Träumen das Element Wasser, das nun erforscht werden will.

»Kreislauf der Emotionen«   T

25.07.2009

Zusammen mit meinem Mentor tippe ich ein Drehbuch für meinen nächsten Traum. Alles, was ich denke und aufschreibe, wird gleichzeitig auf eine große Leinwand vor mir projiziert. Ich bin begeistert von der Technik, denn die emotionale Handlung, die ich aufschreibe und gleich auf der Leinwand vor mir beobachten kann, erfahre und spüre ich zeitgleich in meinem Körper. Es fühlt sich echt an. Mein Mentor ist gleichzeitig Komponist, und kann die Emotionen mit einer musikalischen eingängigen Stimmung untermauern. Es fühlt sich

so gut an, dass ich mit dem Schreiben nicht aufhören will.
Ich schreibe viele humorvolle Szenen und bin dabei wie auf
Droge.
Ich wache auf. Mein Rücken kribbelt schön.

Das, was man denkt, wird im Traum gleich zu **Notiz**
einem Film verarbeitet, den man in Echtzeit in seinem Körper emotional nachfühlt. Man erzeugt die
positiven und negativen Gefühle stets in sich selbst.
Der innere Monolog ist eine ständige Auto-Sugges-
tion, wie eine Sucht, die einen immerwährenden
emotionalen Kreislauf im Körper erzeugt.

TT
20.08.2009

»Vertrauen«   Ich höre eine Stimme im Kopf, als hätte
ich ein Handy am Ohr. Vor mir liegt ein Messer auf dem
Tisch. Eine weibliche Stimme sagt zu mir: »Du sollst das
Brotmesser in die Hand nehmen und damit eine Zeitung ent-
zwei schneiden.« Ich folge ihrer Anweisung. Das Messer ist
nicht das schärfste, aber ich schaffe es, die Zeitung zu zer-
schneiden. Sie sagt: »Du erinnerst dich, was das letzte Mal
mit deinem Bauch passiert ist.« Ich erinnere mich, dass ich
im letzten Traum viele längliche Wunden am Bauch hatte.
Sie fragt: »Würdest du mir so stark vertrauen, damit du et-
was Absurdes tust?« Ich zögere und sage: »Nein.« Und merke
gleich, dass es ein Fehler war. Sie fragt beleidigt, warum ich
ihr nicht vertraue, obwohl wir schon so viel gemeinsam durch-
gemacht haben. Sie spielt die beleidigte Leberwurst und legt
auf.
Ich erwache und grinse, weil sie so theatralisch ist. Gleich-
zeitig bin ich mir sicher, dass ich mich beim nächsten Mal
ganz auf sie einlassen werde, egal wie absurd ihr nächster
Vorschlag sein wird.

TT
25.08.2009

»Indianerkrieger«   Auf meinem Bett steht über mir
ein mächtiger Indianerkrieger. Ich lasse meine Angst nicht zu
und entspanne mich. Er wird etwas kleiner, steht nun vor mir.
Er will mir alles im Zimmer stehlen. Ich sage ihm, dass er
alles haben kann. Er lässt davon ab, dabei wird er zierlich

und schmiegt sich an mich: Er ist nun ein junger Mann und schwul, will aber dennoch cool wirken. Ich bestätige ihm seinen Wunsch und sage ihm, dass ich ihn liebe. Er entspannt sich und kuschelt sich weiter an mich. Er will, dass ich ihm ein romantisches Gedicht von mir schenke. Ich sage, dass ich keins für ihn habe. Er ist plötzlich verzweifelt. Ich reagiere sofort und sage, dass ich das Gedicht im Computer abgespeichert habe, er könne es haben. Er beruhigt sich und will gehen. Dabei drückt er auf meinem Brustbein einen Knopf. Mein Solarplexus entspannt sich und der junge Mann löst sich auf. Ich erwache. Eine warme elektrisierende Energie durchzieht meinen Oberkörper.

Notiz Zum ersten Mal wurde mir der Verlauf von einem mächtigen Indianerkrieger bis zu einem romantischen, liebesbedürftigen jungen Mann an Hand einer einzigen Figur demonstriert. Indem ich alle möglichen Gegensätze (und somit Erwartungen) in einer einzigen Figur erkenne, kann ich die dazugehörige Körperspannung auflösen. Dieses Phänomen – eine Figur verwandelt sich in ihr Gegenteil – wird nun in verschiedenen Varianten an mich herangetragen. Die mir nun vertrauenswürdige Figur wird zu meinem Begleiter oder verbleibt in meinen Räumlichkeiten, wie im nächsten Beispiel:

»Golem« *In der Trance stellt sich der Flug durch einen Tunnel ein. Der Flug ist sehr gemütlich. Ich lasse das Pendel im Kopf rotieren. Der Flug wird nun beschleunigt, dabei rotiere ich um die eigene Achse. Es hört sich wie der laufende Motor eines Formel-1-Wagens an. Dabei fliege ich rasend schnell durch das ganze Universum, um auf der anderen Seite des Weltalls wieder in meinem dunklen Zimmer zu landen. Eine schemenhafte Gestalt nimmt mich wie einen kleinen Jungen an die Hand. Ich vertraue und folge ihr. Sie setzt mich auf einen Stuhl. Die schemenhafte Gestalt wird zu einem Golem, wie die kleine schizophrene Figur aus dem Film »Herr der Ringe«. Ich habe keine Angst. Er schaut mir in den Mund* **Tr + TT** 29.08.2009

und saugt mir etwas Ekliges aus meiner Mundhöhle. Die
Gestalt entspannt sich, wird zu einem fünfjährigen liebevol-
len Jungen, der spielen möchte und nach einem Spielzeug
sucht. Ich bleibe bei ihm und passe auf ihn auf.
Ich erwache. Ich bin heiser. Das Schlucken fühlt sich befremd-
lich an, doch es geht mir gut.

TT
16.09.2009

»Zahnoperation«   Ich fliege durch einen Tunnel, lande
in einem Krankenhausflur. Vor mir steht eine Trage. Ich lege
mich auf sie und fessle mich daran, damit ich fixiert bin. Ich
sage: »Ich bin soweit.« Von Geisterhand bringt mich die Trage
in einen OP-Raum. Dort steige ich auf den OP-Tisch. Eine
Ärztin hilft mir dabei, weil ich wieder ein kleiner Junge bin,
was ich bis zu diesem Zeitpunkt noch nicht ahnte. Sie fängt
an, in meinem Mund zu operieren. Der untere linke Kiefer
wird von Schmutz und Essensresten gesäubert. Meine vor-
deren Schneidezähne werden mit einer Zange begradigt, da-
mit sie nicht mehr auseinander wachsen. Zum Schluss meint
sie, dass es noch eine letzte OP dieser Art geben wird. Der
Traum geht zu Ende.

Dazu gibt es am 25.09.2009 den fortführenden   **Notiz**
Traum »Zahnoperation: Teil 2«. Diese operativen
Eingriffe eröffnen mir weitere Einsichten in die
eigene Psyche, in die geistige Welt.

T
16.09.2009

»Neue Erkenntnisse über den Schlaf«   Unter-
richt im Fach Chemie. Wir haben ein neues Molekül ent-
deckt, jedenfalls in der Theorie. Wenn wir die Moleküle mit-
einander verbinden und dabei dreidimensional falten, entsteht
eine kleine Kugel. In der Computersimulation entsteht aus der
Kugel eine neue Welt – eine idyllische Insel. Wir können diese
Simulation nicht abspeichern, weil die Festplatte zu wenig
Speicherkapazität hat. Als mich jemand fragt, wozu das al-
les gut sein soll, entgegne ich zu meiner eigenen Verblüffung,
dass wir dann keinen Schlaf mehr brauchen. Von meiner
Tante wird diese Forschung unterstützt, denn wir haben das
Gefühl, auf einem guten Weg zu sein. Mir fällt auf, dass

sich auf ihrem Gesicht Hautpartikel ablösen, darunter erscheint eine schwarze Fläche. Meine Tante findet das nicht schlimm.
Ich wache auf.

Notiz Über meine Aussage, dass man irgendwann keinen Schlaf braucht, war und bin ich immer noch verblüfft. Keine Ahnung, warum ich das behauptet habe. Das eigene Traum-Ich scheint mehr zu wissen, als das Ich in der Wirklichkeit. Das Phänomen, dass sich unter den Gesichtern der Figuren schwarze Fläche befindet, kommt nun öfter vor. In vielen Kulturen steht die Farbe Schwarz für Geistlichkeit.

»Mörder« Ich bin zum Mörder geworden und komme **T**
damit nicht klar. Ich beschließe, im Eiswasser zu ertrinken, 20.09.2009
um weitere Morde zu verhindern, doch der Schauspieler
Sylvester Stallone rettet mich. Als er mich aus dem kalten
Wasser holt, frieren meine Beine und der Rest des Körpers.
Ich wache auf und habe sehr kalte Beine, als wäre die Temperatur gesunken, doch das Zimmer ist warm. Meine Beine
schmerzen, als hätte ich einen Gewaltmarsch hinter mir: und
ich bin tatsächlich die ganze Zeit vor Gesetzeshütern davongelaufen.

Notiz Manchmal werden wir in unseren Träumen zum Mörder. Die anderen Figuren treiben uns in so ausweglose Situationen, dass wir aus unserer Verzweiflung heraus im Affekt handeln. Diese Träume sind sehr bestürzend und deprimierend, auch das gehört zu der Heldenreise dazu.
In der populären Filmdramaturgie hat die Aggression des Helden in der letzten Phase des Kampfes mit dem Bösen eine tiefere Bedeutung: Um wieder eins zu werden, muss der Held die bösen Eigenschaften und unerwünschten Charakterzüge des Bösen seinem Charakter hinzufügen (oder in sich erkennen). Der Held setzt böse Mittel ein und er-

kennt dadurch, dass sie ein Teil von ihm sind. Er bekommt eine vollständigere Einsicht in seine Persönlichkeit. »Indem er seine dunkle, als feindlich wahrgenommene Seite als die verlorene eigene erkennt und den Bösen als seinen dunklen Bruder umarmt, kann der Held Ganzheit und Heldentum erreichen«, schreibt der Drehbuchautor Joachim Hammann und fügt hinzu: »In die Haut des Bösen zu schlüpfen entspricht in der rituellen Handlung alter Kulturen, die Maske des Dämons zu tragen oder sich das Fell des dämonischen Tiers überzuwerfen, die Reise ins Herz der Finsternis anzutreten, durch das Unmenschliche, Tierische und Böse hindurch, bis man am anderen Ende zum guten Herzen durchbricht – zur charakterlichen Transformation«. Zusammengefasst: Nehmen wir uns unsere bösen Taten im Traum nicht zu sehr zu Herzen. Sie bedeuten nur, dass wir auf dem Weg der Transformation sind.

TT
24.09.2009

»Auf beiden Beinen stehen« Ich wache wieder im Bett meiner Kindheit auf. Jemand berührt mich am Rücken, ich lasse es zu. Eine Person versucht mich langsam aufzurichten, ich mache mit und stütze mich an der Wand ab, bis ich auf beiden Beinen stehen kann, als wäre ich noch ein Kleinkind, dass es das erste Mal schafft. Ich drehe mich zu der Person um. Es ist eine Frau. Wir steigen vorsichtig vom Bett hinunter, dabei hält sie mich an beiden Händen fest, damit ich nicht falle. Im Zimmer üben wir gemeinsam das Gehen – setzen einen Fuß vor den anderen. Meine Augen sind geschlossen, dennoch kann ich Umrisse schemenhaft erkennen, und ich fühle mich wie ein Blinder, der lernen muss, aufzustehen und zu gehen. Einen Moment später höre ich meine Mutter rufen, was ich da mache, weil ich sie aufgeweckt habe. Ich erschrecke mich wie ein kleines Kind, dass dabei ertappt wird, etwas Verbotenes zu tun und verschwinde schnell unter der Bettdecke. Die Frau verschwindet auch.

Notiz Wir werden oft im Übergang zum Schlaf oder in die Trance von fremden Händen angefasst, manchmal ziemlich grob. Wir sollen uns einfach entspannen, vertrauen und uns von den Händen berühren, führen oder mitnehmen lassen. Es ist eine Einladung zu einem weiteren Ausflug in unsere Tiefen. Die noch verbliebenen Ängste und Unzulänglichkeiten unserer Kindheit werden in sicherer Obhut und Führung weiter gelöst.

»Zahnoperation: Teil II« *Zwei riesige Essstäbchen machen mir den Mund auf. Ich trinke ein Extrakt, mein Inneres entspannt sich. Der linke Kiefer wird geputzt, die Zähnen werden operiert, ich bekomme eine Spritze.* **TT** 25.09.2009

Notiz Wie die Ärztin (aus dem TT von 16.09.2009) schon meinte, eine bestimmte Serie von Zahnoperationen wird beendet. Dies führt in derselben Nacht zu einem neuen Ereignis: Die Bekanntschaft mit dem eigenen Doppelgänger.

»Doppelgänger« *Ein unsichtbarer Mann (Geist) kommt zu mir ans Bett. Ich gebe ihm die Hand. Er sagt zu mir: »Vertraue mir.« Ich tue es. Er wird sichtbar und sieht genauso aus wie ich. Ich verhalte mich still. Er greift nach meinem rechten Auge und drückt es von unten nach oben hoch. Dabei sagt er, dass ich nicht aufgeben, die bisherige dreijährige Arbeit (an mir) nicht in paar Sekunden wegwerfen soll. Beim Aufwachen fühlt sich das Auge leicht dumpf an.* **TT** 25.09.2009

Notiz Zum ersten Mal erscheint mir mein Doppelgänger – mein Zwilling. In diesem Lebensabschnitt habe ich finanzielle Probleme und wenig Zeit, mich mit meinen transzendenten Träumen zu beschäftigen. Ich zweifle an dem ganzen Unterfangen, weil es sowenig mit der Wirklichkeit zu tun hat. Trotzdem entscheide ich mich, weiter zu machen und mich durch ein größeres Filmprojekt nicht ablenken zu lassen. Ich versuchte mich mit kleineren Aufträgen über Wasser zu halten, was nicht immer von Vorteil war. Irgendwann ist mir klar, dass ich die richtige Entscheidung traf, denn mit seinem Auftauchen wandelt sich meine Grundstimmung zum Positiven. Mit dem Eintritt des Doppelgängers eröffnen sich mir neue mystische und spirituelle Fähigkeiten, und es beginnt die Hinführung zu magischen Zauberkräften. Mir scheint es, als hätte ich mich bisher nur an der Oberfläche bewegt.

TT
27.09.2009
*»**Buddha-Sitz**« In einer Buddha-Sitz-Haltung schwebe ich lange durch die Wohnung meiner Großeltern. Je entspannter ich bin, desto leichter kann ich eine stabile Höhe halten. Ich schwebe so fast fünf Minuten, bis ich das Zuhause meiner Großeltern durchquert habe.*

Die Buddha-Sitz-Haltung (Lotussitz) und ihre phänomenalen Auswirkungen für den Traum werden mir nun schrittweise eröffnet. Zuvor wusste ich kaum etwas über diese meditative Sitzhaltung, außer dass sie mir zu mühsam war.

Notiz

TT
01.10.2009
*»**Weinen**« Ich bin in Indien und streite mich mit einer westlichen Industrieunternehmerin. Wir schreien uns an, danach gehe ich aufgebracht fort, merke aber, dass ich einen Fehler gemacht habe. Ich bin im Unrecht und habe das große Ganze nicht im wahren Verhältnis gesehen. Ich werde mir bewusst, dass ich träume, lasse die Traumsimulation weiter laufen und beobachte nur.*
Jemand kommt zu mir und begleitet mich. Ich erzähle ihm von meinem Streit und frage ihn, ob er mich nicht zu der Frau zurückbringen kann, damit ich mich entschuldigen kann. Er folgt meiner Bitte und geht mit mir auf einen Tempel zu. Die Tür geht auf. Auf der anderen Seite des Saals sitzt ein indischer König, inmitten einer pompösen Feier. Ich nutzte die Gelegenheit, bitte bei ihm um Vergebung. Mit einem weiten Sprung über die Menschenmasse lande ich vor ihm auf den

Boden und verbeuge mich. Ich flehe um Vergebung. Meine Beschuldigung gegenüber der Unternehmerin tut mir so leid, dass ich anfange zu weinen. Ich habe einen Heulkrampf. Weil meine Augen geschlossen sind, weiß ich nicht, wer mich plötzlich an den Armen packt und wegzerrt – wahrscheinlich die Schutzgarde des Königs.

Ich öffne die Augen. Ich stehe vor einem Trinkautomaten, die ich von Bahnhöfen kenne. Die Schutzgarde steckt meinen Kopf in die Öffnung, wo die Getränke ausgegeben werden. Ich bekomme einen Beatmungsschlauch in den Mund, der bis zur Lunge führt. Der Vorgang ist brutal, aber ich habe das Gefühl, nun besser atmen zu können. Dann werden meinem Körper veraltete, leere Dosen entnommen. Meine rechte Pobacke tut dabei weh. Bevor ich aufwache, meint ein Mentor, dass Schmerzen kein Problem sind, weil in der Apotheke immer ein Gegenmittel zu finden ist.

Ich mache die Augen auf und stelle zu meiner Überraschung fest, dass ich gar nicht geweint habe. Mir geht es wirklich gut, dabei habe ich wieder diesen verbrannten Geruch in meiner Nase.

Notiz   Unser Traum-Ich wird in den Simulationen oft zum Weinen gebracht, manchmal bekommt es auch einen Heulkrampf. Dieser hat nichts mit der Wirklichkeit zu tun. Wir werden morgens energiegeladen aufwachen, weil das Traum-Ich unsere Sorgen und unseren Kummer bereits im Schlaf für uns ausgeweint hat. Wir fühlen uns danach viel besser. In buddhistischen Quellen steht, dass das Weinen die Aura reinigt.

»Zauberstab« *Ich finde einen Zauberstab und mir wird bewusst, dass ich mentale Kräfte besitze, die allerdings nicht funktionieren, weil ich sie noch mit meinem Willen erzwingen und kontrollieren will.*   **TT**
14.10.2009

Ortswechsel: Ein alter Mann liegt in Koma. Ein Krankenpfleger und eine Krankenschwester sind bei ihm. Wenn er aufwacht, wollen sie ihm helfen, seine mentalen Kräfte wieder zu entfalten. Am Anfang werden sie klein sein, erst später erstarken sie.

TT
26.10.2009

»Serienkiller«   Mich verfolgt ein Serienkiller. Patrick Jane (Simon Baker), der »Mentalist« aus der gleichnamigen Serie, ist auf meiner Seite und versucht mich zu beschützen. Es sind sehr schwere Kämpfe, dennoch kann ich den Serienkiller überwältigen.
Ich wache auf, weil meine Lunge so stark angespannt ist, dass ich direkt einen Reizhusten bekomme.

Ab der Begegnung mit dem Doppelgänger werden fast alle inneren Organe sehr stark beansprucht, so als ob sie durch die hervorgerufene Anspannung trainiert und gestärkt würden. Mit seinem Auftauchen werden verschiedene Organe gesäubert oder von Schadstoffen befreit.   **Notiz**

TT
27.10.2009

»Zauberkräfte«   Ich bin mit meiner Mutter in einem Zug. Ich schaffe es dort mental, Gegenstände zum Schweben zu bringen. Meine Mutter bemerkt mein neues Talent nicht. Ich habe das Gefühl, ein verspielter Junge zu sein. Wir steigen mit unseren Koffern irgendwo aus und landen bei einem alten Zauberer, der alte Superhelden-Comics sammelt. In seiner Hütte gibt es viele kleine Verstecke und Nebenräume, die geheimnisvoll und magisch wirken. Wir wollen sie uns später gemeinsam anschauen. Auch hier schaffe ich es, die Gegenstände in der Luft zu halten, aber sie fliegen im Kreis, ohne dass ich es will. Wenn sie zu schnell sind, verliere ich die Kontrolle über sie. Ich bin auch noch zu begeistert von diesen Phänomenen.

In den transzendenten Träumen können wir Gegenstände zum Schweben bringen. Zunehmend beherrschen auch die anderen Figuren die Kunst des Fliegens. Das Element Luft wird greifbarer.   **Notiz**

»Hexe«   *Eine alte Hexe, die meiner liebevollen Oma ähnelt, fliegt durch mein Wohnzimmer. Ich bin wieder ein Junge. Ich frage sie, ob ich ihr Schüler sein kann. Sie fragt, ob ich nicht schon eine Mentorin habe. Ich entgegne: »Ja, meine Geisterfrau.« Sie darauf: »Vertraust Du ihr?« Ich antworte: »Total.« Eine schöne warme Energie durchflutet meinen Körper, als hätte mich meine Geisterfrau gehört und wolle sich für mein Vertrauen bedanken. Die Hexe sagt, dass sich die Geisterfrau und sie noch begegnen werden, dabei setzt sie mir einen Tropfen Blut auf den Finger. Ich erwache.*

»Schwebende Körperteile«   *Ein Mann kommt mit einer Schere an mein Bett. Ich entspanne mich. Er schneidet mir meinen rechten Arm und mein rechtes Bein ab. Ich spüre keine Schmerzen. Die abgeschnittenen Körperteile beginnen in der Luft zu schweben.*

»Hitze«   *Es ist dunkel. Eine Stimme fragt mich, ob ich soweit sei. Ich sage: »Ja.« Mein Körper ist entspannt. Die Stimme sagt, dass sie jetzt zwei Polizisten zu sich bitten wird. Ich solle ruhig bleiben, sonst könnte es unangenehm werden. Ich vertraue der Stimme und bleibe ruhig. Ein Organ auf der rechten Seite meines unteren Körpers wird stark erhitzt und entspannt sich dabei. Ich wache auf. Alles ist gut.*

»Starke Schmerzen«   *Ein alter Mann mit einer Augenklappe auf dem linken Auge steht vor meinem Bett und meint etwas euphorisch, dass man an meinen Füßen und Händen schöne, aber starke Schmerzen erzeugen kann. Ich habe zwar etwas Angst vor den Schmerzen, aber ich lasse ihm seinen Willen. Die Schmerzen an meinen Füßen und Hände sind sehr intensiv. Meine Eltern kommen ins Zimmer. Sie geben mir Spritzen gegen die Schmerzen. Ich bekomme weitere Spritzen, und der alte Mann operiert mich an meinem Unterleib und an meinem rechten Auge. Das Auge wird kalibriert und mittig gestellt. Der Mann sagt, dass das Signal noch sehr schwach sei. Danach entspannt er meinen Verdauungstrakt. Der wird mit einem Schlauch, der über die* *rechte Gebissseite eingeführt wird, durchlüftet. Die Operation wird unterbrochen, und der alte Mann verkündet, sie werde am 16. Januar fortgesetzt. Dabei wird es ums Fliegen gehen. Ich wache auf. Ich fühle mich gut, bin aber leicht lädiert, da fast mein ganzer Innenkörper gesäubert wurde.*

Notiz

Das von dem alten Mann angesprochene Datum – 16. Januar 2010 – stimmt tatsächlich. Die Operation wird in der angekündeten Nacht fortgesetzt und wir erreichen so die »Hälfte des Weges« dieser Traumreise.

TT
06.11.2009

»Geistermädchen«   *Ich liege im Bett meiner Kindheit. Im Spiegel sehe ich ein durchsichtiges Geistermädchen, das aus diesem heraustritt und zu mir ins Bett steigt. Sie ist sehr nett, fünf Jahre alt. Wir geben uns die Hand und sagen: »Hallo«.*
Ich wache auf und habe das Gefühl fünf Jahre alt zu sein.

TT
09.11.2009

»Heiße Suppe«   *Ich wache in meinem Bett auf, weil jemand in meiner Küche werkelt. Ich denke es ist ein Erwachsener. Als ich in die Küche komme, sehe ich einen kleinen Jungen, der genauso groß ist wie ich. Er steht auf dem Tisch und kocht. In der Küche liegen Kochutensilien durcheinander, es ist ein einziges Chaos. Ich frage den Jungen, ob ich ihm beim Kochen helfen kann, aber er reagiert nicht. Ich frage ihn, ob ich seine heiße Suppe kosten kann. Er sagt: »Ja.« Ich koste die heiße Suppe. Die Hitze tut nicht weh, meine Speiseröhre entspannt sich sofort. Der Junge hält mich auf Distanz, wenn ich rede oder versuche, nett oder hilfreich zu sein. Deshalb wache ich auf.*

Notiz

Jeder Gedanke distanziert uns im transzendenten Traum von unseren Traumkindern. Man muss ihnen erlauben, ihre Fehler, ihre Unzulänglichkeiten, ihren Willen ganz auszuleben, sie in nichts einschränken, auch wenn es sich gegen uns richtet. Sie sollen ihre Kraft ausleben und wir auf die Kraft des eigenen Willens verzichten. Der Kraft der Kleinen, Schwachen und Kranken gilt es zu vertrauen.

Nach dem Erscheinen des Doppelgängers kommen mehr Kinder, kranke oder verarmte Personen in unsere Wohnung. Bleiben wir einfach bei ihnen, ohne etwas hinzuzufügen oder wegzunehmen. Bleiben heißt Vertrauen aufbauen. Diese Menschen finden ihre Kraft wieder von allein in sich und unterstützen uns dann. Sie eignen sich auch mentale und magische Kräfte an. Im Matthäus Evangelium steht: »Die Blinden werden sehen, und die Lahmen gehen; die Aussätzigen werden rein, und die Tauben hören; die Toten stehen auf, und den Armen wird das Evangelium gepredigt.«

»Skorpion im Wasser« Ich falle wieder durch den **TT**
Tunnel. Dabei drehe ich mich um die eigene Achse. Ich möchte 03.12.2009
beschleunigen, in dem ich im Kopf mit dem Pendel aktiv rotiere. Aber es nützt nichts. Ich lasse es und entspanne mich noch mehr, fliege durch ein Loch und falle in ein Schwimmbecken voller Wasser. Im Schwimmbecken sehe ich einen vier Meter langen Skorpion. Im Wasser bereite ich mich auf seinen Angriff vor und merke, dass ich unter Wasser atmen kann. Er greift blitzschnell an und packt mich mit einer seiner großen Zangen am Kopf und am Nacken. Er hat mich so in seiner Gewalt und spritzt mir aus seinem Stachel orangefarbenes Gift auf mein Gesicht, aber ich merke, dass es nicht wirkt. Ich versuche, mich aus dem Zangengriff zu befreien, damit er noch einmal sein Gift spritzt: Er tut es. Ich mache den Mund auf. Das gelbe Gift schmeckt fade. Ich bin zufrieden und wache auf.
Durch den festen Zangengriff des Skorpions schmerzen mein Nacken und mein hinterer Schädel. Ich habe das Gefühl, dass mich der feste Griff stabilisieren solle. Als ich mich aus dem Griff befreien wollte, schien es mir, als wäre ich in meinem eigenen Körper gefangen, als würde mich die Zange des Skorpions in meinem Körper festhalten.

TT
08.12.2009

*»**Sonne**«   Ein alter Mann drückt mir seinen Finger in mein linkes Auge. Dabei schaue ich in die Sonne – sie verändert ihre Form und wird zu einem Quadrat.*

Ich werde mir bewusst, dass nichts im Traum eine feste Form besitzt – nicht einmal die Sonne.   **Notiz**

TT
13.12.2009

*»**Sterben**«   Meine Kollegen, meine Freunde, meine Schwester und ich versuchen uns alle gegenseitig umzubringen, aber wir schaffen es nicht. Ich schaffe es nicht zu sterben, obwohl ich es will, denn ich hoffe, mit dem Trick noch in eine tiefere Ebene zu gelangen. Nicht einmal der eigene Tod ist die Lösung. Es ist sogar sehr bitter, nicht sterben zu können. Nachdem ich sie darum bitte, versucht meine Schwester, mir ein Messer in den Bauch zu rammen. Das Messer kommt nicht durch meine Haut hindurch. Wir sind frustriert und gehen alle gemeinsam einen Tee trinken.*

Es gibt keinen Tod im Traum, denn sonst hält man an der eigenen Vorstellung von Zeit und damit an seinem Willen fest.   **Notiz**

TT
24.12.2009

*»**Märchenstimme**«   Eine Märchenstimme liest mir einen Brief vor. Die Stimme ist gütig, klar, schön und sagt mir, dass ich langsam zum Menschen werde und deshalb die eine Frau haben soll, die mir am Herzen liegt.*

Da ich in dieser Zeit schon länger Single bin, frage ich mich, ob ihre Vorhersage (in der Wirklichkeit) wahr wird.   **Notiz**

In weiteren Trancen höre ich zunehmend mehr Stimmen in meinem Kopf. Ich kämpfe nicht dagegen an und lasse sie zu. In einer Trance sagt die Stimme von Angela Merkel zu mir: »Falle nicht gleich auf deinen erstbesten Gedanken herein.«

TT
05.01.2010

*»**Diktator**«   Ich begegne dem Chef, dem Direktor einer tieferen Ebene. Ich weiß, dass er hier das Sagen und die*

Macht hat und verhalte mich sehr ruhig. Er trägt einen Schnurrbart wie Hitler, spricht aber mit russischem Akzent. Er sagt zu mir, dass er es müde sei, ein Diktator zu sein und mir eher zur entgegengesetzten Richtung rät. Ich gebe ihm die Hand, weil ich mit seinem Vorschlag einverstanden bin.

Notiz
Es gibt öfter Träume, in denen man den höchsten Kräften oder Figuren begegnet. Manchmal muss ich ihre Verträge unterschreiben, ohne den Inhalt zu kennen. Mit meiner Unterschrift unterstreiche ich, dass ich Ihnen vertraue, egal was in den transzendenten Träumen noch kommen mag. Mein innerer Wunsch, ein besserer und vollkommenerer Mensch zu werden, wird mehr als unterstützt.

»Wie man ein Geist wird« *Ein älterer Mann zeigt mir, wie man ein Geist wird. Er zieht sich aus und gibt alles ab, was ihm gehört und was er bei sich trägt. Er entspannt sich dabei und wird so zu einem Geist. Er meint, dass man sich erhängen muss, um ein vollkommener Geist zu werden. Ich folge direkt seiner Anweisung, mich zu erhängen, wache aber dabei auf.*
Beim Aufwachen stelle ich fest, dass ich mich nicht erhängt habe. Es war ein Doppelgänger von mir. Der Traum wirkte wie ein gutgemachter Film, deshalb hatte ich keine Angst vor seiner Geistererscheinung.

TT 07.01.2010

Notiz
Wir müssen in den transzendenten Träumen alles abstreifen, abwerfen und abgeben, was wir an Gepäck, Geld, Personalausweisen, Kleidung besitzen oder was wir für uns beanspruchen. Diese Dinge prägen unsere oberflächliche Identität, Status oder Fassade – also unseren Charakter. Alles Materielle gilt es loszulassen, um ein Geistwesen zu werden.

»Aura-Heilung« *An meinem Bett sehe ich einen Mann, den Kopfschmerzen plagen. Eine Aura schimmert um seinen Kopf. Die gleiche Farbe der Aura sehe ich um meine rechte*

TT 08.01.2010

Hand schimmern. In einer Kreisbewegung lege ich daraufhin meine Hand auf seinen Kopf und kann ihn so von seinen Schmerzen befreien. Plötzlich geheilt will er wissen, wie dieser Trick funktioniert, weil er die Aura selbst nicht sehen konnte. Durch seine Begeisterung bringt er so viel Unruhe in den Traum, dass ich ihn nicht wieder beruhigen kann. Ich wache dabei selber angespannt auf.

Die Auren werden nun öfter auftauchen. Ich habe mich nie zuvor mit diesen Phänomenen beschäftigt, dennoch schlichen sie sich ein. Auch hier gilt, dass ich diese Kräfte im transzendenten Traum nicht mit meinem Willen kontrollieren darf. Wenn ich von diesen Phänomenen fasziniert bin oder sie beherrschen möchte, verschwinden sie.

Notiz

TT
16.01.2010

»Hälfte des Weges« *Mir werden in vollem Bewusstsein Nägel in den Bauch und in die Knochen gerammt. An den Nägeln befinden sich Haken, an denen man später Seile befestigen kann. Ich habe das Gefühl, dass sie dazu dienen, mich irgendwann aus meinem Körper heraus zu ziehen.*
Ich habe plötzlich das Gefühl, dass ich aus meinem Körper falle und nun in einem sehr realen Raum schwebe. Ich erschrecke mich vor diesem Phänomen, falle in meinen Körper zurück und lande in einem abgedunkelten Raum.
Hier sehe ich den James Bond Darsteller Daniel Craig. Er bedient viele technische Geräte und Laptops, aber er kann mich nicht sehen, so als wäre ich unsichtbar. Ich nutze die Gelegenheit und zerschlage alle technischen Geräte und die gesamte Elektronik. Er bemerkt mich und springt blitzschnell hinter mich. Mein Rücken spannt sich an. Er sagt mir, dass ich nun die Hälfte des Weges geschafft habe und am Ende das goldene Raumschiff erreiche. Ich wache auf.

In weiteren Träumen werden mir dicke Nägel in die Knochen gebohrt. Ich habe bereits die Hälfte des Weges geschafft. Einen Monat später sind es

Notiz

über 53 Prozent. Jetzt kippt die Reise noch mehr ins Mystische. Am Ende dieser fünfjährigen Reise lande ich tatsächlich in einem goldenen Raumschiff, in dem sich das innere Kind seiner eigenen Bewusstheit gewahr wird. Ich bekomme das Gefühl, dass diese Traumarbeit einen ganz konkreten Plan verfolgt und ich diesem vertrauen kann.

Die Möglichkeit, den eigenen Körper im Schlaf zu verlassen, also eine außerkörperliche Erfahrung zu erleben, deutet sich an. An sich ist es keine große Überraschung. Schon in den luziden Träumen sind alle Indizien anzutreffen, dass der eigene Traumkörper alle Eigenschaften für eine außerkörperliche Erfahrung im Schlaf inne hat. Im Tantrismus, eine Strömung innerhalb der hinduistischen Religion, wird dieser spezielle Traumkörper als Illusionskörper bezeichnet.

Als Resultat einer besonderen Schulung, so der Dalai Lama, ist es schließlich möglich, den speziellen Traumkörper vom groben physischen Körper abzulösen und unabhängig davon auf Reisen zu gehen. Traum-Yoga ist daher »ein üblicher Weg, um die Kunst der Außerkörperlichen Erfahrungen durch (kontrolliertes) luzides Träumen zu entwickeln«, schreibt der Neurologe Dr. Wilfried Kuhn. Daher sind außerkörperliche Phänomene nichts ungewöhnliches.

Aber es ist nicht das Ziel dieser Reise, eine außerkörperliche Erfahrung zu machen. Ich bin während der Reise nie auf diese Idee gekommen. Das hätte mir auch viel zu viel Angst gemacht. Es ist eines von vielen Phänomenen, das uns auf dieser Reise nahe gelegt wird.

»Hände des Vertrauens« *Ein Flug durch den Tunnel, ich lande in meinem Bett. Jemand greift mir von hinten in die Seite, es kitzelt. Ich entspanne mich, er oder sie legen nun unsichtbare Geisterhände in die meinen. Beide Seiten* **TT** 27.01.2010

fassen einander fest, als ob wir uns gegenseitig festhalten
wollten. Die Hände machen mir Mut.
Ich wache entspannt auf und habe den Eindruck, dass
mich die Hände aus dem Körper irgendwann herausziehen
werden.

Das Gefühl, in den Träumen nicht allein zu sein, **Notiz**
wirkt sich positiv auf das eigene Leben aus. Die
geisterhaften Begleiter geben einem Halt für das
wirkliche Leben.

TT
12.03.2010

»Aura sehen«   Ich sehe im Traum wieder Auren. Sie
wirken wie Laserstrahlen, die die Menschen von hinten
beleuchten und damit die Aura um den Körper herum er-
schaffen. Um sie sehen zu können, muss ich meine Augen
verengen. Da ich auf das einfache Phänomen zu euphorisch
reagiere, wache ich auf.

In einem Traum davor sagt mir ein kleiner Junge, **Notiz**
dass »Telepathie bei ihm so ein Bauchgefühl sei«.
Auch in den transzendenten Träumen scheint es so,
als kämen alle hellen Wahrnehmungen aus dem Inneren des Körpers, nicht von außerhalb. Bei der
Telepathie, also dem Hellhören, verhält es sich im
transzendenten Traum eher so, dass man einen Gedanken bemerkt, der nicht der eigene sein kann.
Diese intuitiven und empfindsamen Gedanken
kommen in den Träumen und transzendenten
Träumen öfter vor.

TT
15.03.2010

»Verzweiflung«   Jemand verprügelt mich im Traum
so brutal, dass ich total verzweifle. Dann werde ich so zor-
nig, dass ich mein Gegenüber verprügele und höre erst auf, als
es verzweifelt. Ich bin erschrocken, weil ich erst jetzt sein
Gesicht sehen kann. Wir sind ein und dieselbe Person – als
wären wir Zwillinge oder Doppelgänger. Ich habe in meiner
Verzweiflung, die in Aggression umschlug, nicht gemerkt, dass
sich die ganze Situation um 180 Grad gedreht hat. So kippt

diese in ihr Gegenteil. In letzter Konsequenz bin ich zu der Person geworden, die mich angegriffen hat. Zu meiner Verblüffung wache ich sehr entspannt auf.

Notiz   Subjekt und Objekt tauschen nun zunehmend ihre Plätze, ihre Sichtweisen begegnen sich und ich erkenne den beobachtenden Geist in mir.

In diesem Zeitraum verzweifele ich sehr oft und sehr stark in meinen Träumen, dennoch wache ich entspannt auf. Meine Verzweiflung, die ich im Traum erlebe, wird trainiert, so als ob ich die verschiedensten Grade der Verzweiflung spüren muss, um ein Mitgefühl für andere Menschen zu entwickeln, die im realen Leben tatsächlich ähnliches Leid erfahren. Wenn ich aufwache, ist alles in Ordnung, fast schon friedlich. Es sind stets gute, lebensfrohe Tage.

»Rollstuhl«   *Obwohl ich in einem Rollstuhl sitze, kann ich, indem ich meine Augen hin- und herbewege, also pendle, mich schneller durch den Raum bewege als die anderen Figuren, die zu Fuß sind. Ich rase fast mit dem Rollstuhl. Weil ich mal wieder begeistert bin, wache ich auf.*

TT
16.03.2010

Notiz   In dieser Zeit gibt es viele Fahrradfahrer oder andere Symbole, die die Synchronisation von Rädern, zwei Kreiseln oder Kreisen repräsentieren. Das alltägliche Pendel im Kopf hinterlässt zunehmend Spuren in den Traumsituationen und gibt weitere Kräfte frei, schwierigere Aufgaben zu meistern.

»Black Out«   *Ich sitze neben zwei Polizisten auf einem Beobachtungshügel, das Haus gegenüber im Blick. Einem Polizisten schaue ich ins Gesicht. Er sieht mich an, als wäre ich ein uneinsichtiger Teenager. Ich gehe auf die andere Straßenseite zum Haus. Dort wohnt eine ausländische Familie, die freundlich, und überfordert mit zwei schreienden Babys ist. Es sind siamesische Zwillinge mit entstellten*

TT
17.03.2010

Gesichtern. Ich setze mich zu ihnen. Sie beruhigen sich und spucken mir Pillen mit ihrer Krankheit in meinen Mund, die ich mit einem Glas Wasser hinunterspüle. In diesem Moment bekomme ich einen Black Out. Plötzlich ist alles dunkel.

Eine Zahl erscheint wie auf einem Computerbildschirm in meinem Sichtfeld und zählt von acht abwärts. Die Traumsituation wird wieder eingeblendet. Ich sitze vor einem Bildschirm und sehe noch einmal, wie ich als Teenager bei den Polizisten sitze und dann zu der ausländischen Familie hinüber gehe. Ich merke, dass ich in diesem Szenario nur eine Spielfigur in einem alten Computerspiel mit veralteter Grafik bin.

Notiz

Wir werden häufiger darauf hingewiesen, dass wir eine Spielfigur sind, die sich von Emotionen bestimmen lässt: So werden wir von einer höheren Ebene im Griff gehalten. Dabei erscheint häufig eine Downloadfläche oder ein Upload-Feld in unserem Sichtfeld, das eine höhere Beobachterebene hochlädt. Das ist natürlich nur eine visualisierte Hilfestellung, um die Kausalkette und das Gefühl von Zeit für uns zu erhalten, denn sonst könnten wir uns erschrecken, wenn die nächste Ebene zu plötzlich erscheint. Es ist ein Hilfsmittel, um uns das Betreten der Beobachterebenen zu ermöglichen. Wir erhalten die Visualisierungshilfen, die unserer Phantasie und Vorstellungskraft entsprechen.

TT
09.04.2010

»Das Alter der Liebe« *Ein Fremder umarmt mich an meinem Bett, ich lass es zu und entspanne mich. Wir fliegen durch den Tunnel.*

Wir landen in einer Gruppe von Menschen, gehen gemeinsam durch eine Stadt. Die Gruppe zeigt mir ihre Welt. Sie sagen, ich kann mich hier mit meiner ersten Jugendliebe versöhnen. Sie nennen dieses Phänomen »Das Alter der Liebe«. Ich sehe ein sehr hässliches, altes, haushohes Huhn. Ich entspanne mich. Dabei merke ich, wie sich mein Magen entspannt, als ob eine alte Stimmung verfliegt. Das Huhn

verschwindet und ich höre, wie im Hintergrund viele Gebäude
zusammenstürzen, sich auflösen. Ich fühle mich gut.
Danach halte ich ein Handy in der Hand, auf dem ein Ener-
giebalken zu sehen ist. Ich erkenne darauf, dass ich etwas
Durst und Hunger habe. Beides stille ich ein wenig, indem
ich zwei Knöpfe drücke. Der Energiebalken von Hunger und
Durst wird im Gesamtbereich schmaler.
Ich fahre mit der Gruppe in einem Bus, habe aber kein Geld
für das Ticket, das ich bereits in der Hand halte. Das Ticket
verwandelt sich in eine Einladungskarte. Die anderen lachen,
sie haben mich veräppelt und wir steigen wieder aus dem Bus.
Der Anführer der Gruppe sagt, dass es für alle Beteiligten in
Träumen hart sei, mit Schmerzen zu arbeiten, damit alles
funktioniert. Vor den möglichen Schmerzen erschrecke ich und
wache auf.
Ich hatte das Gefühl, dass dieser transzendente Traum bei
vollem Bewusstsein stattfand, deswegen hatte ich etwas Angst
vor den Schmerzen.

Notiz   Nach diesem transzendenten Traum dachte ich
nicht mehr an meine allererste Freundin und die
spätere Trennung von ihr. So wie die Häuser stürz-
ten auch die Erinnerungen an sie zusammen. Seit
diesem Traum macht mir der Schmerz der Liebe
keine Angst mehr.

*»**Hunger**«   Ich laufe aus einem dunklen Keller hinaus.*   **TT**
Die Umgebung sieht sehr realistisch aus. Draußen sehe ich   27.04.2010
zwei ältere Frauen in einem kleinen Garten bei einem Kaffee
sitzen. Eine ist traurig und erzählt ihr Leid, die andere hört
zu. Ich setze mich zu ihnen, bleibe bei ihnen und wende mich
an die, die zuhört. Ich sperre wieder all meine Gedanken, um
nicht zu werten. Dann dreht sie sich zu mir um und sagt:
»Ich werde wütend, wenn Du glaubst, dass Du alle Deine
Aufgaben nur mit dem Nicht-Werten lösen kannst.« Sie droht
mir: »Wenn Du so weiter machst, zeige ich Dir, wie ich im
Vietnamkrieg gehungert habe.« Genau diese Schmerzen wird
sie mir verpassen. Sie ist sehr ernst und kompromisslos. Ich

bekomme Angst vor ihrer Macht und gehe lieber, um sie nicht weiter zu verärgern. Ich fühle mich dabei wieder wie ein sechsjähriger Junge.

In den transzendenten Träumen ist das Nicht-Wer-ten oder das Gedanken-Sperren auch eine Form von Kontrolle. Bis jetzt hat der Trick funktioniert, weil ich auf meine eigenen Wertungen nicht her-eingefallen bin. Aber seitdem die Hälfte der Reise vorbei ist und die Träume viel realistischer sind, funktioniert der Trick seltener. Jetzt lasse ich alles noch mehr geschehen, durch mich hindurchfließen. Dadurch tritt das Element des Wassers in den Vor-dergrund. **Notiz**

TT
29.04.2010

»Meister des Wassers« *Ich bin beim Meister des Wassers, er wirkt sehr jugendlich. Seine Villa unter dem Meer ist top eingerichtet. Er sagt, er hilft mir weiter, wenn ich nur ihm diene und nicht dem »Anderen«. Er will an erster Stelle stehen, vor dem »Anderen«. Ich stimmte seinem Vorschlag mit einem Handschlag zu.*
Er operiert mich an meinem Körper und eine Tür in den Keller geht auf. Es geht noch tiefer ins dunkle Wasser hinab.

Mit dem »Anderen« meinte er den Repräsentanten des Elements Erde, also wahrscheinlich mein Ego. **Notiz**

TT
17.05.2010

»Aufblühende Blumen« *Indem ich meine Hand auf verwelkte Blumen lege und ihnen Energie spende, blühen sie in allen ihren Farben wieder auf. Als ich aufwache, ist meine rechte Hand warm und angespannt.*

TT
13.06.2010

»Es tut mir leid« *Eine Frauenstimme in der Trance meint, dass die beste Antwort ist: »Es tut mir leid.« In einem weiteren Traum sagt mir ein Meister: »Nicht debattieren! Zuhören!« In einem anderen: »Wir leben in einer Verhält-nis-Gesellschaft.«*

»Humor als Ausweg« Ein Streit mit einem Passanten führt zu einem harten Kampf, doch ich kann ihn nicht
schlagen, denn er ist genauso stark wie ich. Ich bin in meinem Zwang zu gewinnen oder wenigstens nicht aufzugeben,
gefangen. Da erscheint meine Mutter und sagt, dass ich
meinen Gegner ablenken soll und zwar mit etwas Witzigem,
Absurdem, um die Situation ins Gegenteil zu verkehren. Mir
fällt nichts ein, weil ich mich weiter auf den Kampf konzentrieren will. Meine Mutter bricht die Simulation ab, weil ich
verzweifle und lässt mich aufwachen.

TT
14.06.2010

Notiz   Das Problem ist, dass man, gefangen in einem
Zwang, nicht klein beigeben möchte. Man verzweifelt
lieber, als nach- oder aufzugeben. Die Aufforderung, etwas Absurdes, Witziges oder Überraschen-
des zu tun, wird öfter an einen herangetragen. In
diesem Moment müssen sich die anderen Figuren
dazu verhalten. Das bringt sie aus dem Konzept
und der Zwang lässt nach.

»Verlassenes Klassenzimmer« Ich rotiere immer
schneller über meinem Bett und entspanne mich. Ich lande in
einem dunklen Klassenraum. Er ist leer, scheint lange verlassen oder nicht benutzt. Die Stühle stehen auf den Tischen.
Ein alter Teddybär liegt auf dem Tisch. Viele kleine
Spinnen laufen über den Boden. Ich denke, dass in diesen
Räumen bald wieder Unterricht stattfinden wird, weil ich
erst sechs Jahre alt bin.

TT
14.06.2010

»Hochzeitsvorbereitungen« Eine Hochzeit wird
vorbereitet. Ich werde bald (meine Geisterfrau) heiraten.
Zu später Stunde kommen ein paar Geister als Gäste dazu.

TT
16.06.2010

Notiz   Die eigene Heirat wird im Traum oft vorbereitet.
Männer und Frauen heiraten, gründen eine Fa-
milie und bekommen gemeinsame Kinder. Die Kinder nehmen dann am Schulunterricht teil. Heiraten

ist bei mir als Symbol positiv besetzt und stellt eine
weitere Synchronisierung der Gegensätze dar.

TT
08.07.2010

»Vier Räder« Eine ältere Hexe hält mich an den Händen fest. Sie sagt, dass der Unterricht erst anfangen kann, wenn ich mit allen vier Rädern drehen kann.

Die Symbolik der zwei Räder führt häufiger zur   **Notiz**
Symbolik und Synchronisation von vier Rädern,
zum Beispiel den Rädern eines Wagens oder zu
Symbolen mit vier Kreisen. Damit sind die vier
Chakren gemeint, die den vier Elementen entsprechen und im Hinduismus und Buddhismus schon
bekannt sind. Chakra heißt wörtlich aus dem San-
skrit übersetzt Rad oder Kreis. Die Chakren an der
Wirbelsäule werden auf dieser Reise vielfach bearbeitet oder gedreht, damit sie nach und nach rhythmisch zueinander kreisen. Sie sind (offenbar) mit
dem Pendel im Kopf verbunden.

TT
11.07.2010

»Aura-Farben« Ich habe eine Geschwulst auf meinem Oberschenkel und Angst vor einer möglichen Krankheit. Meine Eltern kommen dazu. Meine Mutter drückt die Geschwulst aus. Als sie platzt entstehen Aura-Farben. Meine Mutter sagt, dass der Eiter wie Pudding schmecke. Später hat eine Freundin eine sichtbare Aura um ihren Körper. Als ich versuche, ihre Aura deutlicher zu sehen, verschwindet sie. Wenn ich meinen Blick entspanne, wird sie wieder sichtbar. Als ich begeistert reagiere, blendet sich die Aura aus. Ein Mentor versucht mir die Namen der vier schwachen Auren zu erklären, sie hören sich irgendwie indisch oder fremdsprachig an. Obwohl ich alles verstehen will, setzt der Ton plötzlich aus. Ich erwache.

TT
23.07.2010

»Aufgeschlitzter Körper« Eine Frau schlitzt mich entlang der Wirbelsäule auf. Aus dem Unterleib wird mir eine Kugel entnommen. Mein Körper ist geöffnet und ich sehe ihn wie eine 3D-Innen-Ansicht. Ich kann in meinen Körper

hineinsehen und weiß, dass noch weitere Operationen folgen. Ich habe keine Angst davor, weil ich merke, wie alles einem größeren Plan folgt, den ich nicht verstehen brauche.

»Mentale Kräfte« Nachdem es zu vielen Versöhnungen kommt, kann ich die Gedanken der anderen Figuren im Traum hören. Ich kann jemanden von seinen Kopfschmerzen mit meiner rechten Hand befreien, dabei Auren sehen und mich sogar mit ihnen verbinden. Zum Ende des Traums komme ich einem drohendem Schatten näher und kann meine Angst davor abbauen.

TT
28.07.2010

Notiz Diese mentalen Kräfte habe ich nicht angestrebt. Es scheint, als gehören sie zur Reise dazu, egal für wie absurd man diese Phänomene hält. Sie gelten nur für die Träume, nicht für den Alltag.

»Wissenschaftlerin« Eine Wissenschaftlerin pflanzt mir Dioden in die rechte Gehirnhälfte. Nun muss ich so schnell wie möglich mit dem Pendel im Kopf kreisln, denn sonst, sagt sie, werde ich unter Schmerzen leiden. Um das zu verhindern, kreisel ich sehr schnell. Daraufhin überhitzt sich die angeschlossene Maschine und explodiert. Jetzt schmerzt meine linke Gehirnhälfte, doch es ist nicht schlimm. Außerdem habe ich etwas dazu gelernt – ich darf mit dem Kreiseln im Kopf nicht zu übereifrig sein. Daraufhin legt mir die Wissenschaftlerin einen silbernen Stahlring um meine Schädeldecke und legt einen weiteren um mein rechtes Handgelenk.

TT
29.07.2010

Notiz Auf der Reise bekommt man Geschenke – in der Heldenreise sind es oft Schätze, Elixiere oder magische Waffen, die einen schützen oder stärken.

»Bittere Träume« Eine Frau wird plötzlich zu einer Furie und beißt mir in den Nacken. Nach dem Biss entspannt sie sich und wird wieder zu einer normalen Frau. Dann sitze ich mit ihr und zwei anderen Männer ganz normal am Frühstückstisch. Ich frage einen der beiden, warum dieser Traum

TT
19.08.2010

so drastisch angefangen hat. Da meint ein Mann, dass die Träume immer etwas ängstlich und bitter beginnen, aber das sollte ich doch schon bemerkt haben.

TT
21.08.2010

»Vergangenheit« *Ich spüre, dass jemand neben mir liegt. Ich habe einen Taschenrechner in meiner Hand und setze alle bis dahin eingegebenen Zahlen auf Null. Ich drehe mich um und sehe eine Frau neben mir liegen. Dann gehen wir gemeinsam los und bleiben vor einer dunklen Tür stehen. Sie überlässt mir die Entscheidung, ob ich vor der Tür bleiben möchte und auf sie warte oder ob ich folge. Weil ich ihr vertraue, entscheide ich mich dafür, ihr zu folgen, will sie aber auch beschützen.*

Ich wache auf, schlafe gleich wieder ein, um den Traum fortzusetzen. Ich bin mit der gleichen Frau wieder in meinem Zimmer. Sie beschimpft mich, versucht die Wahrheit aus mir herauszuprügeln, dabei hält sie mich am Kragen fest und schüttelt mich durch. Ich weiß nicht, was sie von mir will oder was ich vielleicht falsch gemacht habe. Keine Ahnung, was mit ihr los ist. Ich wache diesmal etwas verblüfft auf und schlafe wieder ein.

Ich bin mit derselben Frau zusammen. Alles scheint wieder in Ordnung zu sein. Wir gehen durch ein dunkles Wohnzimmer, ich folge ihr. Sie sagt mir, ich soll mir den nächsten Jugendlichen, den ich sehe, greifen und ihn einfach verprügeln, und schon sehe ich einen lethargischen, gelangweilten, jungen Mann auf einer Couch träge liegen, so als ob er sich schon aufgegeben hat. Ich schnappe ihn mir, schüttle ihn und prügle auf ihn ein. Daraufhin erzählt er mir völlig verzweifelt seine tragische, polnische Lebensgeschichte. Dann verwandelt er sich in ein modernes iPad. Die Frau sagt, ich solle mir einfach den nächsten schnappen. Ich greife mir einen weiteren enttäuschten Jugendlichen und schüttle ihn durch. Er erzählt mir seine traurige Vergangenheit, als ich ihm mit Prügel drohe. Er löst sich auf, dabei entspannt sich mein Brustkorb. Die Frau schaut mich an und lächelt.

Ich wache auf. Ich merke, dass sich ein Teil meines vergangenen Lebens in meinem Brustkorb aufgelöst hat. Die beiden

Jugendlichen haben meine Lebensgeschichte mit einigen
tragischen Erlebnissen im Schnelldurchlauf rekapituliert. Als
ich die Trauer dieser Jugendlichen durch mein hartes
Eingreifen an die Oberfläche zerrte, verschwanden die alten
Stimmungen in meinem Brustkorb und verwandelten sich in
etwas Neues und Positives – wie das moderne iPad. Hätte
ich das nicht getan, würden sich die beiden enttäuschten
Jugendlichen weiter selbst bemitleiden und im Leben nicht
vorankommen.

Notiz   Nach diesem transzendenten Traum beschäftige ich
mich nicht mehr mit meinen Erinnerungen als Kind
und Jugendlicher, der sich mit acht Jahren in einem
neuen Land zurechtfinden musste. Ich trauere dieser Zeit gar nicht mehr nach. Das ist der Grund,
warum manchmal so hart und brutal auf mich zu-
gegriffen wird: um die angestaute Verzweiflung, die
sich irgendwo in meiner Tiefe vergraben hat, wieder ins Bewusstsein zu holen, damit ich mich mit
ihr versöhnen kann.

»Sehnsüchte« *Eine schöne Frau steht mit dem Rücken*   **TT**
zu mir in meinem Zimmer. Ich gehe auf sie zu, um mich mit   03.09.2010
ihr zu unterhalten. Sie dreht sich zu mir um, greift mir plötz-
lich in die Genitalien und drückt fest zu. Es tut sehr weh. Sie
droht mir, dass es richtig weh tun wird, wenn ich noch ein-
mal versuche, sie anzumachen. Sie verwandelt sich in einen
Mann, der sehr wütend auf mich ist. Ich bekomme Angst vor
ihm und wache auf.

Notiz   Ich wollte sie nur ansprechen, dennoch wurde ich
abgestraft. So oder so ähnlich werden wir mit unbewussten Wünschen und Sehnsüchten konfrontiert, wenn wir Männer oder Frauen nach ihrem
Aussehen bewerten. Dieses Beispiel ist an sich noch
harmlos.
Meine körperlichen Sehnsüchte entspannen sich
auf der Reise, weil ich als Mann die Frauen weniger

werte und mich nicht mit anderen Männern vergleiche. Ich weiß, was für eine Strafe im transzendenten Traum daraufhin folgen kann, und die will ich nicht noch einmal ertragen. So werde ich erzogen, mich auf die inneren Werte der Figuren zu konzentrieren und nicht auf Äußerlichkeiten.

TT
05.09.2010

»Körperwechsel« Ich merke, dass ich still auf einem Stuhl sitze. Gleichzeitig habe ich das Gefühl, dass ich mich mit meinem Geist lose in meinem Körper befinde. Ein Freund sitzt rechts neben mir. Mit meinem Geist springe ich aus meinem Körper in den Körper meines Freundes. Ich habe dabei das Gefühl, dass mein Freund wiederum in meinen Körper springt. Doch alles ist in Ordnung. Ich wache wieder auf.

Ein geistiger Körperwechsel wird angedeutet. **Notiz**

T
06.09.2010

»Schwerkraft« Es wird mir gezeigt, dass irgendwann im Traum ein Schuljunge der Erfinder eines unentdeckten Elements sein wird. Dieses neue Element kann die Schwerkraft ausschalten. Ein anderer Junge wird »Pi« heißen, genauso wie die Zahl, die das Unendliche repräsentiert.

Diese übersinnlichen Talente besitzen wir nicht selbst, sondern die neu in uns dazugekommenen Kinder, die nun dauerhaft zu uns gehören. Deswegen ist es wichtig, bei den Kindern zu bleiben. In ihnen liegt die Kraft. **Notiz**

H
08.09.2010

»Eingesperrter Mann« Als ich wieder in der Wirklichkeit aufwache, halluziniere ich in meinem Zimmer einen Mann. Er sitzt auf meinem Stuhl. Er bewegt sich leicht, aber ich habe das Gefühl, dass er durch meine subjektive Raumvorstellung oder die Hintergrundflächen wie eingesperrt wirkt. Als könne er sich nicht bewegen, weil ich an meiner Vorstellung von Raum festhalte. So wirkt er eher wie eine zweidimensionale Pappfigur – noch nicht lebensfähig. Ich sperre ihn durch meine Wertungen und Ängste weg.

»Eingesperrtes Mädchen«   Als ich aufwache, halluziniere ich diesmal in meinem Zimmer ein Mädchen. Sie
kann sich nicht bewegen, weil sie in meiner Vorstellung von
Zeit eingesperrt ist. Ich gebe die Einbildung von Zeit weiter
auf.

H
10.09.2010

»Neuer Planet«   Ein neuer Planet wird am Himmel
geboren, und mein Traum-Ich ahnte bereits, dass es irgendwann passieren wird. Alle anderen Figuren staunen, dass
mein Traum-Ich Recht behalten hat. Danach tanzen wir alle
vor Freude, aber weil ich dabei zu hektisch bin, wache ich
auf.

T
14.09.2010

Notiz   Beim Aufwachen bin ich überrascht, dass mein
Traum-Ich von der Geburt des Planeten bereits
wusste.

»Liebe«   In meinem Bett. Mir wird von einem Mann der
linke Hoden zerdrückt. Es tut sehr weh. Ich frage den Mann,
der mein Mentor ist, ob er die Schmerzen nicht weglassen
kann. Daraufhin erwidert er: »Schon, aber Du würdest dann
nicht erfahren, was Liebe bedeutet.« Ich verstehe und er darf
weiter machen.

TT
16.09.2010

Notiz   Wie der Zufall es will, traf ich zehn Tage später
meine Frau, die ich zwei Jahre später heirate. Als
ich sie nur kurz in einem Raum voller Leute entdecke, ohne ihr Gesicht richtig wahrzunehmen,
höre ich eine klare Stimme in meinem Kopf. Das
ist bis dahin im Alltag noch nie und auch danach
nicht wieder passiert. Die Stimme sagte zu mir:
»Mein Mädchen.« Genauso wie Forest Gump (Tom
Hanks) im gleichnamigen Kinofilm seine Freundin
Jenny Curran (Robin Wright) immer nennt. Ich war
überrascht, weil ich nicht wusste, woher der Gedanke kam, denn er war eindeutig nicht meiner. Mir
wurde schon zwei Monate zuvor von einer Mentorin in einem Traum mitgeteilt, dass sie mir auf der

Suche nach meiner Partnerin helfen wolle. Aber richtig geglaubt habe ich es nicht. Nachdem ich sie auf der Tanzveranstaltung angesprochen hatte, unternahm ich alles, um sie öfter zu treffen. Diese Reise hat mir geholfen einen Partner, den ich von Herzen liebe, für meinen weiteren Lebensweg zu finden.

Die Liebe ist eine spirituelle Kraft und die höchste Ordnung. Alles entwickelt sich zu ihr hin und wie Meister Eckhart es formulierte: »Sie ist die größte Kraft, der selbst Gott nicht widerstehen kann.«

Das Spannende ist, dass das weibliche Geschlecht nun in meinen Träumen, immer mehr das Wesen und das Gesicht meiner Lebenspartnerin annimmt. Es scheint, als ob auf der Reise nach Innen ein festes Gegenüber im Leben, unabhängig vom Geschlecht, die weitere Reise etwas erleichtert und noch mehr Kraft und Vertrauen gibt. Im Leben und im Traum vertieft sich die Liebe zu unserem Partner mehr und mehr.

So können wir mit der Partnerin (oder dem Partner) gemeinsam in die tieferen Ebenen der Träume vordringen. Durch die Liebe und das gemeinsame Vertrauen fällt es uns leichter, die anstehenden Prüfungen zu meistern.

Im nächsten Traum sagt mein Mentor, dass die Operationen auf der vertikalen Ebene nun vorbei sind. Jetzt geht es weiter in die horizontale Ebene, also in die Weite. Die Neuausrichtung in die horizontale Ebene führt uns tiefer ins Element des Wassers und zu mehr spirituellen Erfahrungen.

4. JAHR

Innere Weite

Das Element des Wassers ist heilend. Um diese Heilung zu erfahren, erlernen wir in den ersten drei Lehrjahren das Stillhalten und das In-sich-Ruhen. Der vollkommen entspannte Stillstand lässt uns dieses Element gründlicher erkunden. Deshalb macht es Sinn, Yoga, Meditation, ein Aufmerksamkeitstraining oder ähnliches ins eigene Leben zu integrieren, um diese Heilungsprozesse zu unterstützen. Der Doppelgänger kommt nun häufiger zum Vorschein. Dabei wird unser eigenes Traum-Ich intuitiver in seinem Denken und Handeln, ohne dass wir eingreifen. Unserem Traum-Ich werden weitere spirituelle Phänomene anvertraut. Deswegen schadet es nicht, sich mit den Chakren, den Elementen und den dazugehörigen Farben aus den Quellen der buddhistischen, hinduistischen oder anderen mystischen Lehren eingehender zu beschäftigen, um die Zusammenhänge zwischen Körper und Psyche auf der spirituellen und geistigen Ebene verstehen zu können.

Indem wir uns damit beschäftigen, kann das Unbewusste diese neuen Bilder im Traum für uns nutzen. Das Unbewusste kann mit uns nur mit den Bildern kommunizieren, die wir wirklich kennen, die uns keine Angst machen. Es kann keine Elemente aus dem kollektiven Bewusstsein verwenden, von denen wir nie etwas gehört haben, weil sonst unsere Vorstellung von Ursache und Wirkung zusammenbrechen würde. Nach diesem Prinzip ist unser freier Wille strukturiert. Alle Erfahrungen und Bilder, die uns noch nie im Leben erschienen sind, würden uns in unseren Grundpfeilern und somit in unserem Lebenswillen erschüttern. Wir könnten sie uns nicht erklären.

Der Heilige Johannes vom Kreuz bestätigt ausdrücklich, dass übersinnliche Dinge im Leben eines Menschen, der sich auf den spirituellen Weg begibt, durchaus vorkommen. »Spirituelle Menschen können Visionen von sichtbaren Dingen und Personen aus dem anderen Leben haben, was auch häufig geschieht. So kann es sein, dass Sie Heilige, gute und schlechte Engel, ungewöhnliche Lichterscheinungen und großartige Dinge sehen. Auch Ihr Gehör verändert sich, so dass Sie außergewöhnliche Worte vernehmen…« Und er schreibt weiter: »…übernatürliche Bilder sind dazu da, um

Menschen von den natürlichen Sinnen zu den übernatürlichen Sinnen zu führen und schließlich zum reinen Geist, der jenseits von allen Formen existiert.«

So finden in diesem Stadium die Einschulung und die Unterrichtung des inneren Kindes an mystischen Schulen statt. Erlebnisse mit den Elementen Feuer und Luft nehmen immer mehr Raum ein. Der eigene Phantomkörper wird neu ausgerichtet und die Erziehung des Traum-Ichs zur Wahrheit intensiviert. Daher tauchen zum Ende des vierten Jahres neben den geistigen und spirituellen Phänomenen vermehrt religiöse Elemente auf. Diese Symbole sind bei mir aus dem katholischen Glauben entnommen, weil ich im europäischen Kulturkreis aufgewachsen bin. Wenn Sie einem anderen Kulturkreis angehören, werden die religiösen Träume in dessen bevorzugten heiligen Symbolen kreiert: Sie erfahren die Symbole, denen Sie vom Herzen vertrauen. Das Heilige in uns, jenseits jeglicher religiöser Dogmen, ist tiefer in uns verankert, als wir es uns eingestehen.

TT
30.09.2010

*»**Der kleine Unterschied**« Mit meinem Geist wechsle ich in den Körper einer Jugendfreundin, einen Frauenkörper. Ich fühle keinen Unterschied. Sie springt dafür in meinen, also einen männlichen Körper, und fühlt einen kleinen Unterschied. Ich will unbedingt wissen, welchen Unterschied sie fühlt, aber das will sie mir nicht sagen.*

Es wird wieder darauf hingewiesen, dass es möglich ist, in andere Körper – auch des anderen Geschlechts – zu wechseln.   **Notiz**

TT
15.10.2010

»Überschwemmung« Ich versöhne eine Frau und einen Mann miteinander, die gerade streiten und stelle die aggressive Musik im Hintergrund leiser. Sie wird sanfter, genauso wie das Paar. Danach werden mir die Augen justiert und kalibriert. Ich falle eine Traumebene tiefer. Hier bin ich in einer Gefängniszelle und das Wasser überflutet langsam meinen Körper. Es ist das Meer. Ich spüre es tatsächlich auf meiner Haut und habe Angst zu ertrinken. Ich werde von einem Rettungsschwimmer noch rechtzeitig gerettet.

Notiz   Das Phänomen des Wassers wird stärker. Immer mehr Wasser dringt in das eigene Haus und das Schlafzimmer ein, zusätzlich werden Inseln und Länder überflutet. Da das Wasser für unsere Gefühle und Stimmungen im Körper steht, ist es uns nun möglich, sie zu beobachten und anzunehmen. Wir werden auch in unserem Alltag feinfühliger. Dies führt dazu, dass wir uns weniger Gewalt verherrlichende Filme oder Serien anschauen können, in denen sich Leute betrügen und belügen. Dafür werden wir viel empfänglicher für die schönen, kleinen Dinge im Alltag. Der Alltag gewinnt an Qualität.

»Blutdruck senken«   *Ein junger Mann sitzt bei mir.*   **TT**
Er drückt mir seine Finger in meinen Kehlkopf. Ich lasse es   21.10.2010
zu. Er meint, er kann so meinen Blutdruck senken. Es
schmerzt dennoch.

»Drittes Auge«   *Ich bin in einem schönen Park mit*   **TT**
Freunden, sie trainieren hier ihre neuen Talente. In einer   24.10.2010
Übung nehme ich mit meinem dritten Auge Auren wahr und
konzentriere mich dabei auf die Mitte meiner Stirn oberhalb
meiner Augen. Nun kann ich tatsächlich die verschiedenen
Farben der Auren um meine Freunde sehen. Wenn ich mich
oberhalb meiner Ohren mit den Fingern berühre, kann ich
hellhören, also die Gedanken der anderen Figuren wahrneh-
men. Meine Freunde versuchen die Übungen mitzumachen.
Es gibt im Park auch einen Schamanen, der im Kreis tanzt.
Ich kann nicht richtig mittanzen, weil ich nicht entspannt
genug bin.

»Vergebung«   *Ich treffe auf eine laut singende Frau,*   **TT**
entspanne mich und drehe ihr dabei meinen Rücken zu. Sie   24.10.2010
schneidet mir mit einer Schere in die Kehle. Weil es wieder so
ein brutaler Vorgang ist, frage ich sie, ob es da nicht eine
behutsamere Methode gibt. Sie antwortet streng: »Ja!
Vergebung!«

In der Trance höre ich manchmal eine (innere) Stimme, die mir entweder sagt: »Im Kontrollturm wachsen keine Blumen.« Oder: »Man muss die Bereitschaft haben, alles zu geben.« Falls ich die Lösung im Traum nicht weiß, sollte ich es einfach eingestehen und sagen: »Ich weiß es nicht.« In einer weiteren Trance höre ich eine Stimme, die mir zuflüstert: »Tue nichts!«.

Notiz

TT
01.11.2010

»*Raumschiff*« Ein Raumschiff landet, die Außerirdischen sind sehr freundlich. Sie laden uns alle auf ihr Schiff ein. Ich fühle mich wie ein Kleinkind.

Es tauchen immer mehr Außerirdische und Raumschiffe auf, alles Symbole des Luft-Elements. Alles, was irgendwie fliegen kann, gehört dazu.

Notiz

T
10.11.2010

»*Gravitation*« Albert Einstein macht eine neue Erfindung. Ihm ist es nun möglich, zwei Moleküle voneinander zu trennen und somit die Anziehungskraft zwischen beiden aufzuheben. Ich bin zu begeistert von der Erfindung und wache auf.

Die Gravitationskraft wird häufiger in Frage gestellt.

Notiz

TT
12.11.2010

»*Pendel*« Ich höre eine weibliche Stimme im Kopf. Wenn ich im Kopf pendle, gefällt es ihr. Besonders wenn ich wie in einem Quadrat überkreuz pendle, kichert sie. Das Kreiseln mag sie auch, aber das normale Links-Rechts-Pendel ist ihr lieber.

TT
28.12.2010

»*Weißer Hai*« Ein Weißer Hai will mich in meine Hand beißen. Ich lasse es zu, weil ich weiß, dass es ein Traum ist. Zur meiner Verwunderung schmerzt es nur ein wenig.

Um die Angst vor dem Hai zu überwinden, brauche ich mindestens vier Monate. Zur meiner Über-

Notiz

raschung tut der Biss nicht weh, aber die Angst oder der Respekt vor ihm sind nach wie vor da.

»Verbotene Welt« *Ich versuche gemeinsam mit meiner Lebenspartnerin einzuschlafen. (Sie ist natürlich nur ein Traumsymbol, dem ich mehr vertraue als jedem anderen). Aus Erfahrung weiß ich, dass wir nun gemeinsam in eine tiefere Ebene fallen können. Im Bett schläft meine Lebenspartnerin bereits, ich will es ihr nachmachen. Daraufhin kommt aus dem Dunkeln ein älterer Mann auf unser Bett zu und meint zu mir, dass wir dieses Vorhaben stoppen sollen. Er sagt: »Die andere Welt ist uns noch verboten«. Dabei fasst er mir spürbar ans Bein. Ich erschrecke und wache auf.*
Im Wachen sehe ich als Halluzination den alten Mann vor mir stehen. Er lässt mein Bein los und löst sich langsam auf. Ich habe keine Angst vor ihm. Ich weiß, dass er mich beschützen wollte, weil ich die andere Welt erzwingen will. Als Schüler bin ich noch nicht soweit.

TT + H
14.01.2011

»Motor im Kopf« *Als ich meine ganzen Gedanken sperre und in eine leichte Trance falle, fängt in meinem Kopf plötzlich alles an zu rotieren – bei vollem Bewusstsein. Ich habe das Gefühl, in meinem Kopf springt ein gewaltiger Motor an. Ich gerate in starke Panik, weil ich denke, ich werde verrückt und wache lieber auf. Doch alles ist in Ordnung.*

TT
17.02.2011

Notiz Weil wir im Kopf kreiseln oder pendeln, wird uns in der Trance oft ein Motor, der im Kopf anspringen möchte, inszeniert. Es scheint, als wäre das Pendel dafür verantwortlich, einen mächtigen Kreisel oder Wirbel in Gang zu setzen und sich als drehender Motor im Kopf zu verselbständigen.

»Unterwasser« *Ich fliege auf eine kleine Halbinsel. Als ich am Strand lande, lasse ich mich von einem Krokodil, das wie ein Wachhund wirkt, beißen. Der Wachhund wird zu einer Stoffpuppe. Es tut nicht weh. Am Abhang eines Berges steht ein Haus. Ich gehe darauf zu und begegne auf*

TT
22.02.2011

der Terrasse einer Spanierin, die eine Ärztin ist. Ich möchte für sie arbeiten. Sie findet es gut. Ich sage ihr, dass ich manchmal halluziniere, aber sie meint, das sei ganz normal. Sie verschreibt mir ein Medikament.

Plötzlich kippt die ganze Halbinsel ins Meer wie ein Schiff, das untergeht. Wir ertrinken alle und ich weiß, dass wir es tun. In meiner Panik verliere ich die Spanierin aus den Augen. Meine Panik wächst, weil ich weiß, dass es im Meer von Haien wimmelt und ich mich ihnen wieder zu stellen habe.

Unter Wasser fange ich an zu schwimmen, aber ich bin nicht auf dem Grund des Meeres, sondern in einem Gebäude, das unter Wasser steht. Meine Angst vor Haien lässt etwas nach, dafür sehe ich kleine rote Feuerfische. Ich wage es nicht, sie anzufassen. Ich schwimme weiter, lande in einem dunklen Nebenraum und treffe eine Gruppe von Menschen, die sich dort versteckt. Ich gebe einem die Hand. Er zeigt mir ein Foto und fragt mich, ob ich weiß, wer der Mann auf dem Foto sei. Ich sage: »Nein, denn kenne ich nicht.« Er antwortet: »Es ist Aron Eckhardt«. Mir fällt sofort ein, dass es der Name des Schauspielers ist, der im Film »Batman – The Dark Knight« die Figur des »Two Face« verkörpert. Plötzlich denke ich verzweifelt, dass ich ihn verloren habe, denn er gehört zu unserem Team. Ich muss ihn unbedingt finden und in dieser Panik wache ich auf.

Das, was ich im Element Wasser denke, erfahre ich direkt als Gefühl in meinem Körper. Weil ich das Gefühl direkt erfahre, verstärkt sich der ursprüngliche Gedanke und ich muss ihn schon zwanghaft ausführen. Deswegen sind die Erfahrungen unter Wasser schmerzhafter und tiefer. Sie sind auch klärend und heilend, wenn ich die Lektionen – im entspannten Zustand – meistere.

Notiz

T
02.03.2011

*»**Armee der Toten**«   Dreißig Tote werden zum Leben erweckt. Im Sonnenlicht sind es schöne Menschen, in der Dunkelheit sind es lebende Tote. Ich führe diese an.*

Notiz   Alles was tot ist, ist lebendig und umgekehrt. Immer mehr wird man zum Sowohl-als-auch-Bewusstsein geführt.

»Piranhas« *Im Bett fühlt sich der linke Teil meines Körpers so an, als ob er sich unter Wasser befindet. Ich lasse mich vom Bett ganz ins Wasser fallen. Im Wasser bekomme ich Panik, weil mich viele Piranhas angreifen und beißen. Es tut nicht weh, sondern fühlt sich wie ein kleiner Stromschlag an.*

TT
10.03.2011

Notiz   Es passiert jetzt öfter, dass wir uns direkt vom Bett ins Wasser fallen lassen können. Die Sturzflüge durch die dunklen Tunnel lassen nach. Wir können nun direkt das Element des Wassers betreten.

»Haie« *Ich sperre meine Gedanken. In der Trance gleite ich aus meinem Körper ins Wasser. Unter Wasser werde ich von einer Person festgehalten, damit ich mich nicht bewegen kann. Haie greifen mich an und beißen. Es tut nicht weh. Kein Blut, kein Schnitt. Ich wache auf.*

Tr + TT
15.03.2011

Notiz   Das Stillhalten und Ruhigbleiben und somit der vollkommene Stillstand im Traum sind deswegen von so großer Bedeutung, weil wir das Element des Wassers und die Welt unserer Gefühle nicht betreten können. Wir werden in diese Ebenen nicht eingeladen, weil es sehr schmerzhaft werden kann. Das Erlernen des Stillhaltens, den Willen zur Flucht aufzugeben, ist spätestens im Element des Wassers unabdingbar. Deswegen werden wir in den ersten drei Jahren oft mit großen Nägeln ans Bett fixiert oder mit Ketten ans Bett gefesselt und damit zur Bewegungslosigkeit gezwungen. Falls wir darin noch ungeübt sind, werden wir wie in diesem Beispiel unter Wasser festgehalten, um wirklich ruhig zu bleiben und keine Schmerzen zu empfinden.

TT
20.03.2011

»Schwarze Spinne« In meinem Bett krabbelt eine schwarze Spinne über meinen Körper auf den Kopf zu. Ich lasse es zu. Sie krabbelt über mein Gesicht und setzt sich auf meine Stirn. Dabei sticht sie mir jeweils mit einem Spinnenbein Löcher in das Trommelfell. Danach wird die zerstörte Stadt, in der ich mich die ganze Zeit befand, die ich aber erst jetzt bemerke, wieder aufgebaut. Aus den alten Ruinen ersteht eine schöne, großartige Stadt.

Wir werden alle möglichen Insekten und Tiere an unserem Körper ertragen. Später werden die Tiere zu menschlichen Figuren. Diese Figuren werden dann zu unseren Begleitern. **Notiz**

TT
29.03.2011

»Kampfroboter« Ich werde in einen Kampfroboter verwandelt: Ich befinde mich in einer Maschine, die ich mit einem Steuerknüppel steuere.
Ich werde in den Bergen ausgesetzt. In der Ferne erkennt mich ein Soldat und bekommt Angst vor mir, weil ich ja ein Kampfroboter bin. Er schießt auf mich, aber seine Raketen treffen nicht, als ob sie mich nicht treffen wollen oder können. Ich habe Angst, weil ich glaube menschlich und verwundbar zu sein und habe das Gefühl, dass ich mit meinem Steuerknüppel den schießenden Soldaten in seiner Panik mitsteuere. Deshalb kann mich der Soldat in meiner oder seiner Panik gar nicht treffen.

Subjekt und Objekt kommen sich auf der emotionalen Ebene näher. **Notiz**

TT
31.03.2011

»Flut« Eine mächtige Wasserflut kommt auf mich zu. Ich habe keine Angst vor ihr und bleibe stehen. Ich sehe mich plötzlich in der 3. Person, beobachte mich dabei, wie ich mir selbst ein schwarzes Kopftuch um die Augen binde. Plötzlich wird es dunkel vor meinen Augen. Ich spüre das Kopftuch auf meiner Haut und wie das Wasser mich überschwemmt. Dabei platzen mir mehrmals meine Augen

unter Wasser, jedenfalls fühlt es sich so an. Ich habe keine Angst und weiß gleichzeitig, dass mich bald wieder Haie angreifen.

Notiz   Jeder Perspektivenwechsel, egal ob von Subjekt zum Objekt oder zum Beobachter, steigert unser Bewusstsein in diesen Welten. Gleichzeitig wird darauf hingewiesen, dass die Ausdehnung des Bewusstseins erst möglich ist, wenn man im Traum die eigene Blindheit, Dunkelheit, das vollkommene Stillhalten und die Unwissenheit zulässt. Wenn wir uns dann plötzlich auf den höheren Beobachterebenen befinden, können wir unser Traum-Ich beobachten, wie es selbstständig, intuitiv und angstfrei handelt.

»Erdinnere«   *Ich erkenne den Traum als Traum, lasse mich aus dem Bett fallen, dabei umfasst ein Mann meinen Körper und hält mich fest. Wir fliegen viele Ebenen tiefer, durch das ganze Meer hindurch auf den Meeresboden, wo sich noch weitere Höhlen und Ebenen befinden. Ich werde in einen Raum gesperrt und soll dort gegen einen Gefangenen, der wie ein Golem aussieht, kämpfen. Ein Mülltonnendeckel ist sein Schild und ein kleines Messer seine Waffe. Es ist eher eine Nagelfeile. Die Umgebung sieht wie eine Müllhalde aus. Der Mentor meint, ich soll gegen den Golem kämpfen, damit ich in die Verlängerung komme, aber ich habe keine Waffen. Neben mir liegt ein Trommel-Stock. Ich versuche, damit im Takt zu schlagen, es funktioniert nicht. Dann packt mich der Golem, hält mich fest und ich kann mich kaum bewegen. Ich versuche mich zu lösen, aber ich habe keine Chance. Er nimmt seine Nagelfeile und schneidet mir leicht ins Handgelenk, wo sich die Pulsader befindet. Es tut richtig weh. Weil ich mich wehre, wache ich auf.*

TT
16.04.2011

Notiz   Der Schmerz ist nun stärker, er wirkt (fast) echt. Ich hätte nur stillhalten und mich nicht gegen den Schmerz wehren sollen. Gleichzeitig wurde mir gezeigt, dass es unter dem Wasser noch tiefere Welten gibt: das Erdinnere. Wir kommen unserem Kern näher.

T 14.04.2011	*»Drachenfeuer« Ich bin in den Bergen, wo mich ein großer roter Drache mit Feuerbällen bespuckt. Ich laufe verängstig wie ein kleiner Junge vor ihm davon. Aus den Feuerbällen bilden sich kleine Drachenbabys. Sie machen mir Angst. Ich erkenne, dass sich die ganze Drachenlandschaft unter einer großen Glaskuppel befindet. Ich verlasse die Glaskuppel und werde am Ausgang von einer blonden Frau abgeholt.*

Ich habe das Gefühl, dass diese Drachenwelt für **Notiz** meine Körpertemperatur steht. Beim Aufwachen schwitze ich, obwohl die Raumtemperatur normal ist.

T 15.04.2011	*»Begabtes Traum-Ich« Ich kann plötzlich fließend Englisch, verstehe aber selbst nicht, was ich sage. Am Ende stellt sich heraus, dass es eine andere Persönlichkeit in mir ist, die so gut English sprechen kann; ich selbst kann es nicht. Deswegen bin ich überrascht, dass mein Traum-Ich fließend Englisch spricht.*

Unterdrückte Talente kommen zum Vorschein. **Notiz** Egal, ob es sich um den Ausdruck in Sprache, Kunst oder Musik handelt. Es scheint, als hätte sich das Traum-Ich von vielen Ängste nach und nach befreit, die es bis dahin hemmten, die eigenen Talente ganz zu entwickeln.

TT 16.04.2011	*»Heilung unter Wasser« Ich gehe mit meiner Partnerin unter Wasser spazieren. Ich trage einen schwarzen Anzug und sie ein blaues Cocktail-Kleid. Wir genießen unseren Spaziergang, dann greifen uns Haie an. Es tut etwas weh, wie ein ziehen. Beim vierten Biss erwache ich im Traum eine Ebene höher. Meine Freundin schläft neben mir und ihr Körper zuckt noch wegen der Bisse. Dann erwacht sie eben-*

falls. Sie sagt, sie hat dem letzten Hai zwei Euro gegeben, damit er sie in Ruhe lässt. Ich bin verblüfft über diese einfache und etwas absurde Lösung und sehe an unserem Bett eine Halluzination von einem Hai. Mir scheint das wie ein Zeichen, dass sich auf dieser Traumebene irgendwann Haie einfinden werden. Mir wird im Gesichtsfeld eine Tabelle in Zusammenhang mit meiner Wirbelsäule visualisiert: Je mehr mich die Haie beißen, desto gesünder werde ich. Alle (Akkupunktur-)Punkte, die an der Wirbelsäule markiert sind, werden die Haie noch angreifen. Manche Punkte sind bereits behandelt, andere noch nicht. Am unteren Bereich der Wirbelsäule müssen die Haie noch am meisten arbeiten.

Notiz Der Schmerz unter Wasser ist somit heilend. Wir können auf der Reise spätestens im Element Wasser unsere Heilungskräfte mobilisieren, indem wir uns von Haien, Piranhas oder Orcas beißen lassen. Nebenbei können wir uns so von körperlichen Beschwerden oder Symptomen befreien, weil das Unbewusste alle (negativen) Energien ins Gleichgewicht bringt.

In einem Traum davor ist mir eine Geisterfrau erschienen, die mich entspannt anschaute. Sie hatte auf der linken Körperseite alle Akkupunkturpunkte und Meridianlinien in bläulicher Farbe tätowiert – von Kopf bis Fuß. Aus der traditionellen chinesischen Medizin ist bekannt, dass die Behandlung der Punkte und Linien für Körper und Psyche heilsam sind. Für die Akkupunkturnadeln steht hier der Biss der Haie. Ein Grund zur Freude, wenn wir ihnen begegnen.

»Drehende Räder« *Wir sind in einem Hochhaus.*   **TT**
Die Menschen werden auf eine Flut vorbereitet, die wir am   17.04.2011
Horizont auf uns zukommen sehen. Alles wird überschwemmt. In der Mitte meiner Brust dreht jemand an einem unsichtbaren Rad, als ob eine Maschine mit den dazugehörigen Geräuschen gleich starten würde. Ein weiteres Rad wird zwischen meinen Augen angekurbelt.

Die Verbindungen der Chakren (Energiezentren) im Körper untereinander werden deutlicher. Dies ist (wahrscheinlich) dem letzten Haiangriff zuzusprechen.

Notiz

TT
19.04.2011

»Leberschmerzen« Ein Mann fasst durch mich hindurch an die Leber, sie wird warm und es tut weh. Er fragt mich, wie es mir geht. Ich nicke nur. Er fragt mich noch einmal, wie es mir geht. Ich erwidere: »Das passt. Du kannst weiter machen.« Der Traum bricht ab.

Weil ich den Schmerz ertragen will oder ihn leugne, um auf der Reise weiter zu kommen, bricht der Traum ab. Es bringt nichts, sich selbst Schmerzen zuzufügen, nur um auf der Reise schneller voran-kommen.

Notiz

TT
27.04.2011

»Leerlauf im Gehirn« Ich habe einen modernen Wagen mit Automatikgetriebe. Ich lege den Gang in den Parkmodus »P« ein, doch das Auto startet plötzlich durch und beschleunigt. Ich überfahre fast die Menschen auf den Bürgersteigen.
Ich wache auf, meine Kopfschmerzen vom Vortag sind ganz verschwunden.

Am Abend davor hatte ich starke Kopfschmerzen, es scheint, als hätte das ständige Pendeln im Kopf dies verursacht. Ich lege mich daraufhin schlafen und lande in diesem transzendenten Traum, wechsle in den Leerlauf des Wagens und am nächsten Tag sind die Kopfschmerzen verschwunden, als wären zwei Wellenfunktionen im Gehirn synchronisiert worden.
Das Pendel funktioniert nun noch besser, es pendelt fast schon von selbst. Durch die Synchronisierung der Gehirnströme, die im Traum durch eine Gang-schaltung im Kopf symbolisiert werden, können auch Migräne-Schmerzen verschwinden. In den

Notiz

Träumen führen die synchronisierten Gehirnströme uns zum Element des Lichts, symbolisiert als Laserstrahlen.

»Laserstrahl« *Das Vorbild meiner Jugend, der Film-* **T** *star Jackie Chan, kämpft gegen viele böse Figuren und* 01.05.2011 *gewinnt, doch plötzlich schießt ein starker, gelb leuchtender Laserstrahl aus dem Himmel herunter. Jackie Chan nimmt einen runden Spiegel, den er als Schild benutzt und reflektiert den Strahl in die horizontale Ebene. Der zerstört viele Film-kulissen, die nun anfangen zu brennen.*

Notiz Die Lichtstrahlen in Verbindung mit Feuer lassen alles Materielle verbrennen, damit Neues entstehen kann.

»Musik« *Ich schreibe intuitiv Musiknoten auf ein Blatt* **T** *Papier, zeitgleich höre ich eine schöne, mir unbekannte Melo-* 03.05.2011 *die im Kopf. Ich bin davon fasziniert, weil ich unmusikalisch bin, dennoch konnte ich in einem entspannten Stadium eine schöne, mir unbekannte Melodie komponieren.*

Notiz In den Träumen wird zunehmend musiziert. Es wird gesungen und die Figuren spielen häufiger Musikinstrumente und gründen Bands. Die Figuren tanzen miteinander in Kreisen – sie synchronisieren sich. Die Musik synchronisiert Gegenpole und Typen. So kommt es vor, dass wir öfter eine uns unbekannte Melodie im Schlaf komponieren können. Falls Sie ein Musiker sind, finden sie hier eine große Quelle der Inspiration. Paul McCartney soll den Song »Yesterday« im Traum komponiert haben. Wo die Gedanken aufhören zu sein, fängt die Musik an. Im weiteren Verlauf des Lernprozesses werden meine Gedanken so leise, dass ich im Alltag häufiger Lieder, Melodien und Musik in meinem Kopf vernehme. Aus der Sicht der Wissenschaft ist der Ohrwurm, die Melodie im Kopf, ein Rätsel.

So wie es aussieht, werden die Gedanken abgetragen und gegen Musik, die sich als Wirkungsprinzip auf der rechten Gehirnhälfte befindet, nach und nach ersetzt. Die Musik gehört zum Luftelement, weil sie transzendente und verbindende Harmonie ist. Nebenbei kann ich mir gut vorstellen, dass spätestens ab diesem Zeitpunkt Ihr Tinnitus seine verstörende Kraft ganz verliert.

Die Wissenschaft hat erkannt, dass der Tinnitus ein Phantomgeräusch ist. Er wird nicht im Innenohr, sondern im Gehirn gebildet. Das Pendeln zwischen den Ohren leitet eine Linderung der Phantomgeräusche ein. Wie das Pendel mit dem menschlichen Phantomkörper konkret verknüpft ist, erkennen wir im 5. Jahr.

T
06.05.2011

»Atombombentest«   Eine Atombombe wird getestet. Die Vernichtung und Verwüstung ist so stark, dass ich mir die Explosion nur zur Hälfte anschauen kann. Ich drehe mich entsetzt weg. Mehr kann ich nicht ertragen. Weil ich wegsehe, erkenne ich, dass meine Mutter und mein Vater immer noch durch einen tiefen Graben getrennt sind. Ich wache auf.

Notiz

Apokalypse kommt aus dem Griechischen und bedeutet übersetzt Enthüllung. In den Träumen ereignen sich nun viele Explosionen und Brände. Das Element des Feuers erscheint dort, wo alles, auch man selbst, verbrennen soll, damit man sich von der Anhaftung des Subjekts und Objekts im selben Moment befreien kann. Feuer ist eine Illusion des Lichts. Das Element Feuer steht in spirituellen Quellen für die Erkenntnis. Es tritt ab jetzt verstärkt in meinen Träumen auf.

TT
09.05.2011

»Spiegelbild«   Im Hintergrund läuft laute Musik, der ich mich hingebe. Ich sehe in einen Spiegel und erkenne mich. Mein Spiegelbild tritt aus dem Spiegel und ist nun mein Doppelgänger, also Ich. Ich begleite ihn. Als er langsamer

wird und hinter mir hergeht, verwandelt er sich hinter meinem Rücken zu meiner Lebenspartnerin. Ich bin über das Phänomen verblüfft und der Traum bricht ab.

»Tanzendes Mädchen«   *Beim Aufwachen halluziniere ich: Ein fünfjähriges Mädchen tanzt neben mir am Bett. Ich schaue sie an, sie tanzt weiter. Ich fokussiere sie, daraufhin löst sie sich auf.*

H
10.05.2011

»Prophezeiung«   *Im Traum wird mir eine Vision, fast eine Prophezeiung visualisiert: Jemand kommt, um uns alle (im Traum) zu retten. Eine andere Frau bekommt einen Brief von einem Engel, in dem eine ähnliche Prophezeiung steht. Alles ist zu phantastisch für mich, ich glaube nicht an Engel und Prophezeiungen. Der Traum blendet sich aus.*

T
11.05.2011

»Wille«   *Ein Mann kommt an mein Bett und bohrt mit zwei Fingern in meine unteren Rückenwirbel. Er sagt, mehr kann er nicht entspannen, weil die Rückenwirbel, die darüber liegen, mit meinem Willen verbunden sind und darauf darf er nicht zugreifen. Danach greift er mit seiner Roboter-Hand in mein Gehirn. An seinen Fingerkuppen sind kleine runde Spiegel angebracht, etwa sechs Stück. Er dreht mein Gehirn wie eine Kugel. Daraufhin schauen wir beide in einen Spiegel und sehen, dass wir beide mein Gesicht haben. Er ist zu meinem Doppelgänger geworden.*
Als ich aufwache, frage ich mich, ob ich meinen Willen im vollsten Vertrauen an ihn abgeben kann.

TT
12.05.2011

»Schultafel«   *Auf einer Schultafel ist angezeigt, wie man mit dem Pendel im Kopf kreiseln soll, um in die nächsten Ebenen oder tieferen Energien und Farben zu gelangen. Es gibt viele Kreiselsysteme oder Bewegungsmöglichkeiten. Ich bin eindeutig überfordert und wache auf.*

TT
14.05.2011

Notiz   In diesem Zeitraum höre ich in einer Trance eine Stimme sagen: »Am Ende der langen Tunnelkette ist die Wahrheit.« Damit sind die Sturzflüge durch die Dunkelheit gemeint, die meine Einbildung von Zeit auflösen. In einer anderen Trance wird mir gesagt: »Meine Großzügigkeit ist manchmal mein Fehler.«

TT
15.05.2011

»*Grüner Raum*« *Ich liege in meinem Bett und lasse mir von einer großen grünen Schlange in die linke Hand beißen, dann taucht sie plötzlich wieder an meinen Füßen auf. Sie beißt mir in den linken Zeh. Als ich mich weiter entspanne, schlängelt sie sich an meinem Körper hoch, doch als ich Angst bekomme, verschwindet sie. Ich stehe auf und suche sie, weil ich es verpasst habe, mich von ihr beißen zu lassen. Ich finde sie nicht. Dafür sehe ich auf dem Boden kleinere Schlangen. Sie sind alle hellgrün. Manche von ihnen werden länger und größer. Ich habe Respekt und Angst vor ihnen, aber ich freue mich auch, dass sie wachsen. Der dunkle Raum leuchtet dabei hellgrün.*

Bei diesem transzendenten Traum schlafe ich auf dem Rücken mit überkreuzten Füßen und verschränkten Händen unter meinem Kopf. Ich wache nach solchen Träumen öfter in dieser Schlafposition auf. Eigentlich kann ich auf dem Rücken nicht einschlafen, dennoch werde ich im Schlaf in diese Position gedreht, um bestimmte transzendente Träume zu erfahren.

Notiz

TT
17.05.2011

»*Feuerbälle*« *Ich liege in einem offenen Grab und werde mit Erde und Schleim zugeschaufelt, so als ob ich lebendig begraben werde. Ich lass es zu. Es wird dunkel. Ich wache in einer neuen Traumebene auf. Hier kann ich in einer Computer-Simulation mit kleinen Feuerbällen werfen, die sich in meinen Handflächen bilden. Weil ich davon zu begeistert und fasziniert bin, blenden sich die Computer-Simulation und der Traum aus.*

TT
20.05.2011

»*Gemeinsam den Weg gehen*« *Außerirdische sind gelandet. Ich bin mir nicht sicher, ob wir auf der Erde oder auf einem anderen Planeten sind. Eine Frau, die ein weißes, futuristisches Gewand trägt, hält eine Laserwaffe in der Hand und verfolgt mich. Sobald ich stehen bleibe, kann sie mich nicht sehen, als wäre ich ein unsichtbarer Geist für sie. Wenn ich mich bewege, zielt sie direkt auf mich. Wir bemerken, dass wir auf diesem kargen und dunkeln Planeten alleine sind. Sie gibt mir ihre Waffe und will, dass ich sie töte, weil sie diese Spielchen nicht weiter mitmachen will. Ich zerschlage die Waffe. Daraufhin sagt sie: »Entweder wird gestorben, getrennt oder geliebt.« Wir schauen uns an, wollen den weiteren Weg gemeinsam gehen, ich folge ihr.*

»Feuer-König« *In einem dunklen Raum steht ein alter, weiser König bewegungslos vor mir. Er brennt am ganzen Körper. Die Feuerflamme (um seinen Körper herum) macht ihm nichts aus, er schaut mich ruhig an. Als er anfängt, sich zu bewegen, verwandelt er sich in einen jungen, gehetzten Mann. Dabei verschwindet die Feuerflamme, seine rötliche Aura.*

T
05.06.2011

»Form und Farbe« *Ich nehme eine Droge, dabei beobachte ich, wie sich die Gesichter der Menschen verändern – ihre Farben und ihre Formen. So kann ich besser ihre unterschiedlichen Stimmungen wahrnehmen. Ich habe das Gefühl, alle Figuren sind ein und dieselbe Person.*

TT
06.06.2011

»Kreuzigung« *Ich bin ein Gefangener im alten Rom und werde auf meine Kreuzigung vorbereitet. Ich lasse sie zu. Ich trage einen Bart und weiße Kleidung, so wie Jesus bei seiner Kreuzigung. Am Ende werde ich nicht gekreuzigt, aber weil ich es zulasse, gekreuzigt zu werden, entspannt sich mein ganzer Unterleib. Alle Spannungen lösen sich auf, und ich wusste vorher nicht, dass ich dort welche hatte.*

T
06.06.2011

»Überschwemmung« *Fast ganz Amerika wird überflutet. Ich flüchte auf einen Berg. Alles steht unter Wasser. Ureinwohner nehmen uns auf. Eine indianische Frau verlangt von dem Stammesführer, dass alle Frauen gleichberechtigt sein sollen. Er stimmt dem zu.*

T
18.06.2011

Im Lukas Evangelium steht: »Jedes Tal wird ausge-
füllt und jeder Berg und Hügel erniedrigt werden«.
Täler sind Ebenen, in denen wir Mangel erleben
(Gefühle, Minderwertigkeit, Unsicherheit). Berge
sind hohe Orte, die für Stolz und Überheblichkeit
stehen. Paradoxer Weise kann beides in unserem
Leben existieren. So verspricht Gott weiter im
Lukas Evangelium: »Ich fülle jedes Tal auf.«

Notiz

TT
05.07.2011

»*Sex*« *Zwei Frauen wollen mich verführen. Alles ist sehr
ruhig und friedlich. Ich habe Angst, mich ihnen hinzugeben,
weil sie wie früher zu Furien werden könnten oder versuchen,
mich zu demütigen. Ich überwinde meine Angst und lasse
mich auf ihr Verlangen nach Sexualität ein. Sie bringen mich
in ein anderes Zimmer, in dem mich bereits Gäste erwarten:
Ich habe die Prüfung bestanden. Mein Geburtstag wird ge-
feiert, obwohl ich keinen habe. Alle meine Freunde sind an-
wesend. Wir freuen uns gemeinsam. Meine linke Körperseite
wird dabei leicht angespannt, es fühlt sich gut an.*

TT
09.07.2011

»*Vier Könige*« *Ein nobler Wagen kracht mit voller
Wucht in ein altes Gebäude, durchschlägt die Mauer und landet in einer alten Grabkammer. Der Wagen ist unbeschädigt.
In diesem Versteck liegen vier alte Könige in ihren Sarkopha-
gen. An einer Wand hängt ein altes Gemälde mit einem Bild
von einem schönen Strand am Meer. Ich trete an das Bild heran und betrachte es. Es wird lebendig. So real, dass ich es
von der Wirklichkeit nicht unterscheiden kann. Es sieht viel
zu schön aus und mein Misstrauen lässt mich aufwachen.*

TT
12.07.2011

»*Aufräumen leicht gemacht*« *Ich stehe in einem
unordentlichen Raum. Indem ich mich entspanne, schaffe ich
es, dass sich der Raum wie von Geisterhand selbst aufräumt.
Alles bewegt sich in seine ursprüngliche Ordnung zurück.*

T
20.07.2011

»*Blaues T-Shirt*« *Ich wickle geduldig einen Farb-
faden auf eine Garnrolle. Der Faden hat verschiedene Abstufungen von Blau und Violett. Am Ende bekomme ich von*

236

*zwei älteren Frauen ein schönes blaues T-Shirt geschenkt, ich
ziehe es an und verlasse damit das Haus. Die Frauen
bleiben darin und nähen weitere ganzfarbige T-Shirts.*

Notiz   Die eigene Kleidung, besonders am Oberkörper,
              wird in ihren Farben klarer und auch sauberer.

»Phantom-Körper« *Ich werde mir des Pendelns im*   **Tr**
Kopf gewahr und lasse es von alleine weiter pendeln, greife   03.08.2011
*nicht ein. Nach einer Weile im Bett liegend merke ich, wie
sich meine durchsichtigen (Phantom)-Beine bewegen und
schließlich senkrecht zur Decke stehen. Ich entspanne mich
weiter und sie bewegen sich auf meinen Kopf zu. Meine Füße
berühren meinen Kopf, als wäre ich gefaltet.
Ich wache auf. Alles ist gut, obwohl ich im realen Leben
ungelenkig bin.*

Notiz   Das selbständige Pendeln im Kopf hat Auswirkun-
              gen auf den Phantom-Körper.

»Zaubertränke« *Ein Mädchen trainiert an einer*   **T**
Kung-Fu-Schule. Ihre strenge Schwester, die ihr sehr ähnlich 05.08.2011
*sieht, ist ihre Mentorin. Nach dem Training wird gezeigt, wie
man aus verschmutzten Brühen Zaubertränke destillieren
kann, um die eigenen Zauberkräfte im Traum zu steigern.
Die Rezepte bekommen wir (noch) nicht zu sehen.*

Notiz   Der Doppelgänger dient einem auch als Mentor
              und Lehrmeister.

»Beten« *Im Traum fragt mich meine Schwester, was ein*   **T**
Gebet ist und ich entgegne: »Es ist eine Form von Medita-   09.08.2011
tion, eine der mächtigsten Meditationstechniken.«

Notiz   Ich kann nur staunen: Ich hätte nie von mir ge-
              dacht, dass ich diese für mich verblüffende Aussage
              einmal treffen könnte. Eigentlich bete ich gar nicht,
              kenne kein einziges Gebet und kann vom »Vater

Unser« nur die erste Zeile. Ich bin oft überrascht, dass ich in meinen Träumen viel weiser und religiöser bin als im realen Leben. Religiöse Quellen sagen, dass das Gebet das Lied der Seele ist.

T
12.08.2011

»Schweben« *In einem sehr realistischen Traum liege ich im Bett eines Krankenhauses. Die Hände liegen gefaltet auf meinem Solarplexus. Ich lasse das Pendeln im Kopf gleichzeitig zu. Je entspannter das eigenständige Pendeln im Kopf wird, desto mehr schwebe ich über dem Bett. Ich schwebe immer höher, es fühlt sich echt an. Eine Krankenschwester, die es bemerkt, ist überrascht und euphorisch. Meine Augen sind geschlossen und ich höre sie sagen, dass sich im ganzen Raum rote Farbe ausbreitet.*
Ich wache auf. Meine Hände liegen gefaltet auf dem Solarplexus.

TT
12.08.2011

»Licht & Mauer«
Physikunterricht: Mein alter Lehrer führt eine Diaprojektion in der Klasse vor. Der Raum ist abgedunkelt. Auf der Leinwand erscheint das erste Dia. Es zeigt eine Mauer. Mein Lehrer stellt sich vor die Leinwand und verschwindet plötzlich dahinter, als würde er sich hinter dem Dia-Bild der Mauer verstecken. Die Mauer wirkt auf mich und die anderen Schüler real. Der Lehrer erklärt, dass das Dialicht eine optische Täuschung ist, die zum realen 3D-Bild führt. Die Mauer kippt nach hinten, wird zu einer stabilen Brücke, die über einen Fluss führt. Für normale Menschen ist es eine Mauer, die zu einer (realen) Brücke wurde. Der Lehrer kommt hinter dem Dia hervor und macht das Licht an. Ich möchte alles aufschreiben, aber mein Lehrer kommt zu mir und sagt, er heißt »Born«, also geboren. Die Klasse kennt aber den Namen des Lehrers. Erst jetzt bemerke ich, dass der Lehrer mich willkommen heißt. Ich bin der Neue in der Klasse. Das überrascht mich und ich wache auf.

Das Licht ist im Traum für einen selbst eine 3D-Illusion und die Abstufungen der Farben verstärken

Notiz

es. Alle Flächen wie Wände, Berge oder Flüsse sind eine optische Täuschung und bestehen aus Licht. Die Wände werden nach und nach transparent, so wie das Dia es simuliert hat. In einem Traum davor konnte ich schon schemenhaft durch Wände sehen. Alles ist Farbe, es gibt somit keine Festigkeit. Der Physiker David Bohm schreibt: »Masse stellt ein Phänomen der Verbindung von Lichtstrahlen dar, die hin und her pendeln. Sie friert diese sozusagen in ein Muster ein. Damit steht Materie für kondensiertes oder gefrorenes Licht.«

5. JAHR

Spirituelle Mitte

Im letzten Akt tauchen häufiger Phänomene aus dem Element des Lichts auf. Das Traum-Ich wendet sich verstärkt religiösen Phänomenen zu.

Gleichzeitig vollzieht sich die innere Zusammenführung des weiblichen und männlichen Pols. Die Elemente des Feuers und des Wassers werden ins Gleichgewicht gebracht.

Alle bisher durchgeführten Harmonisierungsprozesse der Träume, der luziden Träume und der transzendenten Träume, werden im Abschlusstraum »Auflösung der Ebenen« noch einmal durchlebt. Es zeigt sich ein roter Faden, der uns zum harmonischen Gleichgewicht zwischen unserem materiellen und geistigen Bewusstsein im Schlaf führt.

Das Loslassen des eigenen Egos im Reich der transzendenten Träume wird eingeleitet. Unser Raumbewusstsein, das stets an Raum und Form festhält, löst sich im Schlaf auf. Daraus ergibt sich ein neues Phänomen, das uns ermöglicht, die transzendenten Träume aus der Perspektive der Zeit wahrzunehmen.

Sobald unser Raumbewusstsein durch unsere gewonnenen Erfahrungen mit der Aktiv-Passiv-Regel und unserem Pendel im Kopf ausgeschaltet ist, nehmen wir unser Zeitbewusstseins im Schlaf wahr. Das ermöglicht uns, in den transzendenten Träumen in zwei Richtungen zu blicken und somit das Phänomen des doppelten Raumes zu erleben: die Fähigkeit, die geistige und die materielle Welt gleichzeitig zu beobachten.

T
16.08.2011

»Kirche« In einem Traum wird mir ein Straßenname durchgegeben: Die Fehrbelliner Straße 4 in Berlin. Ich wache auf.

Ich weiß, dass diese Straße ein paar Häuser weit von uns entfernt ist. Im Internet recherchiere ich die Straße und es stellt sich heraus, dass direkt gegenüber dem Haus Nummer 4 eine Kirche steht. Ich bin verblüfft. Am gleichen Tag spaziere ich zur Kirche, um mich mit eigenen Augen davon zu über-

Notiz

zeugen. Und da steht sie tatsächlich. Ich wusste, dass hier in der Nähe eine Kirche steht, aber ich habe sie stets übersehen. Seitdem setze ich mich mit spirituellen und religiösen Quellen der verschiedenen Religionen näher auseinander.

»Räder an der Wirbelsäule« *Ein Mann durchbohrt mit einer Bohrmaschine meine rechte Hand und den Hals. Weitere Bohrungen klappten nicht, weil er seinen Bohrer nicht richtig an der Wirbelsäule ansetzen kann. Er sagt, dass sich die Räder (Chakren) im Körper später von alleine drehen werden, aber noch ist die Zeit nicht reif dafür.*

TT
24.08.2011

»Weißer Zauberer« *Ich kann mein Gehirn über einen Knopfdruck für 15 Minuten auf Null stellen – alle meine Gedanken zur vollkommenen Ruhe bringen. Daraufhin kämpft ein alter, weißer Zauberer gegen viele Gegner, damit ich dieses Talent irgendwann einmal einsetzen kann. Am Ende des Traums holt eine alte Chinesin ein weißes T-Shirt aus ihrem Reisebeutel, es wird einmal mir gehören.*

T
28.08.2011

Notiz Die Fähigkeit, die Gedanken für 15 Minuten zur vollkommenen Ruhe zu bringen, wird oft geübt.

»Goldene Mitte« *Ich ziehe mir goldene Wanderstiefel an. Ich sehe zwei Landkarten, die nebeneinander liegen. Bis zu diesem Zeitpunkt war die eine Hälfte der Landkarte verschollen. In der Mitte der beiden zusammengefügten Karten ist ein gelber, strahlender Kreis entstanden. Es ist die Sonne oder die goldene Mitte.*

T
01.09.2011

»Lichtstrahl« *Ein starker, goldener Laserstrahl, der aus dem Himmel kommt, verbrennt alles Materielle, das sich unter einer Glaskuppel befindet. Auch sie wird zerstört. Ich wache überrascht auf.*

T
03.09.2011

Notiz Die Strahlung vom Himmel fängt an, alles aufzulösen. In religiösen Schriften wird sie als »die

Strahlung der Zornigen und Friedlichen«, »das strahlende Licht des (r)einen Geistes« oder als der »Lichtstrahl der Transformation« beschrieben.

TT
13.09.2011

*»**Blauer Planet**«   Ich lande auf einem neuen Plane-ten. Er ist blau. Die Gravitation ist anders. Alles ist schwebend. Die Kinder auf dem Planeten strahlen radioak-tiv (grünlich und bläulich) und spielen miteinander. Alles ist farblich und friedlich.*

TT
17.09.2011

*»**Heilung & Arroganz**«   Ich möchte einem hungern-den Jungen aus Afrika mit meinen Händen helfen. Als ich versuche, ihn mit der Energie meiner Hände zu heilen, stirbt er fast. Um dem Tod zu entgehen, beißt er mir in die Hand. Ich wache auf. Weil ich versuche, ihm durch die Energie meiner Hände zu helfen, kann er diese Energie nicht in sei-nen geschwächten Körper aufnehmen. Das Kind explodiert fast, wird zu einem Totenschädel, der mir in die Hand beißt. Das tut auch weh.*

Notiz

Wir werden feststellen, dass es in den Träumen nicht darum geht, den Menschen mit unserem Wil-len oder Ego zu helfen. Es geht darum, bei ihnen zu bleiben und im tiefsten Vertrauen zu wissen, das alles gut wird. Dieser transzendente Traum war mir eine wichtige Lehre, die neu erlernten Fähigkeiten nicht mit dem eigenen Willen zu gebrauchen. Der kleine Junge starb fast, weil ich ihm aus Mitleid mit meinen neuen Kräften, die mich gleichzeitig auch ein Stück weit arrogant machten, helfen wollte. Ich stelle fest, dass das eigene Unwissen so gewaltig ist, dass ich mit solchen Eingriffen viel Schaden anrich-ten kann. Vielleicht wollte der afrikanische Junge mir etwas ganz anderes sagen, aber ich bin auf meine arrogante, besserwisserische Spiritualität he-reingefallen und tötete ihn fast. Nach diesem Traum haben sich der Wunsch nach der Beherrschung und der Kontrolle dieser mystischen Kräfte direkt gelegt.

»Kundalini-Schlange« *Ich lasse mich von meiner* **TT**
Bettkante ins Wasser fallen, dort sehe ich eine Frau schwim- 29.09.2011
men. Ich entspanne mich und bleibe bei ihr. Plötzlich wird
mir die Innenansicht meines Körpers visualisiert, wo eine
Schlange in meinem Körper entlang der Wirbelsäule empor-
kriecht. Ich freue mich, weil ich glaube, dass es die mystische
Kundalini-Schlange ist. Die Frau unter Wasser sagt, es sei
eine andere, kleinere Art, dabei ist sie gewaltig. Ich werde im
Innern von unten nach oben von ihr entspannt. Bevor sie mein
Herz erreicht und dort vielleicht zubeißt, lasse ich mich
lieber aufwachen.

Notiz In den buddhistischen Lehrschriften wird wie im
Yoga der menschliche Körper in einem grobstoffli-
chen und einem feinstofflichen Aspekt beschrieben.
Im feinstofflichen Körper liegen verschiedene, mit
den endokrinen Drüsen in Beziehung stehende,
feinstoffliche Energiezentren »Chakren«, sowie die
sogenannte »Kundalini«, die mystische Schlangen-
kraft. Sie soll erweckt werden und an der Wirbelsäule entlang von einem Chakra zum anderen ge-
leitet werden, bis sie im Gehirn auf das höchste
Chakra trifft und eine Erleuchtung stattfindet. Hier
vereinigen sich dann Shiva und Shakti, der männliche und der weibliche Pol, man erlebt außergewöhnliche Wahrnehmungen und Empfindungen.
In der Sprache der modernen Wissenschaft ist der
Aufstieg der Kundalini die Aktivierung weiterer
schlafender Zonen des Gehirns.

»Blauer Mann« *Ich sehe einen leuchtend blauen Mann* **TT**
über mir und meinem Bett schweben. Ich sage ihm, dass ich 30.09.2011
ihm vertraue. Ich lege mich dabei auf den Boden. Er fixiert
mich mit Stahlträgern an den Boden. Ich kann mich nicht
mehr bewegen. Dann bohrt er mir mit seinem Zeigefinger in
den Solarplexus und reinigt zweimal meine Luftröhre.
Danach fühle ich leichte Stromschläge, aber keinen Schmerz.

T
01.10.2011

»Intelligenter Pfau« Aus einem großen Ei schlüpft ein farbenfroher Pfau. Er ist bei Weitem intelligenter und redegewandter als ich.

Wir werden auf viele Symbole treffen, die nicht nur redegewandter sind als wir, sondern auch weiser.

Notiz

TT
01.10.2011

»Matrix« Ein Mann, eher mein Vater, kommt zu mir ans Bett und gibt mir eine Spritze in den Nacken. Er sagt, ich kann den Wagen nun besser beherrschen. Bevor er hinausgeht, fragt er mich, ob ich die Zahlen auf dem Monitor sehen kann. Ich sage: »Ja«. In meinem Gesichtsfeld sehe ich die fallenden grünen Zahlen aus dem Film »Matrix«. Als ich sie bemerke, verschwinden sie wieder und ich wache auf.

Immer wieder steuere ich einen Wagen in den verschiedenen Träumen, aber es ist nicht einfach, weil er meist zu schnell ist und ich die Kontrolle über ihn verliere. Ich kann die Kontrolle aufgeben und darauf vertrauen, dass alles gut wird. Der Wagen kann von alleine fahren, so wie der physische Körper eigenständig laufen kann.

Notiz

T
15.10.2011

»Engel« Wie auf einer Leinwand sehe ich einen verzweifelten Politiker, der sich ins Wasser stürzt, um sich das Leben zu nehmen. Sein Freund springt hinterher und rettet ihn, obwohl er bei diesem Rettungsversuch beinahe stirbt. Weil er dem Politiker das Leben gerettet hat, verwandelt er sich plötzlich in einen Engel mit Pfeil und Bogen. Er ist über seine Verwandlung überrascht und ich auch. Ich wache auf, weil ich nicht an Engel glaube.

TT
27.10.2011

»Lichtfäden« Ich liege in meinem Bett. Ich sehe, dass strahlende Lichtfasern oder gebündelte Lichtfäden aus der Wand gegenüber herauskommen, sie fast schon durchbrechen. Sie schlängen sich zwischen meine Beine, dabei entspannen sie den unteren Bereich meines Körpers.

244

»Buch schreiben«   *Ein guter Freund von mir sagt in*   **T**
meinem Traum, ich soll alle meine Aufzeichnungen mit mei-   30.10.2011
ner eigenen Geschichte in einem Buch zusammenfassen. Ich
bin über seinen Vorschlag überrascht. Meine Mutter kommt
ins Zimmer, sie ist skeptisch, weil ich für dieses Buchprojekt
zu wenig Zeit habe. Ich entgegne ihr, dass ich die Zeit schon
finde. Über meine konsequente Haltung bin ich überrascht
und wache auf.

Notiz   Bis zu diesem Zeitpunkt war ich gar nicht auf die
Idee gekommen, ein Buch über diese Reise zu
schreiben, denn sie erschien mir viel zu persönlich
und für andere kaum interessant. Drei Monate später begann ich mit dem Buch.

»Schemenhafte Gestalten«   *Im Bett drückt mir eine*   **TT**
Frau mit der einen Hand in den Hals und mit zwei Fingern   08.11.2011
der anderen in meine Augen. Dadurch kann ich schemenhaft
weitere Figuren, eher unsichtbare Gestalten, in meinem Zim-
mer sehen, die ich bis dahin nicht wahrgenommen habe.

»Fliegendes Auto«   **T**
Herbie, der VW-Käfer aus den gleichnamigen Filmen der   09.11.2011
1950er Jahre, kann plötzlich fliegen, weil Herbie Flugzeug-
flügel an den Seiten wachsen.

Notiz   Das erste Mal begibt sich ein Wagen in die Luft.
Sonst stürzen häufiger Helikopter ab oder die Außerirdischen landen auf der Erde. Es scheint dann,
als ob der Himmel, also die Elemente der Luft, sich
auf die Erde zubewegen und die Elemente der Erde
in die Luft aufsteigen. Alles was schwer ist, wird
leicht und steigt auf. Alles was leicht wirkt, kommt
auf die Erde herunter.

»Doppelgängerinnen«   *Ich sehe einen Film auf der*   **T**
Leinwand. Eine Frau, in weiß gekleidet, macht immer   10.11.2011
wieder eine Kopie von ihrem Körper und produziert so viele

Doppelgänger. Dieses Talent setzt sie stets dann ein, wenn eine andere Person sie emotional in Beschlag nimmt. Sie lässt ihre Kopie bei der Figur stehen, die sich dann hingebungsvoll um das emotionale Problem der betreffenden Person kümmert. Sie selbst geht weiter ihren Weg. Auf dem Weg nimmt sie eine nächste Person emotional in Beschlag. Sie kopiert sich wieder, ihr Zwilling kümmert sich um das Problem. Sie geht weiter. Und jedes Mal, wenn sie eine weitere Person trifft, macht sie es erneut. Dabei wirken alle zufrieden. Die Figuren merken nicht, dass sie mit ihrem Zwilling zu tun haben, weil der sich hingebungsvoll und aus freiem Willen um ihr Leid kümmert. So schafft sie es, in dem sie sich kopiert, die Probleme der Menschen an ihre Zwillinge zu delegieren, ohne sich selbst emotional aufzureiben. Alle sind zufrieden, sie auch, weil sie nun mehr Zeit hat, sich mit den schönen Dingen des Lebens zu befassen.

Indem man die eigene Persönlichkeit mehrmals kopiert und die Probleme an diese Doppelgänger delegiert, ist es möglich, die emotionalen Herausforderungen in der Psyche zu bewerkstelligen. **Notiz**

TT
15.11.2011

»Schwarzes Gesicht« *Eine Frau nimmt einen Teil ihres Gesichts ab – mir macht es Angst. Ein Stück schwarzer Fläche ist darunter für einen kurzen Moment erkennbar. Sie sagt, dass die Menschen (für dieses Phänomen) noch nicht reif sind. Sie setzt ihr Gesicht wieder ganz auf, um mir nicht weiter Angst zu machen.*

T
17.11.2011

»Piranhas: Teil II« *Ich bin im tiefen Meer mit vielen anderen Menschen im Wasser. Wir hängen an Ketten oder sind angekettet: Wir können uns nicht bewegen, sind schon zu lange im Wasser und deshalb beinahe verwest. Die Piranhas sehen uns deshalb nicht, schwimmen an uns vorbei, wirken wie Attrappen oder ferngesteuerte Roboter.*

Beim Aufwachen stelle ich fest, dass die Piranhas meinem eigenen Schutz dienen: Wenn ich einen **Notiz** schweren Unfall habe, bereiten mich die beißenden Piranhas auf den darauf folgenden Schock vor. Der Körper wird gezwungen, stillzuhalten, damit man vom Schmerz eines Unfalls nicht überwältigt wird. Im zweiten Lehrjahr der Reise musste ich ebenfalls lernen, ohnmächtig zu werden, als gehöre es zum eigenen Schutzsystem. Es scheint, als würde mir diese Form des Stillstandes (Ohnmacht) helfen, mich vor (inneren) Schmerzen zu bewahren und den eigenen Lebenswillen zu schützen. Lassen wir im zweiten Jahr die Ohnmachts-Erfahrung zu, denn dadurch erhalten wir eine weitere Gelegenheit, in die Beobachterperspektive zu wechseln.

»Der alte Mann« *Ich trenne mich langsam von meinem Körper und steige auf in eine andere Traumebene. Ich bin in einem schwarzen, leeren, unendlichen Raum. Ich entspanne mich und beginne zu fliegen, immer schneller. Im Vorbeifliegen sehe ich einen alten Mann im Ruderboot, gepaddelt von Geisterhand. Seine Hände liegen ineinander verschränkt in seinem Schoss und wenn ich möchte, kann ich mich in seine Hände, in seinen Schoß begeben, die ruhig und sanft wirken. Weil ich meinen berauschenden Flug durch das Weltall nicht abbrechen möchte, nehme ich die Einladung nicht an, möchte kein Baby in seinen Händen sein. Ich entspanne mich im Flug weiter, fange sogar an, im Kopf zu rotieren. Ich will in die nächste Ebene, verzweifle theatralisch, weil ich nicht in die nächste Stufe aufgenommen werde. Es ist eine heuchlerische, billige Tour, um endlich angenommen oder aufgenommen zu werden, denn ich bin mir sicher, dort meinem Schöpfer zu begegnen oder erleuchtet zu werden. Die ganzen Spielchen und die ganzen Geschichten über Spiritualität und Religiosität in den transzendenten Träumen habe ich satt. Ich will mich sogar zerstückeln lassen, doch nichts passiert.*
Als ich mich endlich entspanne, komme ich in diesem unendlichen Universum zur Ruhe. Ich schwebe immer noch und halte still. Ich sehe am Horizont jemanden mit schwarzem Gewand auf mich zu kommen. Ich denke, es ist der Tod und

TT
20.11.2011

laufe auf ihn zu, damit er mich aufnimmt, aber es ist eine Frau mit einer engelhaften Stimme.

Ich begleite sie, als wäre ich ein Magnet, den sie anzieht. Ich merke nicht, dass ich sie begleite, weil sie so faszinierend ist. Ich komme mir vor wie ein kleiner Junge. Sie fragt mich, warum ich mich gegenüber dem Geist vorhin so verhalten habe. Ich bin verblüfft, dass der alte Mann im Boot bereits der Geist sein soll und schaue sie irritiert an. Sie fragt mich, ob ich das kurze Bild (die Eingebung) nicht gesehen hätte und warum ich mich nicht in seinen Schoss begeben habe? Warum habe ich nicht meinem ersten Impuls vertraut? Das frage ich mich inzwischen auch, antworte aber nur dummes Zeug. Meine Gedanken werden hörbar, obwohl mein Mund geschlossen bleibt und sie hört mit Güte und Geduld zu. Der Raum löst sich auf.

Ich wache auf und fühle mich wie ein kleines Kind, das unbedingt den großen Geist oder Schöpfer finden möchte, übersehe ihn aber durch mein kindliches Verhalten. Den ganzen Tag über wirken meine Gedanken laut und kindlich.

Notiz

Danach hat sich das Streben oder die Faszination nach dem »Höheren« direkt gelegt. Ich habe mir in dieser Zeit gewünscht, endlich eine außergewöhnliche, lebensverändernde Erfahrung oder sogar eine Gotteserfahrung zu machen. Weil ich es mir zu sehr wünschte, habe ich diese Chance hier verpasst.

T
22.11.2011

*»**Grandiose Ordnung**« Im Traum sehe ich die Struktur aller Teilchen im Weltraum. Er ist so mächtig, so geordnet und so grandios, dass man sich dieser Ordnung an sich nur fügen kann und will.*

Notiz

Wir wahren das Ganze und das Ganze wahrt uns. Albert Einstein sagte: »Jedem tiefen Naturforscher muss eine Art religiösen Gefühls naheliegen, weil er sich nicht vorstellen mag, dass die ungemein feinen Zusammenhänge, die er erschaut, von ihm zum ersten Mal gedacht werden. Im unbegreiflichen Weltall offenbart sich eine grenzenlos überlegene Vernunft. (...) Meine Forschungen haben ergeben, dass hinter all der Welt, mit der wir uns befassen, ein großer Orchesterdirigent sein muss, der alles lenkt und der unser Gutes will.«

»Weiße Farbe« *Drei Männer verdunkeln mein Zimmer und spritzen mir eine hellweiße Flüssigkeit in die Venen.* **TT** 23.11.2011

»Wahrheit« *Auf einem Berg sagt mir ein Mann: »Man kann Wahrheit nicht sehen.«* **T** 24.11.2011

»Erste Klasse« *Ich bekomme viele Nadelstiche in den Körper, teilweise werden meine Gliedmaßen abgetrennt. Ich verhalte mich sehr still. Nach der Akupunktur erbreche ich eine Menge giftiges, grünes Zeug. Vor dem Aufwachen bekomme ich einen Schulranzen, damit ich in die erste Klasse gehen kann. Zwei Direktorinnen der Schule sagen mir, dass ich fliegen werde, aber zuvor muss jeweils ein Zeh von mir abfallen.* **TT** 25.11.2011

Notiz Zum ersten Mal habe ich im transzendenten Traum erbrochen. Danach fühle ich mich gesund und wohl in meinem Körper. Dieses Wohlbefinden hält bis heute an.

»Wer bist du?« *Jemand dreht mir am Bauch an meinem 3. Chakra, eine Mentorin taucht auf. Sie sagt, ich solle mir die folgenden grundlegenden Fragen stellen, sonst käme ich nicht weiter: »Wer bist du? Was bist du? Woher kommst du?« Zum Schluss sagt sie, dass sie nun in meiner Nähe bleibt.* **TT** 27.11.2011

Notiz Diese Fragen führen uns zur Quelle.

»Silberner Planet: Titanium« *Ein neuer, silberner Planet taucht auf: Titanium. Die Kinder scheinen sich gleich aufzulösen, dabei strahlen sie grünlich.* **T** 27.11.2011

Das ist der dritte und letzte Planet, der in meinen **Notiz**
Träumen entdeckt worden ist.

Tr   *»Frei sein«   Eine männliche Stimme sagt mir: »Man wird*
29.11.2011   *niemals frei sein, wenn man leugnet und inkonsequent ist.«*

T   *»Skateboard«   An meinem Skateboard werden alle vier*
30.11.2011   *Achsen repariert. Es fährt sich nun viel besser. Ich bin ein*
                zehnjähriger Junge, der mit dem Skateboard davon fährt.
                Dafür bleiben viele Autos im weißen Schnee stecken. Sie be-
                wegen sich kaum noch.

Als ich aufwache, habe ich das Gefühl, dass die   **Notiz**
vielen Autos für meine Gedanken stehen. Sie sind
in meinem Kopf leiser geworden.

TT   *»Lagerfeuer«   Mir wird in den Hals gedrückt, danach*
08.12.2011   *werden mein Kiefer und meine Schädeldecke entfernt. Zum*
                Aufwärmen werde ich wie ein kleines Baby an ein Lagerfeuer
                gelegt.

In den spirituellen Texten heißt es, dass das Koh-   **Notiz**
lenfeuer das Feuer der Erleuchtung, die Wärme des
Geistes und das Gefühl der Sicherheit ist.

T   *»Alle Tricks«   Ein Mann sagt mir, dass ich alle Tricks*
15.12.2011   *bereits kenne. Ich muss nicht mehr wissen.*

T   *»Gut sein«   Zwei Bösewichte wollen mich bestrafen.*
29.12.2011   *Mein Mentor sagt, dass er das nicht zulässt und kämpft an*
                meiner Seite weiter gegen sie. Er sagt: »Gut sein bedeutet auch,
                gegen Widerstände aufzustehen und seine Meinung zu sagen,
                wenn die Meinung oder Gesinnung der anderen falsch ist.«

TT   *»Buddha-Sitz: Teil II«   Im Bett werden mir meine*
05.01.2012   *(Phantom)-Beine in die Buddha-Stellung ineinander gelegt.*
                Danach versuche ich, bei einem Tennisspiel einen goldenen
                Ball so lange wie möglich in der Luft zu halten.

Notiz Zum Thema Buddha-Sitz (Lotussitz) sagt mir eine Stimme in einem Traum: »Der Buddha-Sitz erlaubt einem, die größte Spannweite an Erfahrung zu sammeln.«

Ich habe davor noch nie meditiert. Wenn ich mich heute irgendwo hinsetze, komme ich fast direkt in den gekreuzten Buddha-Sitz und fühle mich dabei etwas komisch. Ich denke, dass Menschen mit fehlenden Armen oder Beinen, die ein Leben lang unter Phantomschmerzen leiden, spätestens ab diesem Zeitraum ihrer Reise davon befreit werden.

»Tischtennis« *Immer mehr Figuren begeistern sich fürs Tischtennis. Auch die Kanzlerin Angela Merkel erfreut sich an diesem Spiel. Daraufhin spielen zwei nackte Riesen (Zwillinge) gegeneinander.* **T** 09.01.2012

Notiz In den Träumen wird es viele Metaphern und Symbole für das Pendeln im Kopf geben, wie zum Beispiel Volleyball, Tischtennis oder Tennis. Dabei stellt der Spielball das Pendel im Kopf dar. Die Spiele haben ein Subjekt (der Spieler, der aufschlägt), das Objekt (den Spielball), den Takt (der Ball fliegt zwischen den Spielern hin und her), das Element der Luft (der Ball bleibt so lange wie möglich in der Luft) und die Beobachter (die Zuschauer). Dabei geht es in den transzendenten Träumen nicht darum, dass jemand gewinnt. Es geht darum, den Ball so lange wie möglich gemeinsam in der Luft zu halten. Nach meinen Traumbeobachtungen gehört das Pendeln im Kopf dem Element Luft an.

»Engel mit Flügel« *Der Filmstar Brad Pitt fällt von einem hohen Gebäude herunter und kracht auf den Boden. Auf dem Boden liegend bittet er um Gnade, dabei vertraut er sich Gott an. Plötzlich wird er zu einem Engel mit breiten, weißen Flügel. Es passiert so plötzlich, dass ich über den Effekt nur schmunzeln kann. Es ist einfach zu unglaubwürdig.* **T** 04.01.2012

Ich wache auf und meine Zweifel an Engeln oder anderen Energiewesen beginnen zu bröckeln.

T
05.01.2012

*»**Beten**« Eine Lehrerin zeigt auf einer Schultafel, warum Beten eine wirklich gute Methode ist, sich von negativen, sorgenvollen Gedanken zu befreien. In der Schulklasse sitze ich neben siebenjährigen Schülern, ich bin im selben Alter. An einem aufgemalten Schädel wird computertechnisch visualisiert, wie sich negative Gedanken, die aus dem Körper kommen, in der Mitte des Kopfes stauen. Mit Hilfe des Betens können sie den Kopf auf der linken Seite des Schädels wieder verlassen. Der Vorgang wirkt simpel. Der Kopf ist frei. Gleichzeitig betont die Lehrerin, wie wichtig es ist, sich von seinen negativen Emotionen abzukoppeln, einen gesunden Abstand zu halten.*

TT
06.01.2012

*»**Pendeln**« Als ich im Bett in meinem Kopf weiter pendle, kichert eine Frauenstimme in meinem Kopf. Dann sagt sie, dass es ihr langsam weh tut und ich solle aufhören. Da sie aber trotzdem kichert, höre ich nicht auf sie, pendle weiter. Der Traum blendet sich aus.*

Man muss das Pendel von alleine pendeln lassen, vom eigenen Willen entkoppeln. Im Alltag läuft das Pendel bei mir automatisch, ich kann es nicht mehr abstellen. Es ist mein ständiger Begleiter, egal, ob ich meinem Gegenüber zuhöre, Auto fahre, spazieren gehe oder Musik höre. Sobald man sich darauf konzentriert oder sich dessen bewusst wird, kommt es ins Stocken. Beim Atmen ist es ähnlich.
Es geht darum, nicht mehr willentlich zu pendeln, sondern das Pendeln im Kopf sich selbst zu überlassen. Das Pendel wird langsam zum eigenen Taktgeber und treibt als Motor die Reise in die eigene Tiefe und Weite. Ich weiß nicht, was mich erwartet und lasse es einfach geschehen.

Notiz

»Channeln«   Ein Inder versucht zu channeln. Die Stimmen in seinem Kopf kommen allerdings in einer fremden Sprache an, er versteht sie nicht. Um den Kanal zu öffnen, konzentriert er sich so stark, dass sein Doppelgänger neben ihm einfriert und ganz zum Stillstand kommt. Der Inder kann nun wieder channeln und zwar in seiner indischen Sprache.

T
06.01.2012

Notiz   Channeln kommt aus dem Englischen »Channelling« und bedeutet wörtlich, etwas durch einen Kanal zu empfangen, im Sinne von Kanal sein für die geistige Dimension.

»Mein 3. Auge«   Eine Unterrichtsstunde in der Klasse. Ich bin sieben Jahre alt und kann kleinere Gegenstände in die Schwebe bringen und sie dort halten. Dies gelingt mir, indem ich sie mit meinen Augen anpeile und nach oben zur Stirn richte. Mir fällt es sehr schwer, diese Konzentration auf mein drittes Auge zu halten und deshalb lasse ich es. Der Traum bricht ab.

TT
12.01.2012

Notiz   Später wird in einem Traum noch einmal darauf hingewiesen, dass man mit seinen inneren Augen so oft wie möglich zum dritten Auge (auch im Alltag) emporschauen soll.

»Vertraute Zahl Sieben«   In einem Interview sagt ein mir bekannter Schauspieler, dass die Menschen die Zahl Sieben stets auf dieselbe Weise schreiben. Er fragt sich dennoch: »Warum? Man kann die Zahl doch immer verändern.« Er findet es langweilig, nicht lebendig, starr und sagt: »Man muss nicht an der Form der Zahl festhalten.« Ich möchte an seiner makellosen Gesichtsform festhalten, spüre aber, dass die sich verformen will. Weil ich an ihm als mir vertrauter Person festhalten will, lasse ich die Verformung nicht zu. Sie hätte mich geängstigt.

T
15.01.2012

Notiz   Das Festhalten an der Form gilt es aufzugeben: Wir lassen die erlernte Logik los.

T
28.01.2012

»An Gott glauben«   Mein Begleiter sagt zu mir, dass er nicht an Gott glaubt. Ich entgegne: »Ich schon und du kannst mich nicht vom Gegenteil überzeugen.«

Über die Aussage meines Traum-Ichs bin ich überrascht, weil ich dachte, dass ich gar nicht an Gott glaube, ihn höchstens eher als einen Kumpel ansehe. An sich empfinde ich wie mein Begleiter: Ich glaube nicht an Gott. Mein Traum-Ich ist konsequent anderer Meinung.

Notiz

TT
30.01.2012

»Humorvolle Polizisten«   Eine Frau ist bei mir im Zimmer. Sie gibt mir eine Spritze in die linke Gehirnhälfte. Ich sehe nun vor mir Fotos von Polizisten, Beamten und Kontrolleuren, die plötzlich Humor haben. Sie nehmen nicht mehr alles so ernst. Die Frau sagt: »Mehr ist zurzeit nicht drin.«

Tatsächlich sind in den späteren Träumen und transzendenten Träumen viele Polizisten, Kontrolleure oder Sicherheitsbeamte viel humorvoller. Bisher waren sie sehr streng zu mir. Ich selbst bin auch entspannter und heiterer als früher.

Notiz

T
01.02.2012

»Bibel«   Ich debattiere mit einem mir unbekannten Mann über die Bibel und ihren Inhalt. Ich finde, dass alles darin Metaphern sind, aber mein Gegenüber lacht und sagt dann sehr ernst: »Die Bibel ist wahrhaftig und keine Metapher für psychologische Zustände.« Ich bin überrascht, dass er so bestimmend in seiner Haltung ist.

Ich habe noch nie die Bibel gelesen, mich nie für sie interessiert, aber der anderen Seite ist es wichtig, dass ich die Bibel und andere religiöse Schriften (aus anderen Kulturkreisen) nicht rigoros ablehne.

Notiz

TT
22.02.2012

»Freedom«   Wir sind am Nordpol. Ich laufe über den Schnee auf einen großen Dinosaurier mit Flügeln zu und sage

*ihm, dass ich nun auf seiner Seite bleibe. Er pickt mir mit
seinem großen Schnabel zwischen die Augen, dabei wird mein
drittes Auge leicht in meinen Kopf hineingedrückt. Ich erkenne
eine Glasscheibe vor mir, auf der das Wort »Freedom« auf-
leuchtet. Die Glasscheibe grenzt mich von der Umgebung ab,
die ganz zum Stillstand gekommen ist. In der Eiswüste befinden sich lauter unbewegliche Tiere, die trotzdem miteinander kommunizieren: Sie nutzen dafür Radiowellenempfänger
und große Laserkanonen. Sie schießen mit rosa Laserstrahlen
in den Himmel, aus dem Himmel kommen Laserstrahlen zurück – wie im Film »Star Wars«. Zum wiederholten Mal
wird auf der Glasscheibe fast kitschig eingeblendet, dass die
rosa Laserstrahlen für »Freedom« stehen.*

Notiz	Erst wenn alles zum Stillstand kommt, kann man die rosa Strahlen in den transzendenten Träumen wahrnehmen. Ansonsten bleiben diese unsichtbar – genauso wie viele andere Phänomene, die vor unserer Vernunft »versteckt« oder von unserem Wunsch nach Logik und Kausalität abgeschirmt werden.

*»Zweifel« Meine Eltern fahren gemeinsam Auto. Zum
erstenMal in einem Traum reden sie über mich und bestätigen sich gegenseitig, dass ich mit meinen Aussagen über die
mystischen Fähigkeiten im Traum recht habe: Es ist möglich,
durch Glas und Wände zu gehen oder Gegenstände zum
Schweben zu bringen. Mein Vater sagt, dass dies ein totaler
Erfolg wird. Ich freue mich, das zu hören und wache auf.*

T
22.02.2012

Notiz	In den transzendenten Träumen haben meine Eltern diese Phänomene bisher entweder übersehen oder wollten sie nicht sehen. Jetzt bekomme ich von ihnen im Schlaf zum ersten Mal Rückenwind. Im Realen habe ich noch nicht mit ihnen darüber gesprochen.

*»Gier« Jemanden wird etwas Schlimmes zu stoßen.
Ich fürchte, es trifft einen guten Freund von mir, obwohl er es
als feiner Mensch am wenigstens verdient. Er taucht sofort*

TT
23.02.2012

auf. Ich sage ihm, dass ich an seine Stelle treten werde, küsse ihn zum Abschied und sage ihm, dass ich ihn liebe. Er verschwindet.

Ich erwarte, dass etwas Schlimmes passieren wird, aber alles bleibt ruhig. Ich bin enttäuscht. Eine Stimme sagt zu mir, dass ich mich zwischen vier Geschenken entscheiden kann, die in kleinen, schwarzen Briefumschlägen zu finden sind. Ich darf nur eines davon nehmen, bevor die Bombe im Hintergrund explodiert. Mir bleiben etwa zehn Sekunden Zeit dafür. Aus Frust und Enttäuschung öffne ich zügig alle vier Briefe. Darin befinden sich schöne kleine Geschenke, aber ich möchte sie nicht. Ich wünsche mir etwas anderes: ich möchte endlich erleuchtet werden oder einen konkreten Einblick in die geistige Welt haben. Die Zeit läuft ab und die Bombe explodiert nicht.

Ich wache auf und bin über meine Gier erschrocken.

Ich staune, wie begierig ich in den transzendenten Träumen geworden bin, endlich eine Erleuchtungserfahrung zu erleben. Wenn man dafür alles gibt, sogar sein eigenes Leben, aber dann nur mit kleinen Geschenken abgefertigt wird, fühlt man sich enttäuscht – denn man hat so viel Zeit, Muße und Begeisterung in diese transzendente Reise gesteckt. Das war eine gute Lektion, danach hat sich mein Streben nach Erleuchtung gelegt.

Notiz

TT
25.02.2012

»*Abgetrennter Kopf*« *Ich hebe den abgetrennten Kopf meines Cousins auf. Es geht ihm gut und er freut sich, mich zu sehen. Ich frage ihn, was passiert ist. Er erzählt mir, dass sich sein Körper durch Säure aufgelöst hat. In einer Rückblende sehe ich, wie ein riesiger, weißer Besen seinen Leib säubert, dabei löst er sich auf. Der Körper verschwindet, der Kopf bleibt. Ich halte den Kopf meines Cousins immer noch in den Händen, aber er ist gut drauf.*

Dieses Phänomen, dass bei den Figuren der Kopf vom Rumpf abgetrennt ist, kommt öfter vor. Es

Notiz

kann einem auch selbst passieren, indem man zum Beispiel seinen Kopf in eine Guillotine steckt und ihn abhacken lässt. Es scheint, als wäre es ganz normal, dass der Kopf vom Rumpf getrennt wird. Im tantrischen Buddhismus gibt es eine berühmte Yogini, eine kraftvolle Göttin, die ihren abgetrennten Kopf glücklich und tanzend in der Luft hält.

»Check-Liste« *Beim Einschlafen rotiere ich mit dem Pendel in meinem Kopf. Ich fliege durch den Tunnel und lasse mich nach hinten fallen, dabei lande ich bei einer friedlichen älteren Frau in einem ruhigen Zimmer. Ich bin wieder ein Kind. Sie holt eine Check-Liste hervor: Es ist eine Liste mit all meinen operativen Eingriffe in Körper und Gehirn, die ich bisher in meinen transzendenten Träumen erlebte. Sie überprüft diese Liste an meinem offenen Gehirn. Aus ihrer Sicht ist alles in Ordnung. Das Pendel kann nun freier rotieren. Sie sagt noch, dass ich nach rechts hinter die Berge gehen solle, dort fände ich einen grünen Vogel. Ich sehe in einer Eingebung diesen kleinen Vogel auf einer schönen Wiese auf mich warten. Der Traum geht zu Ende.*

TT
02.03.2012

Notiz
Zum ersten Mal habe ich mich im Flug durch den Tunnel nach hinten fallen lassen und landete bei dieser Mentorin. Ich habe ein viel stärkeres Bewusstsein in diesem transzendenten Traum als sonst. Alles wirkt sehr real. Alle bisherigen Gehirnoperationen auf dieser Reise waren notwendig, um bei dieser Frau zu landen und die nächsten Traumebenen betreten zu können. Mein Gehirn ist dazu bereit.
Auf der spirituellen Ebene stehen Vögel im Traum für die Seele des Menschen.

»Gutes Projekt« *In einer tiefen Trance sagt jemand zu mir, dass man nicht wie ein Wahnsinniger nach einem weiteren guten Projekt streben sollte, wenn man schon ein gutes Projekt hat, sonst könnte man in einen Zwiespalt geraten.*

Tr
08.03.2012

TT
10.03.2012

»Stille«   *Weil ich nicht werte und meine Gedanken still sind, kommt ein Monster an mein Bett und steckt mir einen Schnuller in den Mund. Ich fühle mich wie ein Baby. Als würde er zu einem Baby sprechen, sagt er zu mir: »Habe keine Angst vor der Dunkelheit oder der Stille.« Dann geht der transzendente Traum zu Ende, als hätte jemand auf den Ausschaltknopf gedrückt. Alles wird dunkel und still. Mein Gehirn fühlt sich leer an. Weil die Dunkelheit und die Stille so plötzlich hereinbrechen, erschrecke ich mich und wache auf.*

Notiz

Einen Monat später passiert in einer Trance dasselbe. Im fast wachen Zustand, ich lasse meine Gedanken zur Ruhe kommen, gibt es plötzlich einen Kurzschluss im Gehirn und mein Kopf ist leer. Hundert Prozent Stille. Ich erwache wieder aus der Trance, bleibe im Bett liegen. Die Stille im Kopf hält die nächsten 15 Minuten an. Ich habe keine Angst, es ist nur sehr ungewöhnlich, nichts zu denken. Als ich langsam anfange mich zu bewegen, steigen die normalen Gedanken mit den üblichen Sorgen wieder hoch. Man muss keine Angst vor dem Kurzschluss haben, der die kurzweilige Leere und den völligen Stillstand im Kopf bewirkt. Es entspannt.

TT
13.03.2012

»Gangster«   *Ich bin in einem Gebäude. Viele Männer operieren mich, dabei gehen sie sehr hart und grob mit mir um. Ein dicker Balken wird mir in den Mund bis in die Luftröhre hinein geschoben. Der Balken verwandelt sich in einen durchsichtigen Schlauch. Die Männer malträtieren mich noch an weiteren Stellen meines Körpers. Ich kann die Schmerzen zulassen, dabei fühle ich mich wie ein Kind. Ich begreife, dass dies nur in diesem sicheren Gebäudekomplex möglich ist. Außerhalb des Gebäudes, hinter den Glasscheiben, im Freien wird es ernst. Dort spielen drei Figuren im Schnee. Im Gebäude ist es warm und gemütlich, draußen wird es kälter sein. Ich bin noch nicht soweit. Aber ich bin guten Mutes, dass ich das meistern kann.*

»Liebe ist Gewohnheit« *Ein zurückgebliebenes*   **T**
Kind, das herzensgut ist und jeden liebt, sagt zu mir: »Liebe   17.03.2012
ist Gewohnheit«. Als im Raum plötzlich alles gewöhnlich für
mich ist, beginnen die Gegenstände an zu schweben und die
Kinder bekommen eine Aura. Dabei höre ich eine Stimme, die
sagt, dass jeder Aspekt zwei Seiten hat. Das sei normal.

Notiz   Ich hänge noch zu stark an meiner Perspektive. Jeder Gegensatz / jede Dualität ist gewöhnlich. Wenn ich alle Phänomene als gewöhnlich anerkenne und nichts erwarte, kann alles passieren. Aus Jesus Sicht ist Liebe Gewohnheit, weil er immer liebt. Es ist für ihn selbstverständlich, nur zu lieben und das ist aus seiner Perspektive ganz gewöhnlich.

»Liebe ist Freiheit« *Meine Partnerin ist kleinwüch-*   **TT**
sig. Ich sage ihr ehrlich, dass ich sie sehr liebe, mir egal ist,   21.03.2012
wie sie aussieht. Sie glaubt mir, doch sie sagt: »Liebe ist ein
Gefängnis«. Ich entgegne: »Liebe ist Freiheit.« Sie akzeptiert
die Antwort. Als sie sich sicher ist, dass ich sie ehrlich liebe,
holt sie ein Messer heraus, um mir die Haut abzuschälen.
Das glaube ich jedenfalls. Schon beim Anblick des Messers
bin ich sehr verzweifelt, weil ich ahne, was sie mit mir vor-
hat, obwohl sie weiß, dass ich sie sehr liebe. Ich bin so ver-
zweifelt, dass der Traum abbricht und ich direkt aufwache.
Doch alles ist gut. Die innere Verzweiflung ist nur gespielt.
Mein Magen und Körper entspannen sich.

Notiz   Ich bin überrascht über meine große Verzweiflung, weil meine Partnerin ein guter Mensch ist. Ich wusste gar nicht, dass ich dermaßen leiden kann. Wenn man in seinen transzendenten Träumen solche Verzweiflung erlebt, macht es einen unmittelbar stärker für den Alltag. Nichts im Alltag kann so hart sein wie solche Träume, er kommt einem danach friedlich vor.
Im Traum muss ich meine Körperform verlassen und meine Partnerin und mein Vertrauen zu ihr

hilft mir dabei, aus meiner eigenen Haut zu schlüpfen – selbst wenn es mit einem Schälmesser geschehen soll.

TT
24.03.2012

»Doppelgänger entsteht« Erst zu diesem späten Zeitpunkt erfahre ich, wie der Doppelgänger aus den Gegensätzen von Mann und Frau entsteht.

Notiz

»Das Kehl-Chakra wird im Prozess der Vereinigung des männlichen und weiblichen Prinzips als die letzte Stufe vor dem Durchbruch zum universellen Bewusstsein oder als die erste Stufe auf dem Weg seiner Verwirklichung im Menschen, gedeutet«, schreibt Anagarika Govinda. In der christlichen Mystik ist das Erscheinen des Doppelgängers auch als Bilokation bekannt. Bilokation bezeichnet die angebliche Fähigkeit einer Person, an zwei Orten gleichzeitig zu sein. »In der katholischen Kirche wird dieses Phänomen einigen Heiligen zugeschrieben, zum Beispiel Antonius von Padua, Josef von Cupertino und Pater Pio. Dabei wird erklärt, dass diese Personen den Wunsch, Gutes zu tun, so stark fühlten, dass sie gleichzeitig an einem Ort ihre Pflicht erfüllten und an einem anderen Ort ihrer Bestimmung nachgingen. Zum Beispiel soll der selige peruanische Dominikaner Martin de Porres seine Aufgaben im Kloster erfüllt haben (kehren) und gleichzeitig im Krankenhaus bei der Pflege der Ärmsten gesehen worden sein.« (Wikipedia)

T
28.03.2012

»Videoraum« Mein Traum ist so spannend wie ein Spielfilm, ich bin total begeistert: Eine Frau bekämpft einen bösen Mann, der ihr Kind in eine Schlucht geworfen hat. Bevor sie ihm den Todesstoß versetzen kann, gibt es plötzlich einen Ortswechsel. Ich sehe mich in der 3. Person als einen kleinen Junge, der sich in einem Videoraum befindet, in dem meine Träume abgespielt werden. Auf den anderen Monito-

ren laufen weitere Filme. Mein Zwang oder der Zwang des kleinen Jungen, das Ende dieses einen Films zu sehen, ist so groß, dass er nicht bemerkt, dass er in einem (anderen) Raum ist und zwischen mehreren Filmen auswählen kann. Ich will den einen spannenden Film zwanghaft zu Ende sehen. Ich wache auf und bin total angespannt.

Notiz Wer ohne Unterbrechung träumt, weiß nicht, dass er einen Traum erlebt. Vielen spirituellen Quellen zufolge schläft kaum ein Wesen so tief und fest wie der Mensch.

»Festplatte« *Ich bekomme eine Festplatte geschenkt. Sie ist schwarz, sehr handlich und hat 50 GB Speicherplatz, so dass ich nun mehr Filme abspeichern und abspielen kann. Die Festplatte kann auf weitere zwei Terabyte aufgerüstet werden. Mir wird gesagt, dass man sich so viele Sprachen und alle Fußballergebnisse spielend merken kann.*

T
30.03.2012

Notiz Tatsächlich verbessert sich auf dieser Reise das Erinnerungsvermögen.

»Himmel lichtet sich« *Ich fliege durch den dunklen Tunnel. Dann strecke ich meinen Körper nach oben und der Himmel lichtet sich plötzlich auf. Ich fliege in Richtung Horizont, aber weil es so schnell passiert und alles so grandios und realistisch aussieht, erscheint es mir doch etwas sonderbar. Ich blende den Flug lieber aus. Der Himmel ist so schön, dass er mir Angst macht. Ich bin für den Himmel (im Traum) noch nicht bereit und wache lieber auf.*

TT
31.03.2012

Notiz Ich habe Angst, höhere (und somit himmlische) Sphären zu betreten.

»Kummer auflösen« *Irgendetwas aus meiner frühen Vergangenheit wird in meinem Körper umgestellt oder getilgt. Der gesamte betroffene Zeitstrang mit all meinen Erlebnissen bis in die Gegenwart hinein wird im Zeitraffer*

T
11.04.2012

begradigt, ohne dass ich die Veränderung an sich merke. Es ist passiert. Ein Stück meiner Vergangenheit wird mich nicht mehr bekümmern. Ich weiß nicht einmal, welchen Kummer es betraf.

Es ist möglich, schon vergessene, leidvolle Erlebnis-   **Notiz**
se in den Träumen aufzulösen, ohne sie überhaupt
hervorzuholen.

T
13.04.2012 *»**Kokon**« Eine Geburt. Eine brünette Frau will eine blonde Frau in derselben Körpergröße gebären. Es scheint, als wäre der Körper der brünetten Frau nur eine Schale, ein Kokon, dem die blonde Frau entschlüpfen will. Die Brünette hat zwar Angst, aber die Hebamme beruhigt sie, dass dies ganz normal sei. Die Frau entspannt sich und will die Geburt fortsetzen.*

Das Innere dringt nach Außen. Dabei lösen sich der   **Notiz**
Körper und die Form auf. Wie viele Träume zuvor,
deutet dieser Traum an, was bald mit dem eigenen
Körper passiert. Viele Träume dienen einfach dazu,
uns die Angst zu nehmen vor dem, was uns bald in
den transzendenten Träumen erwartet. Unser Körper ist eine Schale, die aufreißt. Solche Träume
geben uns die Zuversicht, dass wir in den transzendenten Träumen entsprechende Herausforderungen meistern können.

T
15.04.2012 *»**Feuer & Wasser**« Feuer und Wasser kämpfen als Elemente gegeneinander. Beide wirken wie große Strudel oder Tornados, der eine ist rot wie Feuer und der andere blau wie Wasser. Sie verwüsten dabei eine halbe Stadt, so als ob zwei Götter gegeneinander kämpfen würden. Am Ende beruhigen sich beide Elemente und stehen friedlich vor mir. Es sind jetzt zwei große Männer, einer besteht aus Feuer der andere aus Wasser. Das Feuer steht rechts, das Wasser links von mir, als würden sie zwei Seiten von mir darstellen. Weil ich nicht weiß, wem ich vertrauen kann und daran zweifle, dass eine*

Versöhnung zwischen den beiden Männern stattfinden kann,
blendet sich der Traum aus.

Notiz   Zum ersten Mal stehen die Elemente Feuer und
Wasser auf dieser Reise gleichberechtigt nebenei-
nander, und zwar jeweils auf der entsprechenden
Körperseite. Aus der Versöhnung von Feuer und
Wasser entsteht Dampf, also das Element der Luft.
Diesen Verdampfungsprozess gilt es zuzulassen,
man vertraut beiden, ohne ein Element zu bevor-
zugen.

»Energiestrahl«   Aus den Köpfen meiner Eltern schießt **TT**
plötzlich ein Energiestrahl heraus, der um ihre Körper nach 17.04.2012
und nach Auren bildet. Sie bekommen Kopfschmerzen. Ich
frage meine Begleiter, warum sie Kopfschmerzen hätten.
Einer sagt: »Weil sie Migräne haben.« Die Farben über
ihren Köpfen sind auch nicht alle sauber: Ihr rot ist schmut-
zig. Ich bin zu sehr von dem Phänomen, also dem plötzlichen
Energiestrahl, der aus den Köpfen herausbricht, fasziniert,
und wache auf.

»Gewahrsein«   Mein Onkel sagt mir, dass ich auf **T**
meine Augenbewegung achten soll. Ich soll mir bewusster 23.04.2012
werden, in welche Richtung sich meine Augen zum Beispiel
beim Nachdenken, Sprechen oder Zuhören bewegen.

Notiz   Das Gewahrwerden der Augenbewegungen führt
zu weniger Depression. Die positiven Auswirkungen
dieses Phänomens sind bereits aus der Neurolingu-
istischen Programmierung (NLP-Therapiemethode)
bekannt.

»Das heilige Land«   In einer Trance konzentriere ich **Tr**
mich auf das 3. Auge. Ich vernehme eine weibliche Stimme, 24.04.2012
die freundlich und einladend zu mir sagt: »Willkommen im
heiligen Land.«

TT
26.04.2012

»Mein Körper als Kokon« Ich halte eine rote Fern-
bedingung in der Hand. Mit dem Pausenknopf bringe ich
fliegende Menschen, die mich angreifen wollen, zum völligen
Stillstand. Plötzlich schlüpft ein Pelikan aus meinem rechten
Bein, das wie eine reife Frucht aufreißt. Aus dem linken Bein
kriechen Würmer, und es scheint so, als hätten sie sich
endlich befreit. Danach erfahre ich, dass sich mein Immun-
system um 50 Prozent verbessert hat.

Das Innere dringt immer stärker nach Außen. Mein   **Notiz**
Körper entpuppt sich als ein Kokon, der aufgeris-
sen wird. Ich weiß nicht, was noch alles aus mir
schlüpfen wird. Krankheiten machen mir nun
weniger Sorgen.

TT
04.05.2012

»Das Meer« Ich lasse mich in meinem Zimmer von sehr
vielen kleinen Schlangen beißen. Daraufhin öffnet sich der
Boden unter meinen Füßen und ich falle ins Wasser, direkt
ins Meer. Dort denke ich an meine Angst vor den Haien und
erwarte sie. Durch meine Erwartungshaltung blendet sich der
transzendente Traum aus.

Unter dem eigenen Zimmerboden befindet sich   **Notiz**
bereits das Meer: das Element Wasser.

Tr
05.05.2012

»Willkommen« Als ich während der Trance wieder
zum »dritten Auge« emporschaue, höre ich eine weibliche
Stimme sagen: »Ihr seid Willkommen.«

T
06.05.2012

»Rüstung« Ich erhalte eine schwarze High-Tech-Rüs-
tung, damit ich stärker werde, aber ich lege sie mir noch nicht an.

Tr
17.05.2012

»Kopieren & Kostenlos« Ein Meister sagt, ich solle
etwas zum Thema »Kopieren und Kostenlos« schreiben.

In den transzendenten Träumen kann man nicht   **Notiz**
nur sich selbst kreieren (Doppelgänger), sondern
auch alles andere, beispielsweise weitere Räume.

»Doppeltes Schulgebäude« *Ein Schulgebäude* *wird um ein Nebengebäude erweitert. Das Nebengebäude* *gleicht dem ersten Gebäude. Es wurde einfach verdoppelt.*

T
18.05.2012

»Luxuswagen« *Ich stehle einen englischen Luxus-* *wagen, kann ihn aber nicht richtig steuern. Ich habe auch das* *Gefühl, auf der rechten Seite hinter dem Steuer zu sitzen, so* *wie es in England üblich ist. Dann rückt mich eine Geister-* *hand in die Mitte des Wagens, so wie man in einem* *Formel-1-Cockpit sitzt. Ich gebe den Wagen zurück und ent-* *schuldige mich dafür, dass ich den Wagen gestohlen habe.*

LT
22.05.2012

Notiz   Zum ersten Mal sitze ich in der Mitte eines Wagens. Im Schlaf bewegen wir uns auf die geistige und spirituelle Mitte zu.

»Musikunterricht« *Ein Lehrer gibt Musikunterricht.* *Er komponiert eine Melodie im Kopf und ich bin überrascht,* *dass ich sie hören kann. Auf der Tafel schreibt er die Noten* *für ein Lied seiner Schülerin zu Ende. Ich selbst kann gar* *nicht komponieren.*

T
22.05.2012

»Der Körper pendelt« *Als ich ruhig im leeren Un-* *terrichtsraum sitze, beginnt mein Oberkörper wie ein Pendel* *nach vorne und nach hinten zu wippen. Ich bin überrascht,* *dass der ganze Körper im Traum dem Pendel folgt und* *wache auf.*

T
22.05.2012

Notiz   Dieses Phänomen passiert mir nun im Realen, wenn ich entspannt sitze. Dann beginnt der Oberkörper manchmal ganz von alleine leicht zu pendeln oder zu schwingen – von hinten nach vorne. Das fühlt sich beruhigend an. Das Schaukeln des Körpers ist im jüdischen Glauben weit verbreitet, wird als »Schockeln« bezeichnet. Man kann dieses Phänomen auch im Alltag beobachten: eine Mutter fängt mit ihrem Körper automatisch an zu wippen, wenn sie ihr schreiendes Kind in den Armen beruhigen will.

T
23.05.2012

»Der Jesus-Jünger« *Ich gehe neben jemandem her und wir reden über Jesus. Ich sage, dass ich Jesus ohne jede Bedenken folgen würde, egal wohin. Ich fühle mich wie einer seiner Jünger, während der andere an Jesus zweifelt. Ich kann ihn auch nicht vom Gegenteil überzeugen.*

Ich bin überrascht, dass mein Traum-Ich Jesus als Jünger folgen würde. Im realen Leben käme ich nicht auf diese Idee, wäre das Gegenüber, das im Traum zweifelt. Mein Traum-Ich ist inzwischen gläubiger als ich es mir selbst zutraue. In der Wirklichkeit habe ich gegenüber Jesus noch Vorbehalte, aber mein Traum-Ich hat schon längst die Seiten gewechselt.

Notiz

Das eigene Traum-Ich wird nicht nur intuitiver, empfindsamer, spirituell, sondern auch religiöser als man es je war. Es speichert all diese religiösen Erfahrungen für sich ab.

Wenn Sigmund Freud schreibt, dass man alle Figuren im Traum selbst ist, stellt sich die Frage, zu wem mein Traum-Ich auf dieser Reise geworden ist. Wozu ist es gut, dass das eigene Traum-Ich ein Jesus-Jünger geworden ist? Es zeigt mir aber auch, dass die eigene individuelle Religiosität tiefer in mir verwurzelt ist als es mir als naturwissenschaftlich denkender Mensch lieb ist.

Jesus sagt: »Ich bin der Weg, die Wahrheit und das Leben.« Und er fügt hinzu: »Niemand kommt zum Vater außer durch mich.« So öffnet er als Erscheinung im Traum oder als der religiöse Anteil des Traum-Ichs eine mögliche neue Dimension für die menschliche Seele in ihrer Beziehung zu Gott.

Weil ich einen eher katholisch geprägten Hintergrund habe, ist Jesus für mein Traum-Ich zum Vorbild geworden. Wenn Sie einer anderen Kultur oder Religion angehören, wird Ihr Traum-Ich auf dieser Reise nach einem Ihnen bekannten, heiligen Vorbild, dem Sie vertrauen, streben.

»Tiefe Wunden« *Mein rechter Arm wird bis tief zum* **TT**
Knochen aufgeschnitten, es scheint, als ob der Arm bald ganz 24.05.2012
abgenommen wird. Es tut etwas weh.

Notiz Buddha sagte: »Der Körper ist das Produkt des Geistes«. Wir müssen uns nicht nur von unserer fleischlicher Hülle, sondern auch von unseren Knochen trennen.

»Farbexplosion« *Zwei Farben, grün und gelb, explo-* **T**
dieren plötzlich auf meinem Körper. Die Farben sind sehr 25.05.2012
rein.

»Wächter des Meeres« *Ein Mann und ein großer* **T**
Hai schwimmen im Meer. Der Mann beobachtet den Hai 25.05.2012
furchtlos, dabei schwebt er ruhig im Wasser. Der Hai be-
wacht das offene Meer: er steht dem Mann noch im Wege.

»Synchronisationsknopf« *Ich sitze in einem Klas-* **T**
senzimmer zusammen mit einer Frau auf der Schulbank. Vor 26.05.2012
uns steht ein Computer, auf dem ein Schnittprogramm für
Filme läuft. Ein Lehrer und eine Lehrerin bringen uns das
Programm bei. Aus meinen Erfahrungen mit eigenen Schnitt-
programmen weiß ich, dass es einen Synchronisationsbutton
gibt, der es beispielweise ermöglicht, Bild und Ton ohne große
Umwege über die Untermenüs synchron zu koppeln. Ich frage
die Lehrer, ob sie den Synchronisationsknopf auf die Ober-
fläche des Programms bringen können, um ihn nicht in den
Untermenüs zu suchen. Der Lehrer holt den Button aus der
unteren Ebene des Programms auf die Hauptmenü-Ebene.
Wir können nun direkt aus dem Hauptmenü verschiedene
Ebenen miteinander synchronisieren. Erst als ich erwache,
begreife ich, wie gut diese Idee ist.

Notiz Wieder wundere ich mich, wie intuitiv und kreativ mein Traum-Ich geworden ist.

T
27.05.2012

»Dunkler Bildschirm« Schwarze digitale Balken legen sich über einen Bildschirm, der Empfang des Fernsehers wird immer schlechter, das Bild oder der Empfang scheinen zu schwinden. Ich versuche an den Bildern und an den Nachrichten festzuhalten, will sie nicht ins Schwarze abgleiten lassen. Weil ich am Bild festhalte, wache ich auf.

Es gilt das Schwarze, die Leere, das Nichts zuzulassen. Es gibt keine Erinnerungen, die festgehalten werden wie in einem Film.   **Notiz**

TT
29.05.2012

»Auflösung der Ebenen« Ich werde mir des transzendenten Traums ganz bewusst und kann hier alles zum Stillstand bringen, weil ich selbst in vollkommener Ruhe bin. Es klappt. Ein übergroßes Pendel wird visualisiert, all meine bisher erlebten Träume, Klarträume und transzendenten Träume auf dieser Reise werden in Zeitraffer wiederholt und in sich aufgelöst, bis ich auf einem großen (goldenen) Raumschiff lande. Ich verweile dort und sehe einen kleinen Jungen vor mir. Er dreht sich um und schaut mich an. Er begreift, dass hier alles eine Illusion ist, deshalb löst sich das Raumschiff auf, das große Pendel schlägt weiter. Ich wache auf.

Alles bisher Erlebte (auf beiden Hirnhälften) ist eine sich aufeinander aufbauende Serie, die in diesem einem transzendenten Traum mündete. Dabei habe ich den Eindruck, dass es alle Träume aus meiner subjektiven Wahrnehmung gewesen sind. Diese Etappe ist somit abgeschlossen. Ich fühle mich am Ende eher wie ein kleiner Junge, der sich endlich seiner Selbst bewusst geworden ist und nun in die nächsten Ebenen vorstoßen kann.
Im Alltag hat sich bei mir ein neues Phänomen eingestellt. Ich werde mir meiner eigenen Gedanken und meines Abschweifens schneller bewusst. Ich kann mich dadurch besser auf das Pendeln konzentrieren. Ich gehe davon aus, dass sich nach der   **Notiz**

nächsten Etappe, wie lang sie auch dauert, die Zeit des gedanklichen Abschweifens verkürzt. Dann kann ich mich zunehmend dem Pendel im Kopf hingeben – dem Jetzt der Gegenwart.

»Ein Lied« *In einem Traum höre ich ein Lied im Kopf.*   **T**
Darin wird besungen, dass ich es geschafft habe. Ich wache   30.05.2012
auf, nur ich weiß nicht, was das Lied im Traum meint.

Notiz In einem Traum danach sagt mein Traum-Ich zu einem kleinen Jungen mit Schulranzen, dass wir wieder am Anfang sind. Als ob ich eine Stadionrunde hinter mir hätte. Die habe ich endlich geschafft. An sich ist das auch logisch. Es gibt keinen Tod, keine Zeit, sondern einen immerwährenden Kreislauf des Lebens. Doch jetzt können das innere Kind und ich bewusst und gemeinsam in die nächste Runde gehen. Wir bilden jetzt nicht mehr zwei Seiten eines Gegensatzes, sondern sind uns unserer Gleichzeitigkeit bewusst. Aber was habe ich geschafft? Soll ich dieselbe Runde wiederholen? Und was für Konsequenzen ergeben sich daraus für meine weitere Reise? Diese Fragen werden in den nächsten Erfahrungen beantwortet.

»Der doppelte Raum« *Ich bin in zwei Räumen, die*   **T**
Spiegelverkehrt zueinander aufgebaut sind. Es scheint, als   02.06.2012
stünde der eine für die Vergangenheit und den Tod, und der
andere für die Zukunft und das Leben. In beiden Räumen
sind die gleichen Figuren vertreten. In dem einen Raum sind
sie düster und mehr zersetzt, sie sehen eher geisterhaft aus, in
dem anderen sind sie farbenfroh und lebendig. Ich bin in dem
lebendigen Raum, vor dem anderen habe ich noch zu viel
Respekt. Es gibt aber keine richtige Grenze zwischen den bei-
den Räumen – vielleicht nur meine Unwissenheit. Auf der
Gefühlsebene existiert er, doch die Vernunft lässt ihn noch
nicht zu. Der andere ist eine Kopie oder der Gegensatz zu
meinem eigenen lebendigen Raum.

Der materielle und der feinstoffliche, geistige Raum   **Notiz**
existieren (im Traum) parallel.

TT   *»Doppelgänger im Spiegel«* *Ich sehe mich und*
17.06.2012   *meinen Doppelgänger im Spiegel, aber an sich bin ich es zwei-*
mal. Wir stehen dicht beieinander. Für einen kurzen Moment
kann ich zwischen uns beiden switchen, die Körper wechseln.
Ich bin über das einfache Phänomen verblüfft und wache auf.

Der Körperwechsel ist mit meinem Doppelgänger,   **Notiz**
mit der Kopie von mir, möglich. Dieses Phänomen
ist unglaublich. Ich weiß noch nicht, welche Möglichkeiten sich für mein Traum-Ich mit diesem
neuen Talent in den weiteren transzendenten Träumen ergeben. Mein Traum-Ich wird sich jetzt
(mehrfach) duplizieren, und auch in die erschaffe-
nen Doppelgänger springen können, ohne den
Raum überbrücken zu müssen. Gleichzeitig kann
ich auf die andere Seite des Spiegels hinübertreten,
um die dahinterliegenden Welten zu erforschen.

TT   *»Der mittlere Pfad«* *Ich gehe durch eine malerische*
11.07.2012   *Landschaft einen Pfad entlang. Es scheint, als würde ich*
schweben. Der Weg teilt die Landschaft konsequent in eine
linke und eine rechte Hälfte, ich gehe auf der Mitte zwischen
diesen beiden Seiten. Auf der rechten Seite sehe ich zwei
fremde, mir Angst einflößende Männer, die auf mich zulau-
fen. Als ich sie fokussiere, verschwinden beide plötzlich im
Boden, als ob sie in die Landschaft integriert worden sind.
Ich spüre, wie sich meine Füße entspannen.
Ich gehe den Weg weiter – ich schwebe mehr, ohne dass ich
darauf Einfluss nehmen kann. Auf der linken Seite befindet
sich eine zerstörte Vorstadt mit einem größeren, verbrannten
Gebäudekomplex. In den Trümmern sehe ich Wäscheleinen
mit aufgehängter Wäsche. Ich möchte die dort lebenden Per-
sonen kennenlernen, doch als ich den Weg verlassen will, blen-
det sich der Traum langsam aus. Bevor der Traum endet, sehe
ich noch, dass sich mein Weg in Richtung einer Stadt am

Fuße eines Berges hinschlängelt. Die Stadt und die Berge werden von der dahinter scheinenden Sonne in ein helles, warmes, wunderschönes Licht gehüllt. Der Weg wird dort enden.

Notiz Buddha spricht vom »mittleren Pfad«. Er wird im Buddhismus als Grundsatz verstanden, in keine extremen Haltungen zu verfallen. Buddha empfiehlt, den mittleren Weg zwischen zwei Extremen zu wählen. Die Aktiv-Passiv-Regel ebnet diesen edlen Weg im Schlaf, der uns zur Sonne führt. Erst auf diesem Weg können wir von ihr (wie ein schwebender Geist) angezogen werden.

Durch eine einfache, entspannte Beobachtung habe ich die zwei Angreifer in der Erde verschwinden lassen. Aus der Quantenphysik ist bekannt, dass der Beobachter durch den Akt des Beobachtens die Wirklichkeit verändert. So wie es aussieht, gilt dies nun auch auf dieser Ebene der transzendenten Träume: Durch das entspannte und zuversichtliche Beobachten können wir mögliche Symptome oder Ängste (schneller) auflösen.

Gleichzeitig deutet sich an, dass die Gesetze von Ursache und Wirkung außer Kraft treten. Die Aufrechterhaltung der kausalen Logik wird zunehmend vernachlässigt. Die innere Kausalkette im Traum löst sich nach und nach auf und es wird schwieriger, den Traum als Traum zu erkennen, weil er schneller und dynamischer wird. Wenn sich die Kausalkette nach und nach auflöst, müssten irgendwann die Ebenen von Traum und Realität parallel bestehen, weil keine Trennung (durch Logik) mehr stattfindet. Die positive Halluzination, die innere zeitliche Wahrnehmung, wäre somit im Alltag präsent. Die beiden Gehirnhälften würden es in ihrem synchronisierten Zusammenspiel möglich machen. Die Vorstellung macht mir keine Sorge. Nach dem langen Lernprozess fühlt es sich richtig, wenn nicht sogar ganz normal an.

»Die zweite Runde« Ich bin in einem Einkaufszentrum. Alle Männer frieren plötzlich ein, kommen alle ohne Ausnahme zum Stillstand – wie bei einem Standbild. Nur die Frauen, meine Freundinnen und ich können uns frei bewegen. Ich gehe davon aus, dass ich nun auch eine Frau bin und lasse es zu.

Wir probieren für mich schwarze Frauenschuhe an. Der linke Schuh passt, der rechte nicht. Weil ich mich über den passenden Schuh (wie eine Frau) freue, aber gleichzeitig über den unpassenden Schuh enttäuscht bin, rast uns plötzlich die Zeit davon.

Ein großer Zauberer kommt zu uns und sagt, wir müssten so schnell wie möglich verschwinden. Mit einer Lichtexplosion am Ende seines Zauberstabs, die alles überstrahlt, teleportiert er uns in eine andere Traumebene. Er hatte Angst, dass jemand Großes aufwacht und uns bestraft. Ich glaube zu wissen, wen er in diesem transzendenten Traum meint: mein »Ego«.

Ortswechsel: Ich lande in einer Kneipe voller Männer. Sie wollen mich wegsperren, weil ich wie eine Indianerin aussehe und auch so angezogen bin. Ich glaube, wie die Männer auch, dass ich eine Frau bin.

Ich kann fliehen und werde von fliegenden Schwertkämpferinnen, die vom Himmel kommen, gerettet. Gleichzeitig greifen uns fliegende Krieger, deutlich in der Überzahl, an, aber die Schwertkämpferinnen schlagen zurück und können der Anführerin Zeit verschaffen, mich in Sicherheit zu bringen. Wir schweben davon. Ich schaue zurück und verfolge den Schwertkampf der beiden Geschlechter in der Luft. Es sieht wunderschön und sehr ästhetisch aus, denn sie kämpfen in der Luft – am Himmel – gegeneinander, den das Licht der Sonne überstrahlt.

Notiz

Es scheint, dass ich die zweite Runde nach und nach aus der Sicht der Frau (meines Empfindens) wahrnehmen werde. Aus dem Yang wird ein Yin. Mein Repräsentant des Raumes, nämlich das Symbol des Mannes, ist in meinen transzendenten Träumen zum völligen Stillstand gekommen. Eine neue Runde kann aus der Perspektive der Zeit beginnen, weil im Reich der transzendenten Träume nun mein raumorientiertes und männliches Ich schläft.

AUSBLICK

Mit der Aktiv-Passiv-Regel und dem aktiven Pendel im Kopf war es mir erlaubt, diese phantastischen Erfahrungen zu sammeln. Erst nachdem alle zuvor erlebten Ebenen mit dem Pendel aufgelöst worden sind und die innere Mitte gefunden ist, kann ich die nächste Etappe der Reise mit einer anderen Wahrnehmung beginnen. Und so wie es aussieht, greift das Pendel unbewusst auf die Chakren, die vier Elemente und den eigenen Phantom-Körper zu. Dabei lässt es mit dem Einswerden der Gegensätze (und der Gehirnhälften) den eigenen Doppelgänger entstehen. So sind alle Aspekte, Feuer und Wasser, Links und Rechts und beide Geschlechter im Gleichgewicht. Die Mitte des Weges ist erreicht und der Körperwechsel in den Doppelgänger möglich. Dabei hat das Traum-Ich eine spirituelle und religiöse Erziehung hinter sich gebracht, um im tiefsten Vertrauen und ohne ein egoistisch geprägtes Ich die Reise weiter nach Innen anzutreten.

In der zweiten Runde gilt noch mehr, sein Traum-Ich nicht beherrschen oder kontrollieren zu wollen. Wenn wir das eigene Traum-Ich, das nach und nach zu einem beobachtenden Geist wird, in seiner Persönlichkeit, Körperlichkeit und Identität nicht loslassen können, kann es mit seinen Eigenschaften und Talenten nicht durch uns hindurch wirken.

Indem wir mit unserem freien Willen unserem vergeistigten Traum-Ich erlauben, sich von unserem Körper zu lösen, ist es möglich, die Trennung von Körper und Geist nach und nach zu vollziehen und in seiner Gleichzeitigkeit anzuerkennen.

Mit Hilfe des Doppelgänger-Phänomens und seinen außerordentlichen Sprungfähigkeiten in andere Körper, wird es möglich sein, den Raum zu überbrücken und auf diese Weise ganz neue Erfahrungen auch in der äußeren Welt zu sammeln.

Mit dem Doppelgänger-Phänomen und der nun möglichen Wahrnehmung des Doppelten-Raums, in dem sich das geistige und das materielle Bewusstsein parallel begegnen, wird es uns möglich sein auf die feinstofflichen Ebenen der materiellen Welt zuzugreifen. Unsere materielle Welt wird durch unsere neuen geistigen Fähigkeiten in Richtung Licht, Wahrheit und Liebe transformiert werden können – wo es weniger Leid gibt.

Nachwort

»Träume sind Schäume«, so heißt es im Volksmund. Viele Natur-
wissenschaftler sind ebenfalls dieser Meinung. Wenn wir unsere
Träume unterschätzen, reagiert das Unbewusste auf einem entsprechenden Niveau darauf – als wären wir Kinder, die an ihren
Ängsten, Sehnsüchten und ihrer Logik festhalten wollen. Je länger
die Reise dauert, desto empfindsamer, weiser und intuitiver werden unsere Träume und sie sind in ihrem Ablauf stringenter und
klüger als alle Filme, die wir je gesehen haben.

Im Schlaf wird eine Parallelwelt mit ihren eigenen (intuitiven)
Gesetzen für mich spürbar. Um weiter zu wachsen, bekomme ich
von meinen Mentoren verstärkt Unterstützung, damit ich mich in
der geistigen Welt sicher fühle, mich darin nicht verirre.

Einer der Mentoren ist ein alter weiser Mann. (Einer Träumerin
erscheint wahrscheinlich die alte weise Frau). In der Dramaturgie
der Heldenreise repräsentiert der alte weise Mann als Archetypus,
Geist, Sinn und Weisheit. Während unserer Begegnungen im
Traum begreife ich, dass seine Weisheit meine weit übersteigt. Aber
er geht mit seinem Wissen behutsam um, denn er will mich nicht
überfordern, sondern in meiner Zuversicht stärken. Damit mein
Vertrauen in mich wächst, setzt er nicht auf religiöse oder mystische Zeichen, sondern setzt dort an, wo ich mich sicher fühle: auf
meiner Logik- und Verstandesebene.

Wie nun kann der alte weise Mann in einem Traum auftauchen
und mein Selbstvertrauen über meinen Intellekt steigern? Zum
Beispiel so: In einem beinahe realen Traum werde ich zu einer
Schachpartie eingeladen. Das Spiel findet in einem normalen
Raum statt, in dem sich ein Tisch, zwei Stühle und ein Schach-
brett mit Spielfiguren befindet: alles fühlt sich echt an. Der Gegner ist mir fremd und in meinem Alter. Für das Spiel gelten die uns
bekannten Regeln, an die wir uns halten. Wir sind mitten im Spiel,
das spielerische Niveau ist ausgeglichen. Dann macht mein Gegner einen Fehler, ich merke, dass ich im Vorteil bin und nutze die
Chance, das Spiel zu Ende zu bringen. Ich kann die nächsten sieben Züge vorausdenken und weiß, dass ich mein Gegenüber
Schachmatt setzen kann, bin von meinem Einfallsreichtum und
meiner Logik begeistert.

Dann blitzt der Genius des Gegenübers durch. Ohne die Schachregeln zu brechen oder zu verbiegen, zeigt er mir in sechs Gegenzügen auf, wie er mich Schachmatt setzen wird. Nicht nur das – er zeigt mir noch weitere Varianten möglicher Züge, mit denen er mich Schachmatt setzen wird. Ich weiß sofort, dass ich verloren habe und eigentlich nie eine Chance besaß, zu gewinnen. Ich bin darüber nicht traurig oder enttäuscht, sondern begeistert. Dabei schaue ich auf und sehe, dass der alte weise Mann mir gegenüber sitzt. Ich habe schon die ganze Zeit gegen ihn gespielt, nur hat er sich mir in seiner Geduld, Weisheit und Mitgefühl nicht zu erkennen gegeben. Zu Beginn war es ihm wichtig, mit mir auf meinem Niveau zu spielen, denn dadurch konnte ich besser und stärker werden, ohne je das Gefühl zu bekommen, chancenlos oder überfordert zu sein – ich konnte durch ihn wachsen.

Eine weitere Erkenntnis durchdringt mich: Wenn mich der alte weise Mann in wenigen Zügen schachmatt setzen kann, ohne dabei mein Verständnis von Logik und Vernunft außer Kraft zu setzen, ohne die Regeln von Raum und Zeit im Traum zu dehnen, weiß ich augenblicklich, dass in unserer kausalen Welt ebenfalls eine übergreifende Weisheit existiert.

Das ist eine Konsequenz dieser transzendenten Reise: Erst wenn der alte Weise sich uns in den Ebenen der Urteilskraft und mathematischer Logik zu erkennen gibt, beginnen wir eine höhere Macht oder Weisheit – Gott, Geist, Seele – in uns oder außerhalb von uns akzeptieren zu können.

Herausragende Wissenschaftler wie Albert Einstein, Werner Heisenberg oder Steven Hawking empfanden das ebenso. Diese Erkenntnis hat weitreichende Konsequenzen, was den bestehenden Grabenkampf zwischen Glauben und Wissenschaft betrifft, denn der alte Mann zeigt uns in den transzendenten Träumen die Schnittstelle zwischen diesen zwei konträren Lehren, die dadurch voneinander profitieren können.

Wir haben in unseren Träumen gelernt, dass man die geistige Welt nur in der Zweiheit betreten kann. Um noch tiefer in unsere Geistigkeit vorzudringen, muss sich die Naturwissenschaft und der Glaube in den transzendenten Träumen begegnen, sich die Hand reichen und gemeinsam den mittleren Pfad betreten. Dieser Pfad zeigt uns, wie die vielen Psi-Phänomene (Aura-Heilung, Telekinese,

Telepathie, Engel- oder Geistererscheinungen) zu deuten sind. Gleichzeitig öffnet sich uns die Tür zu den Geheimnissen noch nicht vollständig geklärter Naturgesetze – zur Dunklen Materie, den Gravitationswellen, der kosmischen Strahlung oder der Nichtlokalität der Quantenteilchen beispielsweise.

Diese unsichtbaren Phänomene bestimmen uns von Geburt an, wirken auf unser physisches und körperliches Wachstum, unser Bewusstsein, unser Leben und schließlich auf unseren Tod. Die klassische Physik kann diese ungelösten Rätsel kaum klären. Erst wenn wir die transzendenten Übungsräume unseres Schlafs nutzen, indem wir die Perspektiven wechseln, die Raumebenen erweitern, geistige Mentoren zu Rate ziehen oder uns in die Rolle des geistigen Beobachters begeben, sind wir in der Lage, Gesetzmäßigkeiten zu erkennen. Spätestens, wenn sich die Realität der transzendenten Träume beim Erwachen mit der Wirklichkeit verbindet und sich beides gegenseitig befruchtet, können wir beginnen, noch ausstehende Rätsel der Naturwissenschaft und der Parapsychologie zu entschlüsseln.

Diese Zukunftsvision ist gar nicht so weit hergeholt. Dafür brauchen wir einen Blick auf die digitale Entwicklung zu werfen: Durch Virtual-Reality-Brillen können wir in künstliche Computerwelten eintauchen, Spielfiguren in einem virtuellen Raum begegnen und interagieren – und all das auf unserem Lieblingssessel.

In der Literatur gibt es viele Belege dafür, dass Träume den Anstoß für wissenschaftliche Forschung gaben. Die Ringstruktur des Benzols wurde durch August Kekulé, die Aufstellung des Periodensystems der Elemente durch Dmitri Iwanowitsch Mendelejew und das Azetylcholin als chemische Überträgersubstanz von Nervenimpulsen durch Otto Loewi im Traum entdeckt.

Ich bin mir sicher, dass auch ein Großteil des Wissens über die traditionelle chinesische Medizin (Akkupunktur, Qi-Energie, Fünf-Elemente) oder des Schamanismus (Visionäre Erlebnisse, ganzheitliche Heilkunst) durch Trancen, tiefe Meditationspraktiken und Träume erschlossen wurden.

Der Traum ist nicht nur die Tür zu einer transzendenten Reise, sondern auch zum universellen Wissen in unserem tiefsten Inneren. Eine höhere Intelligenz – die Natur selbst – wohnt in uns. Deshalb wird sich das wissenschaftliche Beobachten in die eigene

Tiefe verschieben, wo die größten Schätze noch zu bergen sind und somit Lösungen für viele physische, psychische, aber auch gesellschaftliche Herausforderungen. Der alte Weise unterstützt uns dabei, weil wir in seinem Sinne handeln.

Bis wir in unseren Träumen von ihm auf der Vernunftebene schachmatt gesetzt werden, sind wir auf der Reise persönlich, spirituell und religiös im Innern so weit gereift und stabilisiert, dass es uns gelingt, auch das in unser Leben zu integrieren und als ganz normal anzuerkennen.

Unser Urvertrauen wächst. Es eröffnet neue, lebenbejahende Perspektiven und bestärkt uns darin, unseren Alltag – mit all seinen Herausforderungen – zuversichtlich zu meistern.

Literaturindex

» **Alexander**, Eben (2016): Blick in die Ewigkeit. Die faszinierende Nahtoderfahrung eines Neurochirurgen

» **Aurobindo**, Sri (2005): Kaskaden des Lichts

» **Boss**, Dirk (2015): Faszination Klartraum. Luzides Träumen entschlüsselt

» **Brennan**, Barbara Ann / Kuby, Gabriele (1994): Licht-Heilung

» **Brennan**, Barbara Ann / Kuby, Gabriele (1998): Licht-Arbeit. Heilen mit Energiefeldern

» **Dahlke**, Rüdiger (2009): Die Schicksalsgesetze. Spielregeln fürs Leben

» **Dahlke**, Rüdiger (2014): Krankheit als Chance. Ganzheitliche Wege zur Selbstheilung

» **Devillard**, Anne (2008): Heilung aus der Mitte

» **Draaisma**, Douwe (2015): Wie wir träumen

» **Dul**, Nina (2008): Aura-Therapie. Heilen mit dem Schwingungsfeld des Menschen

» **Easwaran**, Eknath (2014): Die Upanischaden

» **Erlacher**, Daniel (2010): Anleitung zum Klarträumen. Die nächtliche Traumwelt selbst gestalten

» **Freud**, Sigmund (2011): Die Traumdeutung

» **Freud**, Sigmund / Holder, Alex (2009): Das Ich und das Es. Metapsychologische Schriften

» **Freud**, Sigmund / Urbanm, Bernd (1995): Der Wahn und die Träume

» **Gelernter**, David (2016): Gezeiten des Geistes. Die Vermessung unseres Bewusstseins

» **Girzig**, Janine (2009): Luzides Träumen und seine Bedeutung für die seelische Gesundheit. Eine empirische Studie

» **Goffman**, Erving (2004): Wir alle spielen Theater. Die Selbstdarstellung im Alltag

» **Govinda**, Anagarika (1975): Grundlagen tibetischer Mystik

» **Govinda**, Anagarika (1977): Schöpferische Meditation und multidimensionales Bewusstsein

» **Hammann**, Joachim (2007): Die Heldenreise im Film. Drehbücher, aus denen die Filme gemacht werden, die wirklich berühren

» **Holzinger**, Brigitte (2013): Albträume. Was sie uns sagen und wie wir sie verändern können

» **Jacobi**, Jolande (2012): Die Psychologie von C. G. Jung. Eine Einführung in das Gesamtwerk

» **Jens**, Thiemann (2013): Klartraum. Wie Sie Ihre Träume bewusst steuern können

» **Jung**, Carl Gustav (2000): Archetyp und Unbewusstes

» **Jung**, Carl Gustav (2011): Symbole und Traumdeutung

» **Jung**, Carl Gustav / Jung, Lorenz (2001): Synchronizität, Akausalität und Okkultismus

» **Jung**, Carl Gustav / Jung, Lorenz (2001): Traum und Traum-deutung

» **Kardec**, Allan (2004): Das Buch der Medien.

» **Klein**, Stefan (2014): Träume. Eine Reise in unsere innere Wirklichkeit

» **LaBerge**, Stephen / Rheingold, Howard (2014): Träume, was du träumen willst. Die Kunst des luziden Träumens

» **Maharshi**, Ramana (2001): Sei, was du bist!

» **Mohr**, Philip / Aspy, Denholm J. / Delfabbro, Paul / Proeve, Michael (2017): Dreaming, Vol 27. Reality testing and the mnemonic induction of lucid dreams: Findings from the national Australian lucid dream induction study.

» **Morley**, Charlie (2015): Klarträumen für Anfänger. Gestalte deine Träume – gestalte dein Leben

» **Oetinger**, Manuela (2014): Die Aura. Das Tor zur Seele

» **Rausch**, Simon (2014): Oneironaut. Das Klartraum-Praxis-handbuch

» **Reinelt**, Joachim (2013): Das große Kundalini-Buch. Kundalini-Erfahrungen

» **Rinpoche**, Sogyal (2004): Das tibetische Buch vom Leben und vom Sterben. Ein Schlüssel zum tieferen Verständnis von Leben und Tod

» **Roman**, Sanaya / Packer, Duane (2002): Das Praxisbuch des Channelns. Wie man seinen geistigen Führer findet und zu höherem Wissen gelangt

» **Sacks**, Oliver (2014): Drachen, Doppelgänger und Dämonen. Über Menschen mit Halluzinationen

» **Schmelter**, Denis / Lachner, Raimund (Hrsg.) (2013): Nahtoderfahrungen. Eine Herausforderung für Theologie und Naturwissenschaft

» **Schnocks**, Dieter (2007): Was unsere Träume sagen wollen. Botschaften aus dem Raum der Seele

» **Schredl**, Michael (2013): Träume. Unser nächtliches Kopfkino

» **Serwaty**, Alois (2010): Begegnung mit Gott? Nahtoderfahrung und Mystik

» **Serwaty**, Alois (2013): Nahtoderfahrungen und Bewusstseinsforschung. Argumente für ein neues Menschenbild

» **Swami**, Sivananda Radha (1996): Praxis des Traum-Yoga

» **Tholey**, Paul / Kaleb, Utecht (2000): Schöpferisch träumen. Wie Sie im Schlaf das Leben meistern: Der Klartraum als Lebenshilfe

» **Tuccillo**, Dylan (2015): Klarträumen. Träume bewusst steuern – die Kreativität beflügeln – Probleme lösen

» **Varela**, Francisco Javier (2005): Traum, Schlaf und Tod. Der Dalai Lama im Gespräch mit westlichen Wissenschaftlern

» **Waggoner**, Robert / McCready, Caroline (2016): Klarträume. Wege ins Unterbewusstsein

Internet-Quellen

» Großhirn »taktet« Schlaf. Forscher belegen das Zusammenspiel von Hirnregionen im Schlaf / http://www.scinexx.de/index.php?%20cmd=wissen_details&id=6935&datum=2007-08-10

» Bewusste Wahrnehmung folgt dem Takt der Hirnströme. Gehirn aktualisiert Sinneseindrücke in bestimmten Zeitfenstern statt kontinuierlich / http://www.scinexx.de/wissen-aktuell-14828-2012-06-12.html

» Leitungen im Gehirn sind überraschend geometrisch. Kartierung enthüllt dreidimensional geordnete Gitterstruktur statt Fasergewirr / http://www.scinexx.de/wissen-aktuell-14618-2012-03-30.html

» Handbewegungen heilen Trauma. Ungewöhnliche Behandlungs-
methode bringt Hilfe für die Seele /
http://www.scinexx.de/wissen-aktuell-4874-2006-06-14.html

» Geruch verändert Verknüpfungen im Gehirn. Sensorischer
Input beeinflusst die Verbindung von Nervenzellen /
http://www.scinexx.de/wissen-aktuell-12556-2010-11-12.html

» Schwingt das Bewusstsein im Gleichtakt? Spezielle Wellenformen
bündeln Informationen /
http://www.scinexx.de/wissen-aktuell-1334-2004-08-06.html

» A Wandering Mind Is an Unhappy Mind /
http://www.danielgilbert.com

» Können wir im Traum Probleme lösen? /
http://freud-biographik.de/traumb6.htm

» Neuronen im Takt. Schwingungen verbessern Hirnleistung /
http://www.spiegel.de/wissenschaft/mensch/neuronen-
im-takt-schwingungen-verbessern-hirnleistung-a-621283.html

» Wie man Klarträumen lernt /
http://www.sueddeutsche.de/wissen/schlaf-wie-man-
klartraeumen-lernt-1.3719917

» Selbst als psychologischer Begriff /
https://de.wikipedia.org/wiki/Selbst

Danksagung

Das Buch wäre ohne die Zuversicht und Aufmunterung besonderer Menschen nie entstanden. Besonders bedanken möchte ich mich bei meiner Lektorin Heide-Ulrike Wendt, die mit ihrem feinfühligen Blick, mit Geduld, Scharfsinn und stilistischer Sicherheit das Buch für mich mehr als nur zum Leben erweckte.

Bei Annette Seipp und Heike Mössner bedanke ich mich für die inhaltliche Auseinandersetzung und ihre Bereitschaft, immer wieder gegenzulesen. Weiterhin möchte ich mich bei Natascha Pötz, Verena Veihl, Boris Röwe, Volker Wach, Jörg Janzer, Jan-Martin Müller, Jackie Gillies und Marita Nienstedt bedanken, die mir stets Mut machten und an den Erfolg des Buches glaubten.

Anna Wendt und Arzu Özer danke ich für die anregenden Gespräche über Spiritualität und Träume. Marc Hofmeister, Krystian Miruchna und Philip Pratt inspirierten mich mit konstruktiven Vorschlägen. Mein guter Freund Christian Mertens war es, der mir nicht nur im Traum, sondern auch im Leben vorschlug, meine transzendenten Träume in einem Buch zusammenzufassen und meine Erfahrungen zu veröffentlichen. Christian, ich danke dir, dass du stets an mich geglaubt hast.

Ich bedanke mich für die Projektentwicklungsförderung der Filmwerkstatt Kiel der Filmförderung Hamburg Schleswig-Holstein GmbH, die es mir ermöglichte, das Buchprojekt in Angriff zu nehmen.

Meine Eltern Elisabeth und Leszek Werner standen mir beim Entstehen dieses Buches stets zur Seite und unterstützten dieses Projekt mit all ihrer Liebe.

Mein besonderer Dank aber gilt an dieser Stelle meiner Frau Sandra Matk für ihre Unterstützung und ihre Liebe. Und unserer Tochter Lina Maria, die mir die Augen für die Schönheit dieser Welt öffnete.

Über den Autor

Bartosz Werner ist 1979 in Polen geboren und siedelte im Alter von acht Jahren nach Deutschland über. Bereits mit 16 Jahren realisierte er erste Kurzfilmprojekte und gewann zahlreiche Jugendfilmpreise. Im Anschluss an das Abitur begann er den Studiengang zum Filmregisseur an der Filmuniversität »Konrad Wolf« Babelsberg, den er 2006 mit Auszeichnung abschloss. Er ist Seminarleiter und Gastdozent für Regie und Drehbuch an der Fachhochschule Kiel, am Filmhaus Babelsberg, an der Filmschule Hamburg-Berlin und an der Christian-Albrechts-Universität sowie an anderen Institutionen. Seit 2013 ist er Dozent an der Medienakademie in Berlin und der Skript Akademie Drehbuch für Autoren, Lektoren & Dramaturgen. 2014 arbeitete er als Autor der einjährigen Reihe »Dramaturgie« der Filmzeitschrift ZOOM. 2016 erschien im UVK-Verlag sein Dramaturgie-Buch »So bekommen Sie Ihr Drehbuch in den Griff«.

Sein Kinofilm »Preußisch Gangstar« wurde 2007 mehrfach ausgezeichnet: in der Kategorie »Bester Spielfilm« mit dem »Studio Hamburg Nachwuchspreis« und dem »New-Berlin-Film-Award« des »Achtung Berlin!«-Festivals. »Unkraut im Paradies« lief 2010 in den deutschen Kinos an und gewann den Preis für den besten Spielfilm beim »Filmfest Schleswig-Holstein«. Beim Norddeutschen Filmpreis 2010 wurde er in der Kategorie »Bester Kinofilm« nominiert und gewann den Sonderpreis für die »Beste Nachwuchsregie«. Sein Fernsehfilm »Anderst schön« wurde für den besten TV-Spielfilm beim Jupiter Award 2016 nominiert. Bartosz Werner arbeitet und lebt mit seiner Familie in Berlin.

© Bartosz Werner, Februar 2019

Über Rezensionen freue ich mich sehr. Bitte nutzen Sie dazu die Webseite: www.amazon.de

Falls Sie Anregungen oder Kritik zum Buch haben, können Sie mich gerne persönlich kontaktieren. Ich freue mich über jedes Feedback, egal in welche Richtung. Sie können mich entweder über die Email-Adresse lichtimtraum@gmx.de erreichen oder über die Webseite zum Buch: www.transzendenter-traum.de

Printed in Germany
by Amazon Distribution
GmbH, Leipzig